I0436678

# La modernidad ignorante

AGUSTÍN GALÁN MACHÍO

Copyright © 2020Agustín Galán
All rights reserved.
ISBN:
ISBN-13:

*"El especialista no es un sabio, porque ignora formalmente cuanto no entra en su especialidad; pero tampoco es un ignorante, porque es 'un hombre de ciencia' y conoce muy bien su porciúncula de universo. Habremos de decir que es un sabio-ignorante, cosa sobremanera grave, pues significa que es un señor el cual se comportará en todas las cuestiones que ignora, no como un ignorante, sino con toda la petulancia de quien en su cuestión especial es un sabio".*

*Ortega y Gasset (La rebelión de las masas)*

*No cabe aquí sino aquella nuestra castiza frase, tan castiza que hay escritores extranjeros conocedores del español que se han creído obligados alguna vez á tomárnosla, y decimos nosotros y en nuestro romance: ¡quién sabe!...*

*Miguel de Unamuno (Por tierras de Portugal y de España)*

# AGRADECIMIENTOS

Este libro sobre *la modernidad ignorante* es el resultado de la reescritura de la tesis doctoral que con el mismo título y el subtítulo *Sociología de la Ignorancia, Ignorancia de la Sociología* defendí en la Facultad de Ciencias Políticas y Sociología de la Universidad Complutense de Madrid el 29 de noviembre de 2019. La obra viene a constituir, junto al libro *Agnotología* (Galán Machío, 2020), donde abordo una explicación de esta nueva *perspectiva* de la Sociología, la tercera parte de una trilogía sobre el *no saber*, tema que me ocupa desde hace algún tiempo; y que comencé a explorar en *El discurso de la última pieza del Universo: La metafísica en la física moderna;* y, más tarde, en *Universo impensable*.

No deja de ser, tengo que reconocerlo, una ocupación paradójica, esta de la ignorancia, para alguien que ha dedicado su vida profesional a s*er consejero de comunicación* y a trabajar con la prensa, tanto en la Administración Pública como en el servicio exterior; pero así son las cosas. Espero que la extravagancia sea, al menos, de utilidad para los interesados en estos asuntos.

El transito desde el enfoque filosófico del *no conocimiento* al análisis social se debe, en gran medida, al impulso de la profesora Margarita Barañano Cid que me animó a convertir mis reflexiones en una tesis, que se presentó en el Departamento de Sociología Aplicada, y que ahora, convenientemente *cepillada* y simplificada, en una forma más limpia y legible, se contiene en este texto. Sin la disponibilidad de los datos del CIS y la colaboración de periodistas, diplomáticos y técnicos de la Administración, que me dedicaron parte de su tiempo para hablar de estos temas, tampoco hubiera sido posible ni la tesis ni este libro.

Quiero hacer constar, por último, mi agradecimiento a los evaluadores y a los miembros del tribunal, por la paciencia demostrada al enfrentarse al tratamiento exhaustivo que intenté darle a este *tópico abrumador* y, especialmente, por las observaciones que me hicieron; de las que me he beneficiado para intentar aclarar y sintetizar muchos de los puntos del texto original.

# INDICE

No sabemos quien nos gobierna

LO QUE DICE LA GENTE
*No sé en que pensamos cuando hablamos de globalización*
*La humanidad va avanzando, aunque sea a pasos cortos*
*Unos más ricos y otros más pobres*
*Las personas que más tienen están más de acuerdo con la globalización*

LO QUE DICE LA GENTE
*Un proceso larguísimo con un fondo que no se ve*
*Esto nos viene muy grande*
*El dinero es poder y el dinero lo tienen las empresas*
*Es buscar una solución a una cosa que tú mismo la estas creando, claro, es como imposible*

LO QUE DICE LA GENTE
*Las relaciones personales se están quedando a un lado*
*Nos metimos en el metro, todo el mundo eran extranjeros, pakistaníes, y yo pensé qué cosa más rara*
*¿Quién es el que manda allí? ¿A quién llamas?, ¿al director de Telefónica y le gritas?*
*Ya no tenemos tiempo para nada*

# INTRODUCCIÓN

El debut como director de Orson Welles a la edad de 25 años-nos recuerda Joanne Roberts (2015)- ilustra cómo la ignorancia de un individuo puede resultar en el desarrollo de nuevos conocimientos. Ampliamente reconocida como una de las películas más famosas y mejor calificadas del mundo, Welles produjo *Ciudadano Kane* (1941) sin experiencia previa en cine. Casi 20 años después, explicó de dónde obtuvo la confianza para hacer la película: "ignorancia, ignorancia, pura ignorancia" Dicen que la ignorancia, efectivamente, es lo más atrevido que hay. Y esa puede ser la razón de mi atrevimiento - con una formación de politólogo y periodista, y tras haberme dedicado a la comunicación exterior - para defender una tesis de Sociología sobre temas tan abstractos como la *ignorancia* y la *modernidad*. Espero que los resultados - en mi caso, sin duda, muchos más modestos- no defrauden al lector de esta versión, creo que más digerible, de mi tesis doctoral, que además de este texto ha dado origen a otro gemelo, *Agnotología, Sociología de la Ignorancia, Ignorancia de la Sociología* (Galán Machío, 2020), en el que trato de analizar la metodología de esta nueva perspectiva de la Sociología.

### *¿Modernidad ignorante?*

Dicho esto, entro en materia. ¿Somos *los modernos* acaso más ignorantes que los *antiguos*? En unos aspectos sí y en otros no. De eso trata este ensayo sobre *La modernidad ignorante*. Va de la transformación de los *campos de ignorancia* y del propio concepto de *ignorancia*, que no siempre es algo negativo *per se,* ni equivale a una falta de instrucción. Trataré de explicar porqué se puede hablar de eso que llamo *la modernidad ignorante*. El significado del adjetivo en cuestión, predicado de *la modernidad*, nos remite a la ausencia de conocimiento -viene del verbo «ignorar», del latín ignorare, *no saber;* derivado negativo de la raíz gnō- de (g)noscere, *saber-*. La palabra *modernidad*, a su vez, tiene la siguiente entrada en el Diccionario de la lengua española *cualidad de moderno*; y la palabra *moderno* la acepción "perteneciente o relativo al tiempo de quien habla o a una época reciente"; y también, "contrapuesto a lo antiguo o a lo clásico y establecido". En plural se refiere a "las personas que viven en la actualidad o han vivido hace poco tiempo". Es en estos sentidos del *habla de la gente* que le da la RAE en los que, preferentemente, utilizo yo aquí el termino *modernidad* para hablar de la sociedad de *nuestro tiempo*.

No obstante, como es sabido, el mismo se refiere también -en el lenguaje de la historia y de la Sociología- a procesos que tienen sus orígenes en Europa a partir del Renacimiento y que persiguen que cada ciudadano pueda alcanzar sus metas y darle sentido a la vida según su propia voluntad, de una manera lógica y racional, negando la validez absoluta de los valores tradicionales impuestos por la autoridad. "¿Cuáles son las características de la modernidad? - se pregunta Lamo de Espinosa (2018, pág. 341)-Básicamente una: el triunfo del pensamiento científico acumulativo, que es el triunfo de la ideología del progreso ininterrumpido, triunfo de la innovación social constante, de la transgresión y el cambio, de la actitud neofílica (orientada a la aceptación de la novedad). La modernidad es el triunfo del proyecto de modernización, el *sapere aude* kantiano".

Siguiendo esta segunda acepción, los sociólogos y los historiadores han insistido en utilizar la palabra modernidad para hablar de *nuestra época* como *segunda modernidad, modernidad tardía* y *modernidad radical*, o han hablado -como si pudiera haber algo más moderno que la propia modernidad- de *postmodernidad*, términos todos ellos que implican una *reconsideración* del papel de *la razón* y del *conocimiento* en los procesos sociales. Y siguiendo este *juego* -en esta segunda acepción- trasteo yo aquí también con este sentido de la palabra *modernidad* , que sociólogos como Bauman han llegado a *licuar* en alguna de sus obras (Modernidad Líquida, 2003)para referirse al ritmo impresionante de los cambios y a la velocidad con que los mismos se están produciendo en nuestras sociedades actuales.

Mi propuesta es que gran parte de la Sociología actual tiende a describir nuestra *época* como un momento de la historia en el que la razón encuentra con mayor claridad sus *limites*, su *ignorancia*. Que estamos inmersos en un proceso de regreso a la vieja sabiduría socrática, que hace del cuestionamiento de *lo real* el fundamento no solo de la ciencia sino de la propia sociedad; lo que, en parte, convierte nuestra modernidad en una *modernidad ignorante*, que se encuentra con dificultades para distinguir lo *verdadero* de lo *falso*; pero, al mismo tiempo – y ¡ojo! que esto es muy importante- que es también más libre y más tolerante, porque nadie cree estar en posesión de *la verdad*.

No todo en el reconocimiento de la *ignorancia* hay que verlo de color negro. Y es también, por ello, y no solo por ser a*ctual*, por lo que la *modernidad*, es decir, nuestro tiempo -asombrado testigo de una creciente extensión de los ámbitos de *incertidumbre* en la vida cotidiana, en la geopolítica y en la economía-, así como de la aparición de nuevos riesgos y de la transformación de los ámbitos de confianza y desconfianza entre las personas, y entre estas y las instituciones, se merece ese calificativo ambivalente de *ignorante*.

Parto de la constatación de que en las sociedades actuales se está produciendo una transformación profunda de las formas de conocimiento y de su almacenamiento, producción y distribución, así como una percepción de la existencia de nuevos *campos de ignorancia*. En las sociedades de la globalización los procesos de deslocalización -ruptura con un marco espacio-temporal fijo de los agentes sociales, que ahora se comunican *todos con todos* en un frenesí de intercambio global de mercancías y de datos-, la individualización de esos mismos agentes sociales -la ruptura con los marcos institucionales o sociales, ya sean de clase, de religión o de pertenencia, que explicaban su conducta-,y la digitalización e híper-comunicación, están conduciendo a nuevas formas de ignorancia. El paradigma de *la modernidad ignorante* sería, por tanto, de acuerdo con este *marco teórico*, que la complejidad, la especialización y la globalización -procesos en los que están inmersos nuestras sociedades - incrementan tanto el conocimiento como la ignorancia.

El crecimiento exponencial del conocimiento y de su especialización, así como la llamada *infoxicación* -intoxicación por exceso de información (Cornella, 2000)-, se estaría produciendo, como trataré de mostrar, al mismo tiempo que el de la ignorancia; y estaría dando lugar a una percepción de descontrol e incertidumbre. El asunto es que, paradójicamente, el aumento de la especialización y la multiplicación de informaciones, conocimientos y datos estaría generando simultáneamente un incremento de la percepción de ignorancia de los agentes sociales y de la necesidad de *confiar* en los sistemas expertos –los especialistas- que producen ese *saber*. Vivimos cada vez más, como ha señalado Giddens, en mundo de *incertidumbre manufacturada* o en palabras de Beck, en una *sociedad del riesgo*, términos estrechamente asociados al de *ignorancia*.

Una de las ideas centrales de este libro es, precisamente, la de que en nuestro mundo global y en red, los mismos factores que contribuyen a la *reflexividad* y la *transparencia* son, paradójicamente, los que lo hacen a la *opacidad* y la *ignorancia*; y que, por ello, la percepción del aumento del conocimiento está creciendo al mismo ritmo que la de la ignorancia. Vivimos, como señala Giddens, en *un mundo desbocado*, pero el paradigma predominante sería el de que ese mundo parece disponer de un sistema autónomo, *una cierta inteligencia*, que tiende a generar un consenso colectivo sobre la *performatividad* del sistema mismo – su capacidad de producir resultados aceptables y útiles para la gente-. De forma que la transformación de *los campos de ignorancia* tiene aspectos negativos, pero también, indudablemente, otros muy positivos. La inteligencia difusa e inserta en el sistema estaría sirviendo de apoyo y de sustento a su mantenimiento y reproducción. La sociedad dispondría así de una *estructura inteligente*, que convive con la conciencia de los *agentes sociales* de su creciente *ignorancia* sobre gran parte del conocimiento almacenado socialmente. Se trata de una estructura, que, cada vez, controlamos menos de manera individual, pero más de manera *social*.

Estamos asistiendo a grandes transformaciones en el significado social de la ignorancia y del conocimiento asociadas al proceso de lo que aquí llamo la *modernidad ignorante*. Lo que sabemos y lo que no sabemos está reconfigurando la estructura de nuestras sociedades. Buena parte de la literatura sociológica sobre esta cuestión se ha centrado en las transformaciones que se han producido en el papel social y el significado del conocimiento y en los llamados sistemas expertos- las organizaciones que institucionalizan la especialización-; pero se ha tratado menos cómo las sociedades contemporáneas abordan la cuestión de la ignorancia, expresada en otros múltiples aspectos de la vida social (el secreto, la intimidad, las injusticias epistémicas…), y en cuales sean sus implicaciones en el comportamiento de los agentes de las sociedades actuales.

Estamos construyendo unas máquinas, unas ciudades, unas sociedades, un mundo más inteligente que cada uno de nosotros. La pregunta que debemos hacernos es si esta socialización del conocimiento e individuación de la ignorancia supone un mayor control de nuestro futuro o si, al contrario, nos arroja en manos de una especie de *segunda naturaleza* construida, que puede terminar por imponernos rumbos desbocados. Parafraseando a Ortega y Gasset, podríamos interrogarnos también acerca de si no estamos en presencia de *una rebelión de las elites*, de los *sabios ignorantes* en todo lo que no sea su especialización. En cierta medida la sospecha que planea sobre nuestro tiempo no es tanto si seremos superados por los robots y la inteligencia artificial, sino si podremos escapar a los dictados de una *sociedad* exponencialmente más inteligente que cada uno de nosotros y al desbordante ritmo del crecimiento del conocimiento. Lamo de Espinosa (2018), tras recopilar toda clase de datos que nos muestran el impresionante ritmo de los cambios que se han acumulado en las sociedades actuales, los resume en esta constatación: "Al menos la mitad de todo el stock actual de saber se ha acumulado sólo en los últimos veinte años, y tres cuartas partes en los últimos treinta o cuarenta años".

Como es conocido, la *nueva fase* del proceso de modernización propuesta, entre otros, por Giddens y Beck, sugieren el reemplazo de la modernidad por una llamada *modernidad reflexiva* ; y también que los procesos de cambios sociales planeados socialmente, en lugar de una mayor certidumbre y control, están dando lugar a lo que Giddens ha llamado *incertidumbre manufacturada* y Beck *sociedad del riesgo* (Arts & Halman, 2004,pag 31); es decir -aunque hay que advertir que no se trata de términos equivalentes - a *más ignorancia*.

De hecho, para las Ciencias Sociales el *no conocimiento* o la *ignorancia* se convirtieron en un tema de reflexión sistemática y trabajo conceptual, "cuando las controversias sobre el riesgo y las crisis ecológicas indicaban límites particulares del conocimiento científico", y, "en consecuencia, se desarrolló un debate temprano sobre el no conocimiento con una referencia cercana a las categorías de riesgo e incertidumbre", del que, tal vez, sea hoy su muestra más evidente el gran debate mundial sobre el calentamiento del planeta. Nuevas temáticas suscitadas por el desarrollo científico, como el conflicto transgénico, siguen siendo, junto a este tema más acuciante del cambio climático, el caso paradigmático de los conflictos políticos en los que la cuestión del *conocimiento* y el *no conocimiento* se vuelve en nuestra actualidad altamente influyente. Todos estos enfoques están dando lugar a lo que Wehling llama *la politización del conocimiento* (Bogner , 2015, pág. 199).

Estos ámbitos de *ignorancia* serían el producto colateral y no previsto del proceso de creación de la *segunda naturaleza* -la modificación del mundo natural y su conversión en un *mundo social y artificial* -; una *segunda naturaleza* en la que lo natural siempre se encuentra mediado por la mano del ser humano. Tal intervención de la técnica en la naturaleza, mediante las instituciones del Estado del Bienestar, estaría cambiando radicalmente las circunstancias en las que se desenvuelven las sociedades y modificando sus valores.

Lamo de Espinosa (2010, pág. 207) -siguiendo la reflexión de Ortega y Gasset de que el hombre moderno antes de inventar sabe que puede inventar; es decir, que antes de tener una técnica tiene *la técnica*- ha escrito que lo importante de la revolución científica del siglo XVII "no es que se saben muchas cosas nuevas —que también— sino que se sabe la más importante de todas: que se puede saber más y, sobre todo, cómo se puede saber más", que la gran innovación fue "aprender a aprender, descubrir cómo descubrir, cómo innovar". Ese giro llevaba implícito necesariamente, al enfrentarse sistemáticamente al conocimiento de un universo ilimitado y para nosotros infinito -sea lo que sea lo que esta palabra encierra- a comprender que descubrir es también desvelar la existencia de nuevos campos de ignorancia; es decir a una significativa conciencia del ámbito ilimitado sobre el que proyectamos el foco de nuestra ciencia y, con ello, a la modificación social de los campos de ignorancia de los sujetos de esta *modernidad reflexiva, modernidad radicalizada , segunda modernidad,* o como prefiramos denominar los tiempos que nos ha tocado vivir - a mi me gusta la expresión *modernidad ignorante* porque creo que *va al grano* del asunto-.

Esta *conjetura*, a saber, la existencia de un mundo más estructurado que desbocado; que sigue *pautas* que no controlamos, un mundo basado en la confianza como única posibilidad de subsistir al crecimiento continuo de la ignorancia de los individuos y al aumento del conocimiento de los sistemas expertos y abstractos - las grandes organizaciones productoras de bienes y servicios- constituye, en suma, la hipótesis que mantengo aquí.

*Los sociólogos dicen lo mismo que opina la gente*

Lo que me han indicado los testimonios que he consultado para escribir esta reflexión en la que me he empeñado es que *al final del día,* -como muy expresivamente sintetizan los ingleses- lo que dicen los sociólogos reproduce con bastante exactitud lo que de otra forma viene a contar también *la gente*. Los *científicos sociales* tienden además a repetir con cierta frecuencia ideas recurrentes de otros colegas que les precedieron- lo que no está nada mal, siempre que se reconozca la fortaleza de los hombros del *gigante* o del hombretón sobre el que se escribe-. Ese es el caso, como se podrá comprobar a lo largo de este texto, de muchas de las ideas que, ya en el siglo pasado, adelantó Ortega y Gasset en obras como *El hombre y la Gente, la Rebelión de las Masas o la Historia como sistema*, y que luego han sido repetidas por sociólogos como Bauman, Beck, o Giddens, interpretes reconocidos de lo que sucede en las sociedades actuales.

Lamo de Espinosa ha recordado en este sentido que "La rebelión de las masas de Ortega y Gasset, publicado primero en la prensa y más tarde como libro en 1929, pasará a ser uno de los libros escritos en castellano traducido a más idiomas, y referente universal para la teoría de la sociedad de masas, haciendo de su autor el intelectual español más conocido (y reconocido) de todo el siglo xx", y se lamenta de que sea poco leído. "Conjuntamente con Ideas y creencias -escribe también Lamo de Espinosa- (brillante, clara y rotunda introducción a algunos de los temas centrales de la sociología del conocimiento), la Meditación sobre la técnica y El hombre y la gente articulan un pensamiento original que aún espera ser analizado con rigor" (Lamo de Espinosa, 2018, pág. 78).

Las propuestas de Ortega sobre los *sabios ignorantes* y el *hombre masa* son fuente esencial de las que trato de exponer aquí sobre la *modernidad ignorante*. Las ideas orteguianas, la teoría sociológica consultada, y la percepción popular me llevan a concluir, de acuerdo con las coincidencias que me ocupo de señalar entre fuentes tan diversas, que en nuestro mundo *híper-informado* el aumento de la especialización y la multiplicación de informaciones, conocimientos y datos, están generando -paralelamente al aumento del conocimiento colectivo, despersonalizado y almacenado en lenguajes-máquina- un incremento de la *ignorancia de los individuos* sobre esos *conocimientos*; de forma que la articulación de este *mundo social* se estaría volviendo mucho más compleja que la que se daba en las sociedades de la primera modernidad, debido tanto a su volumen como al número de agentes implicados en el proceso de conocimiento y de transmisión del mismo. Viviríamos en esa *segunda naturaleza*, el mundo artificial creado por el ser humano, en el que el *homo ignorans* - arquetipo que propongo para referirme a la *agencia individual* en las sociedades actuales- necesitaría *confiar* con la misma intensidad que el ser humano primitivo necesitaba *creer* en su *mundo natural*.

Este es el tema de La *modernidad ignorante*, un *macro objeto*, un asunto *magmático, amazónico*, cuyo análisis constituye una tarea extremadamente ambiciosa, un *atrevimiento*, una *aventura* – lo reconozco-, a la que en su día me enfrenté con ciertas dosis de inconsciente valentía, motivada, sin duda, por mi ignorancia. El *atrevimiento* - lo reconocí también en mi defensa ante el Tribunal -ante los tribunales, incluso los de tesis, uno va lógicamente a *defenderse*- se justifica como acabo de sugerir, porque la *ignorancia* es lo más atrevido que hay, pero también –lo añado en mi descargo- porque me enfrenté a la tarea tratando de documentar mis conjeturas en los testimonios de la gente, subido sobre los hombros de gigantes como Ortega Gasset y de significativos representantes de la Sociología actual (Bell, Giddens, Beck, Bauman, Lyotard).

El *meollo* del método elegido consistió en *destripar* el *sistema de discurso* sobre la ignorancia que emergía de los relatos analizados y de las *teorías de los gigantes* sobre las sociedades de la globalización. Por lo que respecta a las percepciones de la gente, ante la ausencia de investigaciones cualitativas o cuantitativas sobre ignorancia, he basado el estudio de la presencia de este *factor* en fuentes indirectas, especialmente en las transcripciones de las intervenciones en los 11 grupos de discusión representativos de la población española, que sirvieron para el estudio de carácter cualitativo sobre Percepción e imagen del fenómeno de la globalización, realizado en 2005 por el CIS (n° 2628); y, complementariamente, en el análisis de las transcripciones de una serie de entrevistas en profundidad realizadas a diplomáticos, periodistas y altos funcionarios (2017), así como en otras encuestas sobre la globalización: Encuesta del CIS sobre globalización(2005); Eurobarómetro sobre el futuro de Europa (2016);Barómetro del Instituto Elcano (2016) y European Studies Values (1981-2008).

Por lo que respecta a las obras de los sociólogos elegidos como muestra del pensamiento sociológico sobre la globalización la lista ha sido necesariamente reducida. Lamo de Espinosa (2018, pág. 44) ha señalado que los pioneros de esta reflexión de la Sociología sobre la globalización fueron Alain Touraine en 1971 y Daniel Bell al año siguiente, hablando del advenimiento de la sociedad postindustrial, e "inaugurando una problemática que, desde entonces, ha tenido numerosos seguidores", entre los que señala a Ulrich Beck, y *La sociedad del riesgo* (1986); A. Giddens y *Las consecuencias de la modernidad* (1990); Lyotard y *La condición post-moderna*(1986); el español Manuel Castells con *La era de la información* (1996); y ,con menos entusiasmo, a Peter F. Drucker y *La sociedad post-capitalista* (1993) e Inglehart y su *análisis de la cultura postmaterialista.*

De esta lista de nombres, incluidos todos ellos en el *top ten* de la Sociología del siglo XX por sus propios colegas (de acuerdo con los resultados de una encuesta de la International Sociological Associacion realizada en 1998 entre 2.785 miembros de la ISA), he contado para este trabajo con los textos fundamentales de Bell, Giddens, Beck y Lyotard, a los que he añadido la obra de Bauman.

La desmesura del empeño de esa atrevida *mirada holística* - creo que justificada también porque su temática sigue siendo relevante y actual- tuvo como consecuencia una *producción sociológica no habitual,* un volumen no pequeño (la tesis) de la que se desprende esta reflexión más comedida. Mi principal objetivo era entonces, y lo sigue siendo ahora, *hacer pensar* sobre estos temas; y que el enfoque sea, al menos, sugerente y provocador. El lector podrá juzgar si esta síntesis, este *texto encarnado,* escrito con la pasión que suscitan los temas que a uno verdaderamente le interesan, cumple esa expectativa; y si le abre o no -en el caso de que tenga la paciencia de llegar a su final- algún nuevo horizonte, algún *campo desconocido,* alguna ignorancia *interesante.* Si es así, creo que estará justificada su publicación.

En este ensayo he tratado de *cepillar,* recortar, sintetizar y resumir un texto, que de otra manera podría haber conducido al lector a una cierta *indigestión teórica.* El libro creo que evita la repetición excesiva de *conceptos,* aunque se mantienen los resultados prácticos de la argucia que condujo en su momento a una *reiteración* que sirvió entonces, mediante una especie de técnica del espejo, para explorar y analizar dos formas de decir la misma cosa: la académica y la popular -la teoría sociológica y las percepciones de los ciudadanos-.

Esta similitud entre percepciones y teorías creo que se debe a la asombrosa capacidad que tiene el habla popular de *hablar en prosa sin saberlo,* es decir, de utilizar el *"román paladino en el qual suele el pueblo fablar a su veçino"* para referirse a los mismos temas de los que, con su alambicada terminología, hablan los *sociólogos*, que han llegado a *bautizar* el uso académico de esta *llana* percepción popular con nuevos *palabros*: *etno-metodología y etno-sociología*. Lamo de Espinosa (2018, pág. 363) nos explica este "gran descubrimiento de la etnometodología creada por Garfinkel" y escribe que, por una parte, está "la ciencia, un saber esotérico, minoritario, propio de expertos (más bien «sacerdotal» que «profético»), con un lenguaje idiosincrático adquirido por aprendizaje formal, usualmente en las universidades", y, por otra, "la etnociencia (o la sociología laica, *lay sociology* la llamaba Garfinkel), un saber exotérico, mayoritario, de sentido común, adquirido por simple aculturación informal". La etnometodología se basa en el supuesto de que todos los seres humanos tienen un sentido práctico con el cual adecuan las normas de acuerdo con una racionalidad práctica que utilizan en la vida cotidiana. En términos más sencillos, se trata de una perspectiva sociológica que toma en cuenta los métodos que los seres humanos utilizan en su vida diaria para sentarse, ir al trabajo, tomar decisiones, entablar una conversación con los otros.

Pues bien, lo que aquí he tratado de confrontar son estos dos discursos, la sociología *culta* y la sociología *laica* sobre las sociedades de la globalización. Y lo he intentado hacer de la manera más clara posible, ya que coincido con Lamo de Espinosa (2010, pág. 102) cuando dice que los sociólogos tienen ante sí esta alternativa: " O hablamos para nuestros conciudadanos, cuyas conciencias pretendemos esclarecer o cuya emancipación tratamos de incentivar, y de cuyas vidas y preocupaciones hablamos en última instancia, pero entonces debemos escribir como Ortega o como Galbraith, Bell o Veblen, y suprimir el aparato erudito (aunque no la erudición, y menos aún la ciencia), para llegar así adonde pretendemos llegar. O bien hablamos para la comunidad internacional de sociólogos, y publicamos en inglés, y hacemos ciencia dura, pero que de nada sirve a nuestros conciudadanos".

### La globalización, un 'tópico abrumador'

Al enfrentarme, tanto con los textos de la Sociología como con los relatos de la gente, he tratado de ser un *lector competente* – me gusta mucho este término-. Creo que esa es una definición muy exacta de lo que también el lector de este libro puede encontrar en sus páginas:

una lectura reflexiva y analítica, que construye, sobre los discursos de los sociólogos y los relatos de la gente, una línea explicativa. Esa es la razón de que se incluyan muchas referencias a párrafos enteros que considero aclaratorios en la descripción de las sociedades actuales; y que aquí – sin pretender disfrazar con palabras propias lo que opinan otros- se relacionan entre sí, otorgándoles un valor añadido, que creo que va más allá del que puedan tener como *antología* de los mejores *dichos* del *hit parade* de la Sociología actual sobre la Globalización (según la encuesta ISA de 1998). He analizado los textos para mostrar el punto de vista de la teoría social sobre nuestro mundo; y, con ello, para tratar de constituir *conexiones* de perspectivas – pensar es poner en relación una cosa con otra- y proponer nuevas *ideas*, que, de alguna manera, las trasciendan.

Los términos *globalización* y *modernidad,* utilizados son en sí mismos conceptos discutidos y discutibles; *tópicos abrumadores, generalizaciones,* que se unen al carácter *generalista* de esta reflexión sobre la ignorancia en las *sociedades de nuestro tiempo,* en lo que constituye una aproximación difícil, pero espero que también *seductora* para el lector.

Sobre la controvertida *globalización* tengo que decir que este texto no entra en el debate entre *globalistas* y escépticos sobre su realidad y alcance (David Held,2003). De acuerdo con Held, los *antiglobalistas* sostienen que segmentos significativos de la población o bien se encuentran *'no tocados'* por la globalización o permanecen, en gran medida, excluidos de sus beneficios; que se trata de un asunto contradictorio, de una construcción ideológica, un mito conveniente, que ayuda a legitimar el proyecto neoliberal global y la consolidación del capitalismo angloamericano. Por lo que respecta a los que denomina *globalistas,* Held resume sus argumentos así: la parte globalista enfatiza que "la globalización responde a cambios estructurales en la escala de la organización social moderna" y que reducir la globalización "a la lógica puramente económica o tecnológica se puede considerar profundamente equivocado puesto que ello ignora la complejidad inherente de las fuerzas que conforman las sociedades modernas y el orden mundial." (Held & McGrew, 2003, págs. 6 a10). No he considerado necesario - tampoco me hubiera sido posible hacerlo en profundidad - reproducir aquí esta polémica. En este ensayo trato de poner el foco en los aspectos cognitivos de la globalización.

Los sociólogos coinciden en señalar que en nuestro tiempo los Estados han perdido poder y *control del conocimiento* en favor de las empresas multinacionales; y que éstas lo han hecho en favor de los *mercados mundiales* y de los mercados financieros internacionales. Los partidos políticos y los sindicatos, a su vez, en favor de las *organizaciones no gubernamentales*; y los *grupos expertos* lo han hecho en los consumidores y en los *consensos políticos* necesarios para sostener y financiar sus líneas de investigación; es decir, que hemos asistido a una difusión y descentralización de la información y del poder, de forma que nadie parece saber muy bien qué o quién gobierna *el sistema*. Esta es la perspectiva con la que se aborda aquí la globalización.

Esta percepción de la *teoría* sobre la difusión del poder y de la *información* -que se plantea con claridad en las obras de la sociología que he tomado como *botón de muestra* - choca con una percepción popular que me he encontrado reiterada en los relatos de *la gente corriente* (Centro de Investigaciones Sociológicas, 2005),y que refleja muy bien la esencia de los estereotipos vigentes . La frase *hoy nos gobiernan cuatro señores, sentados en los despachos de las multinacionales,* en boca de uno de los participantes en los grupos de discusión del CIS, resumía con contundencia esta percepción. Parece estar muy extendida la opinión de que no se puede controlar el proceso de globalización y de que el mismo está gobernado por unos *poderes fácticos*, sobre los que los que se refieren a los mismos no aciertan, sin embargo, a concretar nada más; aunque en sus relatos se intuyen percepciones construidas sobre los estereotipos que llevan a hablar de que *todo lo deciden cuatro*. *Sí, es todo lo mismo*- afirmaba resignado un miembro de uno de los grupos de discusión del CIS-. *Es que es igual* - corroboraba otro- va*mos a seguir lo mismo.* Y un tercero elaboraba el discurso de los anteriores subrayando la falta de control del proceso por parte de los ciudadanos y la ignorancia sobre quienes son en realidad los que *mueven los hilos*, que se terminaba confesando que *están en todos lados.*

Sin embargo, o bien sucede una cosa- la difusión del poder y de la información- o bien la contraria –su concentración-; las dos no pueden darse al mismo tiempo, ni siquiera en este mundo cuántico. La realidad, como trataré de argumentar creo que es más bien la primera, que hoy, en mayor medida que nunca antes, *nos gobierna el sistema*; una estructura, una *dinámica*, una *sociedad inteligente* en la que la información, el conocimiento y el poder se haya disperso y solo en cierta medida *desbocado*, un sistema que estamos creando entre todos, *un mundo en estructuración*.

Cuando la gente habla de que nos gobiernan *cuatro* lo que subyace, en mi opinión, es, precisamente, la conciencia de *ignorar qué* o *quiénes* son los que gobiernan nuestro mundo; un *sujeto indeterminado* en el imaginario de la gente, que, unas veces, toma la forma de esos *cuatro señores* anónimos; y, otras, la de un *ellos*, igualmente indefinido. Es la *indefinición* de la estructura la que provoca esos comentarios, probablemente porque es más fácil admitir que *son cuatro* los que nos gobiernan que pensar en términos de una *realidad inabarcable* que, en cierta medida, se nos impone y nos supera; una realidad a la que hacen referencia también los relatos que hablan, muy expresivamente, de que lo que pasa es que *esto nos viene demasiado grande*. Paradójicamente, la alusión a que nos gobiernan *cuatro*- que nunca se pueden identificar- creo que es, en todo caso, la mejor argumentación a favor de que, en realidad, no nos está gobernando *nadie* en concreto, o mejor dicho, que ignoramos quien o quienes nos gobiernan.

*Una explosión de 'información' y de 'ignorancia'*

Teorías sociológicas y relatos de la gente corriente- los *legos* como algunos textos sociológicos parecen complacerse en denominar al común de los mortales - coinciden en dar opiniones que consolidan la idea de que el crecimiento exponencial de la información y su especialización están generado niveles considerables de descontrol; de forma que los beneficios de la sociedad de la información estarían siendo puestos en cuestión. Los análisis de la teoría social -desde Ortega y Gasset hasta Giddens- y de la Sociología actual coinciden en señalar que se ha agrandado nuestro espacio y nuestro tiempo - nuestro pasado y nuestro futuro-. La red de internet y las redes de comunicaciones físicas los ha puesto en común mediante miles de intercambios instantáneos y múltiples. Vivimos en un nuevo modelo de desarrollo basado en la tecnología de la información. Esta tendencia *comunicacional* constituiría un cambio drástico de nuestra organización social, que habría seguido a otros como la aparición del lenguaje, la escritura, el desarrollo de la imprenta, la aparición de los medios de comunicación de masas (Innerarity, 2009); una transformación que se encuentra asociada a la llamada *infoxicación* -intoxicación por exceso de información y de conocimiento (Cornella, 2000)-; y que, como trataré de mostrar, es la productora principal de nuestros nuevos '*campos de ignorancia*'.

La ignorancia de los agentes sociales de la modernidad sería, por tanto, el resultado ,en gran medida, de esta característica esencial de los tiempos actuales; de una producción masiva de información y de su crecimiento exponencial, como consecuencia del *mundo artificial*, que estamos interponiendo entre la *naturaleza* y nosotros; un mundo, cuya complejidad lo hace cada vez más inabarcable, más difícil de controlar de forma individual por las personas concretas, por los *hombres de carne y hueso* de los que hablaba Unamuno. "En medio de esta explosión de la *información* – de su crecimiento exponencial- se ha producido una explosión de la *ignorancia*" (Proctor, 2008); de forma que este exceso de información es equivalente para muchos a menos información (Innerarity, 2009).

La *infoxicación* se produce en medio de una autentica *revolución comunicacional* que se caracteriza por la progresiva comunicación de *todos con todos* en un mundo global, cuyas características son las de una complejidad creciente; un impresionante velocidad de los cambios que se están operando; la fragmentación del conocimiento en redes -con la consiguiente aparición de una geografía de *la ignorancia* y del *conocimiento*; de la que la aparición de los puntos de verdad como los *think tanks* y los *campus de excelencia* son una muestra; la extensión de una *economía de la atención* en las que diversas fuentes de información compiten entre sí para convencer a la gente (Smithson, 2008); el incremento de los costes y del valor de la información; la consideración del conocimiento, de los datos y de la información como propiedades e incluso como *medios de producción*; el desarrollo de la llamada *inteligencia artificial*, de la tecnificación y automatización del conocimiento (Mayos, 2009); y, en fin, la ya citada *politización del conocimiento*; es decir, la debilitación de las fronteras entre lo que se entiende como tal y las opiniones basadas en ignorancias interesadas, errores y prejuicios (*fake news*). Lo que Lyotard (1987) ha llamado relatos determinativos y prescriptivos, que hoy tienden a confundirse.

Por otra parte, en nuestras sociedades los consumidores ignoran cada vez más como se hacen las cosas, aunque también, cada vez más, llegan a su *conocimiento* la existencia de más *cosas*. El mundo parece consistir en *cajas negras* herméticamente selladas que jamás deberán ser abiertas por los usuarios (Bauman, 2003); cajas de las que lo ignoramos casi todo; y que hoy, por cierto, nos están llegando cada vez más a nuestros domicilios literalmente, y no solo como expresión metafórica, manufacturadas por *Amazon.com*.

El desarrollo de la tecnología -ciencia más industrialismo- estaría modificado todos los procesos de producción, convirtiéndolos en *mundos de segunda mano* para los legos-*el común de los mortales-,* que desconocen, casi en su totalidad, los mecanismos especializados que se encuentran detrás de los productos que consumen. Es en este sentido en el que viviríamos en la época de los *sabios ignorantes* (Ortega y Gasset, 1966, e); en el que la *ignorancia* estaría creciendo fuera de los puntos de verdad no accesibles para los *no iniciados* o *el personal autorizado* y fuera de los campos de especialización en los que se estructura la ignorancia social (Smithson, 2008).

Por consiguiente, con el calificativo de *ignorante* referido a la modernidad queda claro que no pretendo subrayar un aspecto negativo, ni tampoco un supuesto crecimiento incondicionado y general del *no saber*, sino llamar la atención sobre una confluencia de características de las sociedades desarrolladas actuales, que hacen de la *ignorancia* -en el sentido amplio que le doy al término- uno de los elementos configuradores de nuestra época -y no el único-. Por otra parte, el reconocimiento de la *negatividad* de determinadas *ignorancias* en las sociedades actuales — asociadas al carácter icónico, emocional y superficial de muchos conocimientos y al descontrol de la *montaña* de sabiduría especializada que estamos acumulando- no es de carácter moral, ni pretende tampoco ser prescriptiva. Su *valoración ambivalente* - con efectos positivos en unos aspectos y negativos en otros- es una de las características definitorias de la *época global* que nos ha tocado vivir, la de *la globalización del conocimiento y de la ignorancia*.

Siguiendo estos razonamientos, debe quedar claro que — aunque es cierto, como dice Lamo de Espinosa ( 2018), que "el *salvaje* sabe infinitamente más de las condiciones económicas y sociales de su propia existencia que el *civilizado*, en el sentido corriente del término, de las suyas"- no trato aquí de demostrar ningún supuesto crecimiento o decrecimiento de una pretendida ignorancia *de carácter absoluto* a lo largo de la historia; o de predicar el carácter más sabio o más ignorante de la modernidad respecto a la Antigüedad, o de la llamada postmodernidad respecto a la modernidad. No creo, con DeNicola (2017), que se puedan hacer tales comparaciones. "Es la totalidad de nuestra ignorancia la que no podemos someter a comparaciones, porque no tenemos un método válido para evaluar el alcance de nuestra ignorancia; no hay manera de tomar la medida de lo que no sabemos que no sabemos". Concuerdo plenamente también con Ortega y Gasset cuando habla de la vana pretensión de vivir en la *plenitud de los tiempos*, que siempre han tenido *los modernos* de todas las épocas, creyendo que la ignorancia es propia de las generaciones precedentes y pensando encontrarse siempre en el nivel *superior* de la *sabiduría*, un *estado* claramente inexistente.

Tampoco cabe entender la ignorancia como algo absoluto, como un concepto abstracto, parámetro con el que idealmente se podrían comparar las diferentes épocas. La misma es siempre relativa a un contexto espacio-temporal, que, también por naturaleza, dada la variedad de ignorancias posibles, es incomparable con otros marcos espacio-temporales. Por otra parte, es preciso señalar que información, conocimiento y sabiduría no son términos equivalentes. "La sabiduría de que disponemos – escribe en este sentido Lamo de Espinosa (2018, pág. 335)-no es hoy mucho mayor de la que tenían Confucio, Sócrates, Buda o Jesús, no parece haber mejorado mucho en los últimos tres mil años y, lo que es peor, no sabemos bien cómo producirla. Tampoco osaría decir que ha retrocedido, pero sí que es casi una constante que ha variado poco o nada, ¿Una prueba? La lectura de la Ética a Nicómaco de Aristóteles, el De constantia sapientis de Séneca o el Sermón de la Montaña de Jesús de Nazaret, tienen hoy tanto valor como cuando fueron publicados". Hablar, por tanto, de que ha crecido o disminuido nuestro conocimiento o nuestra ignorancia no tendría, valga la redundancia, *sentido* alguno.

La ignorancia es tan inconmensurable como el conocimiento. Teniendo el *área* de lo desconocido -de lo que está fuera de nuestro alcance cognitivo- un potencial carácter infinito, tanto hoy como ayer, las comparaciones entre el nivel de la misma en las épocas carecerían de fundamento. Tampoco pretendo, por razones parecidas, hacer un imposible *diagnóstico de época* ni hablar de la *modernidad ignorante* como de una especie de *nuevo y último avatar de la humanidad.* No hay, en lo absoluto, tal pretensión en este texto ni la hubo en la tesis.

*La ignorancia, un 'prisma' con el que entender nuestro 'tiempo'*

En este ensayo lo que planteo, es precisamente, lo contrario: el final de las teleologías históricas, de la vana pretensión de cualquier época de considerarse *moderna* o *definitiva* (Ortega y Gasset). Si propongo el *eje axial* de la ignorancia lo hago únicamente como un prisma analítico, entre otros, para comprender en parte nuestro tiempo; del mismo modo que fueron utilizados en otras épocas el de *la racionalidad* para explicar la transformación desde una sociedad tradicional a otra moderna (Weber) o el de *la búsqueda del beneficio* (el homo economicus de Adam Smith) para describir el funcionamiento del mercado capitalista. Utilizo este *prisma* también con la misma intención con la que Tocqueville, en su obra *la Democracia en América,* trataba de explicar la evolución del Antiguo Régimen y la Revolución mediante el principio de *la igualdad* o con la misma intencionalidad con la que el concepto de alienación, en tanto que conciencia *falsa* de la realidad, fue utilizado por Marx para analizar el sistema capitalista y la producción de mercancías.

Como señala Bell (1994, pág. 7) "los prismas conceptuales son ordenamientos lógicos impuestos por el analista sobre el orden fáctico", que tratan de explicarlo, pero no lo agotan. "Como el orden fáctico es tan variado y complejo, se pueden imponer diferentes ordenamientos lógicos —cada uno con su propio principio axial— sobre el mismo período o marco social, según las cuestiones que preocupen a cada autor". Con este significado el prisma conceptual utilizado, tanto para el análisis de las teorías de la Sociología como de las percepciones (discursos) de la gente corriente sobre las sociedades de la globalización, ha sido el *factor ignorancia.* De hecho, los seres humanos son los únicos animales que *conocen* y que *ignoran, los únicos que se hacen preguntas;* en realidad, son *los únicos ignorantes,* así que esta perspectiva tiene indudablemente su *lógica.*

Este *prisma,* con el que trato, al menos en parte, de explicar lo que sucede en las sociedades de la llamada globalización, tiene las mismas limitaciones que los utilizados por los clásicos: *describe,* pero no agota la *explicación* de lo que sucede. El arquetipo explicativo del *homo ignorans* es tan solo, por tanto, un *tipo ideal,* en el sentido que le da a esta expresión Max Weber; el sujeto y el agente de una *'globalización',* que conlleva un desarrollo exponencial tanto del conocimiento como de la ignorancia.

De lo que se trata es de documentar la transformación que han sufrido los *campos de ignorancia*, -entendida ésta como una producción social- desde la antigüedad a la llamada segunda modernidad (nuestro tiempo). Una transformación que ha corrido paralela a la de los campos de conocimiento, cuyo crecimiento exponencial ha llevado a un incremento similar de los de *ignorancia*. Se trata de analizar este fenómeno; y, a continuación, reflexionar sobre las consecuencias que estas transformaciones tienen para la planificación social; es decir, pensar sobre si todo esto supone que, de alguna manera, se nos esté escapando de las manos el control.

El ser humano primitivo lo ignoraba casi todo de la naturaleza, pero estaba familiarizado y conocía con más detalle los comportamientos, las destrezas, las habilidades de sus congéneres. Podía reproducir cualquier artilugio, desde un hacha a una mesa de madera. Hoy, la sociedad en conjunto conoce mucho más de la naturaleza de lo que lo hicieron las sociedades primitivas. Sin embargo, cada uno nosotros, considerados individualmente, tenemos menos conocimiento de los *saberes* almacenados socialmente, tanto de los de carácter técnico- del mundo material creado por el ser humano mediante la tecnología (¿por qué funciona este ordenador con el que escribo este libro?) como de las complejas reglas que rigen las relaciones sociales, el mundo del Derecho o de la Economía. Hay más ignorancia porque hay más conocimiento y más agentes que producen estos *saberes* y *no saberes* en sociedades crecientemente complejas.

Me gustaría también destacar que la transformación que han experimentado *los campos de conocimiento y de ignorancia*, así como su crecimiento, está asociado al aumento de escenarios de incertidumbre y de riesgo. Tiene que ver, sobre todo, con que el ser humano es más imprevisible que la propia naturaleza. Se da la circunstancia de que hoy es tan importante o incluso más decisiva la ignorancia sobre la llamada segunda naturaleza -el mundo artificial creado por el ser humano y el entramado de su estructura social- que el desconocimiento de la primera, el mundo de la Física, la Química, la Biología, las Ciencias Naturales.

La constatación de este hecho, sin embargo, no me sitúa en una perspectiva pesimista respecto al *desarrollo humano*. En relación con esta *problemática* tengo que advertir que, en cualquier caso, no está entre mis propósitos elaborar *recetas,* desde una óptica prescriptiva, sobre las conductas humanas y las políticas que deberían desarrollarse para frenar un supuesto descontrol del desarrollo *humano,* del *Juggernaut social* en la terminología de Giddens; ese *monstruo sistémico* e *institucionalizado* en forma de *sociedad* que conducimos y nos conduce.

"Vivir en el mundo moderno - en expresión de Giddens (1990) "es más como estar a bordo de una especie de gigante cibernético, el 'Juggernaut', en vez de estar en un coche de motor cuidadosamente controlado y bien conducido". Para reflejar lo que sucede Giddens (1990) sugiere que deberíamos sustituir las imágenes de Marx de una modernidad desbocada por las fuerzas incontrolables del mercado capitalista, es decir, de la modernidad como un monstruo, por la del Juggernaut. "En tanto que las instituciones de la modernidad perduren, no vamos a ser capaces de controlar completamente la ruta de acceso o el ritmo del viaje a bordo de 'ese monstruo'. A su vez, nunca seremos capaces de sentirnos completamente seguros, porque el terreno a través del cual corre está lleno de riesgos con importantes consecuencias".

Tampoco me propongo aquí plantear fórmulas para objetivos tan ambiciosos como los de *reinventar la democracia* o ejercer el *realismo utópico* El concepto de *realismo utópico* utilizado también por Giddens (1990) es una propuesta que se plantea como un horizonte de expectativa que se articula, por una parte, alrededor de la posibilidad de armonizar política local y global; y por otra, en torno a la formulación de una política emancipadora en pos de la igualdad y la justicia, y de una política de vida y de autorrealización del yo, del logro de una vida satisfactoria y plena para todos, que enlaza, aunque sobre una base teórica muy diferente, con los postulados sostenidos en su día por Marcuse (1993) para superar la *alienación* de la sociedad de consumo capitalista. Sí creo, no obstante, que estas reflexiones pueden servir para poner en *valor* que, tanto hoy como ayer, la dignidad y la libertad de cada uno de nosotros será la que hará posible el progreso de un mundo más complejo, y, a la vez, más *auto-controlado* e ilusionadamente abierto al futuro.

*El análisis del 'habla de la gente'*

Antes de seguir con esta explicación - para que el lector, si decide seguir adelante, sepa a qué atenerse- creo necesaria otra aclaración sobre el método: la comparación entre las teorías *sociológicas* y las *percepciones sociales* expresadas en los relatos de los grupos de discusión del estudio *cualitativo* del Centro de Investigaciones Sociológicas (2005) y, subsidiariamente, en las entrevistas en profundidad realizadas a diplomáticos, periodistas y altos funcionarios. Al analizar las sociedades de la globalización sobre este *material* y desde *este doble punto de vista*, he utilizado dos herramientas; por una parte, el *enfoque agnotologico (Galán Machío, 2020)* y, por otra, el *análisis sociológico del sistema de discursos* (Conde Gutiérrez del Álamo, 2009).

Quiero dejar claro también que con el estudio *cualitativo* de las percepciones no he intentado, ni antes ni ahora, demostrar ninguna tesis -tampoco la que se presentaba con este mismo título-, sino *mostrar, ilustrar y ejemplificar* el significativo nivel de coincidencia entre teorías y percepciones, que en este texto discurren integradas al final de cada capítulo bajo el epígrafe común de *lo que dice la gente.* Como ha señalado Lamo de Espinosa (2018) ,con frecuencia "la novela describe la sociedad mejor aún que la Sociología"; y ,me parece que lo mismo se puede decir de los *relatos* de los llamados *legos — el común de los mortales-,* en el entendimiento de que cuando a lo largo de todo este texto se habla de *la gente* me estoy refiriendo a los testimonios que he tomado como botón de muestra; y que ,del mismo modo que no es mi pretensión encerrar el conjunto del pensamiento sociológico en el de los representantes elegidos- por muy egregios que sean- tampoco lo es extrapolar lo que se dice en los relatos para convertirlos en una especie de *opinión mundial* sobre el asunto. Lo que no quita que, en su justo valor, tanto las opiniones como las percepciones que he analizado puedan ser significativas de tendencias muy definidas en torno a la modernidad.

Ahora bien, es verdad, como nos recuerda también Lamo de Espinosa (2018), que, puesto que Marx nos alertaba sobre el hecho de que "la ciencia se construye contra las apariencias, contra las ideologías" y Durkheim comenzaba "sus Reglas del método sociológico aconsejando eliminar las prenociones y construyendo el objeto contra el sentido común", tampoco podemos dejarnos llevar incondicionalmente por ese *sentido común* de los relatos de *la gente* para *pontificar.* Es necesario también un cuerpo de teoría. En ese sentido creo que los testimonios *documentan, complementan ilustran y subrayan,* con bastante detalle, las tendencias y los paradigmas sobre la ignorancia en las sociedades actuales a los que se refiere la teoría sociológica. Es esta coincidencia lo que trato de resaltar. Así que - tal y como lo formula Heritage, citado por (Santoro, 2003) -en este caso tampoco las explicaciones de *la gente* "representan el término de la investigación sociológica, sino que son un punto de partida".

Todos los textos fueron tratados teniendo presente que, como ha señalado Ortega y Gasset ,"la lengua materna hace de nosotros un caso de la gente"; o dicho de otra manera, que la "interacción entre lo individual y lo social está mediada por el gesto verbal" (Sánchez de la Yncera, 1994) o que "cuando un sujeto habla está atravesado por el decir, por el hablar y por el hacer de la propia sociedad" (Conde Gutierrez del Alamo, 2009). Lo que he intentado es analizar la *percepción social* presente en los individuos independientemente de su *posición social* y apuntar la coincidencia de la misma con parte de la teoría sociológica sobre la modernidad; en otras palabras, he intentado mostrar cómo, entre todos los participantes en los grupos de discusión, se configuraba un discurso coherente sobre *la ignorancia* en correspondencia con lo que plantea la teoría sociológica, *un discurso emergente* en este sentido *'convergente'*. (las transcripciones con todos los datos de los participantes se pueden consultar en el estudio cualitativo del CIS nº 2628)

Al lector de esta versión de la tesis sobre la *modernidad ignorante* se le ahorra, por tanto, la prolijidad de muchos de los relatos y se le presentan -una vez *destiladas*- las principales coincidencias *expresivas* del *habla popular* que mejor explican, *a su manera*, lo que, de otra forma, vienen a contarnos los sociólogos. En todo caso, hay que subrayar, que, efectivamente, a lo largo del texto se hacen proposiciones que solo son *conjeturas* sociales -no considero el término en su acepción peyorativa, sino de *anticipación* o *foco* para el análisis científico-. Pero no pretendo fundamentar estas *conjeturas* de manera inapelable o *científica*, ya que, entre otras propuestas, lo que planteo es que hoy la propia Sociología constituye, ella misma, un *relato* racional, entre otros, de lo que nos sucede.

Al abordar el estudio de las transformaciones de los *campos de ignorancia* y de su relación con los sujetos del *triangulo de la ignorancia - productore*s, *observadores* y *pacientes* de la misma, *los ignorantes* (Galán Machío, 2020)–nada que ver con el triángulo de las Bermudas aunque en ambos desaparecen contenidos- me he preocupado, en primer lugar, de realizar una especie de *coreografía epistémica* de mi propia ignorancia sobre el objeto evanescente del estudio (el *tópico abrumador* de la ignorancia en las sociedades de la globalización). Dada la inabarcable amplitud de tal *macro-objeto*, la decisión en su momento - una opción que mantengo - fue la de centrarme en lo que pensaban sobre el mismo *algunos* sociólogos relevantes y ciudadanos - representativos de la sociedad española de principios del siglo XXI-. Esto es lo que, analizado y expresado con mayor soltura – eso, al menos, espero- podrá encontrar aquí el lector.

Con el enfoque antes mencionado de que "cuando un sujeto habla está atravesado por el decir, por el hablar y por el hacer de la propia sociedad" (Conde Gutierrez del Alamo, 2009) agrupé los términos utilizados en torno a diferentes ejes y matrices narrativas, con el resultado de que el análisis sucesivo de *teorías* y *percepciones* (la técnica del espejo)creo que puso de manifiesto la existencia de un considerable nivel de coincidencia entre las mismas.

Citaré aquí dos ejemplos de matrices narrativas, de entre las utilizadas, para que se comprenda mejor el método de trabajo del que ha resultado este texto. Una es la que se correspondía con el *eje manipulación vs evolución*, con el que trataba de medir los juicios que ven el proceso de globalización como una estructura que crea su propia dinámica, frente a los que privilegian la visión conspiracional de la misma y lo ven como el resultado de la manipulación de unos pocos, un indeterminado *ellos* que estarían gobernando nuestro destino. Esta contraposición narrativa la contrasté con la correspondiente al eje *consecuencias positivas vs negativas de la globalización*, combinando los dos criterios. Otra matriz narrativa utilizada fue la que organizaba los discursos en torno al eje *confianza vs desconfianza,* con la que trataba de mostrar las percepciones ambivalentes de credibilidad o suspicacia sobre las instituciones, la representación, el futuro, o los sistemas expertos. Con este marco teórico, y mediante la metodología de la Agnotología (Galán Machío, 2020), lo que he pretendido es documentar la presencia del *factor ignorancia*- desde un punto de vista cognitivo- en los fenómenos sociales asociados a la llamada globalización, así como las consecuencias que sociólogos y gente corriente creen que el citado factor puede tener para nuestras sociedades.

Para ello, paso revista a su presencia en las descripciones

sociológicas de las estructuras de la globalización y a su impacto en las formas de vida, así como a su relación (en las percepciones de la gente) con los aspectos materiales de la existencia y con la multiplicación de los datos, las informaciones, las mercancías y los objetos producidos por el capitalismo global.

Aclaro de nuevo que mi único propósito con todo esto no es sino mostrar *cómo ve* la gente y como *analizan* los sociólogos -desde el punto de vista puramente cognitivo- la relación del *factor ignorancia* con el proceso de modernización y globalización; y no presentar una batería de datos o de estadísticas sobre los procesos materiales o sociales que soportan estas *visiones*. La óptica ha sido siempre y es ahora la del análisis de las *percepciones*.

### Una sociedad de 'sabios ignorantes'

La teoría que he consultado coincide en que la globalización es económica, tecnológica y cultural, antes que política, pero es, sobre todo, comunicacional; y se está produciendo en marcos como las ciudades y los Estados Nacionales, que solo nominalmente tienen relación con estos mismos espacios de siglos anteriores, ya que sus estructuras han sido modificadas por la industrialización, el capitalismo, la tecnificación, la democracia y por otros cambios institucionales. En estos nuevos contextos *espaciales* vivimos confrontados con expertos ignorantes -*sabios ignorantes* en la terminología de Ortega y Gasset- generados por una extensión de la especialización como una forma social de organización de la ignorancia -los *Grupos expertos*-; y también por la proliferación de los llamados *Sistemas Abstractos*, las grandes organizaciones, que gestionan los bienes y servicios. Desconocemos *el quien*, aunque conozcamos el *qué* de lo que nos ofrecen estos sistemas, en unas relaciones sin rostro, que se producen en un contexto de creciente ignorancia de los *otros*, el resto de la gente de la que solo conocemos sus *mascaras*.

El *factor ignorancia,* desde un punto de vista cognitivo, aparece constantemente en la descripción que hacen los sociólogos y la gente corriente de los fenómenos sociales asociados a la llamada globalización; de sus estructuras, formas de vida y de los aspectos materiales de la existencia que se están dando en el capitalismo global con la multiplicación de las mercancías y los objetos producidos-. La conclusión a la que llego es, en consecuencia, la de que, a juzgar por estas *ideas*, la socialización del mundo natural como una *segunda naturaleza* se está produciendo al mismo tiempo que la *mundialización de la sociedad;* y, con ella, que está teniendo lugar también un fenómeno de *escalación*, es decir, una intervención de la escala considerada en el carácter del conocimiento y de la ignorancia en los nuevos marcos de la Globalización -ciudades y Estados Nacionales-.

La Sociología del conocimiento y la Sociología de la ignorancia tienen, inevitablemente, este carácter de ser "sociologías *intersocietales* y *globales*" y no *intraestatales,* una transición de enfoques a la que Lamo de Espinosa ( 2010, pág. 24) se ha referido al hablar de que "hasta ahora el referente empírico de la palabra «sociedad» lo han constituido grupos humanos estatalmente articulados (la expresión «Estado-nación» no es correcta, pues la inmensa mayoría de los Estados no lo son), pero debemos aprender a pensar que el referente empírico lo es ya la humanidad. Lo que nos obliga a construir historias globales (en el tiempo), pero también sociologías globales (en el espacio)".

Estaríamos asistiendo, en consecuencia, no solo a una *economía de escala* sino también a la extensión de una *ignorancia de escala*; a una *escalación* del conocimiento y de la ignorancia en la que el *ámbito* en que se conocen y se desconocen los hechos resulta determinante tanto para la estructura de los propios *campos de ignorancia* como de la relación con los mismos de los sujetos. Como han señalado Frickel y Kinchy (2015) en los procesos de producción de conocimientos e ignorancias la escala es importante. Tanto los marcos *retóricos,* que constituyen la ignorancia como objeto de análisis, como las agregaciones de datos, que modelan nuestra comprensión de la realidad, se hacen en contextos nacionales, corporativos o *escalares*, cuya dimensión y características influyen decisivamente en nuestra percepción de lo real. Hay que tener en cuenta también que las sociedades de la globalización se caracterizan por su creciente *complejidad*, por lo que las personas no siempre son plenamente conscientes del espectro de opiniones o conocimientos sobre su sociedad (Weinstein & Winstein, 1978).

La penetración de los sistemas expertos tanto extensivamente, a escala global, como por lo que hace a su impacto en la producción de identidades personales y colectivas, está modificando, por otra parte, las estructuras sociales. Tras la profunda revolución epistemológica, que los avances de ciencias como la Física Cuántica, la Astrofísica, la Genética o la Biología Molecular están produciendo en nuestras vidas, son estos nuevos flujos de información y de conocimiento experto los que han puesto de manifiesto la persistencia de extensas zonas de ignorancia -no necesariamente perjudicial- en relación con muy distintos ámbitos de la vida social y con nuestra propia identidad como miembros de una comunidad y como seres humanos (Bauman Z. , Identidad, 2005b).

La *modernidad ignorante* afronta las consecuencias de la generalización de esta sensación de una *pérdida de identidad* en diferentes ámbitos -nacionales, políticos, religiosos, personales, profesionales-. Fukuyama (2018) ha puesto de relieve a este respecto como una de las claves de la *desestructuración política* de las sociedades modernas hay que buscarla, precisamente, en una desesperada *búsqueda* de esa identidad *perdida* y *amenazada* por la *globalización*, que está en el origen de lo que él llama *políticas del resentimiento*; unas políticas que manejan las incertidumbres y las ignorancias (*fake news*) y explican el auge de los movimientos nacional-populistas en EE.UU., Reino Unido, Rusia, Italia, Hungría, Polonia, Filipinas, Turquía, España (Cataluña),que están poniendo en peligro la democracia liberal y muestran la decadencia de los países fundadores de la misma: los Estados Unidos de América y el Reino Unido.

Antes de seguir necesito aclarar que la modernidad, una metáfora para hablar de las sociedades de *nuestro tiempo*, es un campo de ignorancia en sí mismo, con altos niveles de *indefinición*. Se trata de un ámbito propicio a las generalizaciones y a las abstracciones, pero con unos límites más precisos, por ejemplo, que esa otra *cosa* -dicho sea, con el máximo respeto- que llamamos *Dios* de la que se ocupa la Teología. No obstante, es verdad que la *globalización* no se libra de ser un *tópico abrumador*, una *generalización* en sí misma, una abstracción. La ventaja de las *abstracciones* construidas por la Sociología -como lo es, sin duda, esta- reside, sin embargo, en que las mismas suelen referirse a *cosas* tangibles, a *campos de conocimiento* y de *ignorancia* sujetos a una determinación racional, casi física.

Por otra parte, he tratado de reducir *el tópico abrumador-* , encerrándolo en las fronteras más nítidas de algunas de las teorías de la Sociología actual (Bauman, Beck, Giddens, Lyotard), y de las percepciones de los ciudadanos de la primera década del siglo XXI que fueron elegidos por el CIS para participar en diversos grupos de discusión (Centro de Investigaciones Sociológicas, 2005 b).

He agrupado las tendencias, que se desprenden de estas teorías y de los relatos de la gente en cuatro factores presentes en las sociedades de la globalización:

1.- El descontrol – Capítulos I, II y II- (representado por la crisis de la democracia representativa, la compleja geopolítica y geoeconomía mundial, la dispersión global de la propiedad de la información y de los datos, el crecimiento de los entornos de incertidumbre y de la ignorancia sobre nuestro futuro).

2.- La flexibilidad y la impermanencia -capítulo IV- (representadas por la velocidad de los cambios en las relaciones sociales y la aparición de nuevos campos de ignorancia sobre nuestro destino individual -en el trabajo, en la familia, en el ocio, en la comunidad de pertenencia-).

3.-La transformación de los sentimientos de confianza y desconfianza- capítulo V- (representada por los peligros creados por el propio ser humano, los riesgos que comporta su acción tecnológica sobre la propia sociedad y sobre el medio ambiente, la necesaria confianza en los técnicos y, al mismo tiempo, la creciente desconfianza en *la gente*).

4) La multiplicación exponencial de los datos y de la información -la llamada *infoxicación*- capítulos VI, VII, VIII, IX y X- (representada por el crecimiento de la superficialidad, la instantaneidad, el carácter icónico y emotivo de las informaciones y su inabarcable volumen, que propicia, al mismo tiempo, el aumento del conocimiento y el de la ignorancia).

Estos cuatro factores creo que justifican la formulación que hago del arquetipo del *homo ignorans* para describir el *carácter* del hombre de nuestro tiempo; y también mi atrevimiento de hablar de *una modernidad ignorante*. Lo que quiero sugerir, a través de estos *conceptos*, es que estaríamos hoy en presencia -en medio del maremágnum de tendencias y sucesos antes enumerado- del triunfo de ese *homo ignorans*, el *hombre masa o el sabio ignorante* -en expresiones acuñadas por Ortega y Gasset a principios del siglo XX- que nace en un mundo que da por natural, un mundo *súper-especializado*, cuyas claves ignora, y sobre cuyo mantenimiento se siente, en gran parte, irresponsable e insolidario; que vive en un mundo que *consume* pero que *no produce*, que no *controla*.

Estaríamos así ante la emergencia de un *homo ignorans* que delega sus responsabilidades en *la sociedad* de la que lo espera *todo* y cuyo control atribuye a un *ellos* indeterminado; un ser que vive consciente tanto del *conocimiento* como de *la ignorancia* que le rodea. Un ser destinado a vivir en una sociedad en la que intenta *acotar* y *determinar* continuamente nuevos y frondosos campos de ignorancia.

Un llamativo y apabullante ejercicio de este afán del *homo ignorans* por deslindar lo que sabe de lo que no sabe se encuentra, por cierto, en el llamado modelo standard de la Física Teórica, según el cual, el 95,1% de nuestro Universo estaría formado por la llamada *materia y energías obscuras* de las que los científicos nos dicen que lo ignoramos todo. El homo ignorans es, en definitiva, un ser, que se encarna en cada uno de nosotros- sabios ignorantes o ignorantes a secas-; un individuo que está transitando desde el *sapere Aude* de la Ilustración al *Ignorare Aude* de esta *segunda modernidad*; o con mayor precisión, del *atrévete a saber* al *atrévete a saber ignorar*, a reconocer nuestra ignorancia actual y, al mismo tiempo, seguir explorando nuevos y potencialmente infinitos campos de nuevas ignorancias. Veámoslos.

# I

# LA *SEGUNDA NATURALEZA:* EL MUNDO SOCIAL Y GLOBAL

En este primer capítulo trataré de como diversos fenómenos productores de *ignorancia* están afectando a las estructuras de poder y a las instituciones de la *modernidad*, provocando resultados paradójicos, una mayor estructuración de la vida social y un aumento del descontrol de la misma.

En la complejidad organizada de la *segunda naturaleza* -el mundo artificial creado por el hombre – se está produciendo un acelerado proceso de globalización de las sociedades humanas y unas transformaciones que están cambiando las ciudades y los Estados Nación, que tienen poco que ver con lo que eran en el siglo XIX. Los cambios que han tenido lugar en las relaciones de poder entre estos Estados Nación y en el interior de los mismos -la crisis de las democracias representativas- vienen acompañados de la emergencia de una clase profesional y de la burocratización de la política (Bell). Asistimos, por otra parte, a un incremento exponencial de la especialización y a la fragmentación del conocimiento; cuyos corolarios son la generalización de lo que Ortega y Gasset llama *sabios ignorantes* y la aparición de una geografía de la ignorancia, que distingue tanto entre naciones como entre regiones e instituciones poseedoras o desposeídas del *conocimiento*.

## *La generalización de los sistemas abstractos*

De la mano de la superespecialización han surgido los llamados sistemas abstractos (Giddens) -grandes organizaciones que producen los bienes y servicios que consumimos y con las que tenemos una relación *impersonal*-. Se han modificado las creencias y se han transformado los sentimientos de confianza en estas organizaciones, en las instituciones, en los especialistas y en la gente. Como consecuencia de todo ello, se puede afirmar que estamos asistiendo al mismo tiempo a un proceso de descontrol y estructuración. Al crecimiento de la llamada segunda naturaleza, el mundo social y global, un Juggernaut que, en expresión de Giddens (2007), que se ha *desbocado*; un artificio social que, en parte controlamos y, en parte, nos controla en un proceso de auto-estructuración sistémica.

Con la globalización ha desparecido el dominio europeo para dar lugar a una compleja geopolítica mundial en la que no está claro "quién manda" (Giddens, 2007), pero el *descontrol* va más allá de la *geopolítica*. El propio concepto de democracia se ha vuelto problemático. La fragmentación del conocimiento, la extensión de las *fake news* y la superficialidad de las informaciones la ponen en cuestión. No solo no sabemos quién gobierna el *mundo,* sino que estamos perdiendo también el control de los que gobiernan los Estados nacionales y las ciudades; y, lo que es tan malo como lo anterior, tampoco conocemos los datos que manejan sobre nosotros los que gobiernan las instituciones de todos estos *niveles.* Nuestra propia privacidad se ha convertido además en una *propiedad* y una *mercancía* de la que pueden desposeernos.

*Un futuro panóptico*

Se supone que el término privacidad supone la exclusión de un tercero en relación con un bien que consideramos nuestro, pero hoy parece que estamos perdiendo esta *capacidad* de exclusión. Otros pueden decidir por nosotros. La consideración del conocimiento de todo tipo como una propiedad e incluso como un *medio de producción* se encuentra en el centro del debate sobre el uso de las nuevas tecnologías de la información. La propiedad de los datos y los márgenes legales y éticos de actuación de los *gigantes* de la era digital -Facebook, Twitter, Google, Amazon.com- están en cuestión.

El enfoque del *Panoptismo* de Michel Foucault se vuelve así de actualidad. La idea de la extensión a las instituciones sociales -la escuela, la fábrica, el hospital y a la sociedad en su conjunto- de la arquitectura penitenciaria de Benthan - *ver sin ser visto*, ser *ignorado* sin *ignorar* a los demás- se está convirtiendo -gracias a las nuevas tecnologías de la información- en una perspectiva destructora del derecho a la intimidad y, con ello, de la propia idea de la democracia, los derechos civiles y el control *social.*

*Tiempos de incertidumbre*

Por otra parte, surgen continuamente nuevos campos de conocimiento y de ignorancia decisivos como los que afectan a la ciencia de la Economía. Kessler (2015) ha escrito a este respecto que "la objetividad asumida de la teoría económica es un mito que necesita desmitificación. Esta *desmitificación* es tarea de la *Sociología de la economía*; y también lo sería -llevando la harina a nuestro molino- de una *Sociología de la ignorancia* (Galán Machío, 2020), que de cuenta de la producción de los *saberes* y *no saberes* de la teoría económica; y que analice, desde esta perspectiva, las prácticas de las políticas que condujeron tan recientemente a una crisis sin precedentes.

Oliver Kessler (2015, pág. 340) ha señalado, en relación con la gran crisis económica de 2008-2009, como la dificultad para preverla residió precisamente en no ver "el riesgo para el sistema en su conjunto en lugar de cualquier instrumento financiero o préstamo específico. Los cálculos de riesgo se limitaron con mayor frecuencia a sectores de actividad financiera, utilizando algunas de las mejores mentes matemáticas en nuestro país y en el extranjero. Pero con frecuencia perdieron de vista el panorama general". Un fallo de prognosis que está estrechamente relacionado con la falibilidad de los llamados *sistemas expertos* y la superespecialización que acompaña a los procesos de globalización, procesos que generan conocimiento, pero también ignorancia; y lo está también con el crecimiento de los llamados *riesgos sistémicos*-un término desarrollado por el sector financiero para hablar de algunas entidades financieras-*,* que afectan al conjunto del sistema social.

Por otra parte, la modernidad, como argumenta Giddens (2007), es inseparable de lo *sistemas abstractos*; de las grandes organizaciones asociadas a *sistemas experto*s, que proporcionan la desvinculación de las relaciones sociales a través del espacio y el tiempo. Los *sistemas abstractos* no son solo impersonales, sino que se encuentran *desanclados* de los entornos inmediatos de sus clientes y consumidores.

La naturaleza socializada -mediante sistemas expertos y abstractos- como un *universo social* se nos escapa de las manos, no solo por *las consecuencias no deseadas* de la propia acción y de la dinámica y el diseño de estos sistemas, sino por lo que Giddens llama *el fracaso del operador* - el riesgo implícito en el factor humano- que estará siempre presente mientras uno de nosotros esté involucrado (Beck, 1988). La progresiva construcción de un mundo *de segunda mano,* cada vez más artificial y más *mediado* por los *otros seres humanos,* significa que el conocimiento se puede contrastar cada vez menos a través de nuestras experiencias personales.

La ignorancia crece así, junto al conocimiento, en un mundo globalizado en el que, como desarrollaré en un capítulo posterior, lo que predomina es la *liquidez* (Bauman)*,* la impermanencia y la flexibilidad de las relaciones sociales.

### Fragmentación e instantaneidad

De acuerdo con Bauman (2003), en un mundo como el descrito *el progreso* no representaría ya ninguna cualidad de la historia sino la confianza del presente en sí mismo; estaríamos en la *época de la instantaneidad,* donde todo (y, por tanto, nuestro futuro) es liviano, flexible, maleable; donde la descentralización está en el núcleo de las estructuras que lo conforman; de forma que su administración "necesariamente debe basarse en una gestión *a ras de suelo* -mediante unidades de bajos insumos y descentralizada- en lugar de una dirección desde arriba, donde nuestra mano izquierda no sabe lo que está haciendo la derecha.

La conciencia de la *fragmentación* del mundo de lo social; de sus *poderes,* de sus *intereses* y de sus *conocimientos,* así como el carácter *líquido* y *flexible* de relaciones y conductas, una mayor *individuación* de las mismas, estaría asociada al descubrimiento de un *descontrol* vinculado a la *libertad,* a la actuación independiente de los diversos *agentes* del sistema; y, por tanto, a su ignorancia respecto a las múltiples *parcelas* en que este viene a descomponerse. La *trama* de la película se nos escapa. Perdemos la visión de conjunto de la *jugada.*

### La segunda naturaleza

¿Cómo se puede haber producido la paradoja de que en los nuevos *marcos espaciales* de la globalización- ciudades y Estados Nación-, a mayor civilización se haya producido una sensación de mayor descontrol? La respuesta puede estar en que el ser humano de hoy desarrolla su vida en entornos artificiales y ha descubierto la civilización como algo aún más enigmático e insondable que la propia naturaleza. Vive en una *segunda naturaleza*, que respecto a la primera tiene, como ha señalado Lyotard, una característica más imprevisible aún: *la astucia* de la que carece la naturaleza que es "un adversario indiferente, pero no astuto", lo que distingue también "a las ciencias de la naturaleza de las ciencias del hombre" (Lyotard ,1987). "Durante la mayor parte de la historia humana, ha escrito Bell ( 1994) la realidad era la naturaleza, y por ello en la poesía y la imaginación los hombres trataban de vincular el ego individual al mundo natural. Luego la realidad fue la técnica, los instrumentos y objetos hechos por el hombre, aunque con una existencia independiente fuera de él, el mundo reificado. Ahora la realidad es ante todo el mundo social — ni la naturaleza ni los objetos, sólo los hombres— experimentado a través de la conciencia recíproca de uno mismo y de los otros", de forma que la sociedad post-industrial es "fundamentalmente, un juego entre personas".

En la mayoría de las culturas premodernas, incluso en las grandes civilizaciones, los seres humanos, en su mayoría, se veían a sí mismos como un continuo con la naturaleza, pero en las condiciones de la modernidad "el industrialismo se convierte en el eje principal de la interacción de los seres humanos con la naturaleza" (Giddens,1990, pág. 859 de 2506)"; es decir, que la naturaleza ha pasado de ser un fenómeno exterior a uno interior, de ser un fenómeno dado a uno producido.

Keynes nos ha recordado que, en esta sociedad del *bienestar* artificial construida por primera vez en la historia humana, "el problema de la subsistencia, en el sentido estricto de la palabra —estar libres del hambre y de la enfermedad— ya no tiene necesidad de existir. La cuestión que se le plantea a la raza humana no es ya la subsistencia, sino el nivel de vida; no es la Biología, sino la Sociología. Se pueden saciar las necesidades físicas y la posibilidad de la abundancia es real" (Bell, 1994, pág. 126). Nuestro problema sería hoy el control de esta *astuta* (Lyotard) *segunda naturaleza* de la que cada vez ignoramos más. Nuestro problema sería el *otro hombre*.

Nacido ya en esa *segunda naturaleza,* el ser humano de las sociedades desarrolladas actuales ve a las instituciones sociales como parte de una realidad en la que se desarrolla su vida por *derecho natural;* como una *naturaleza social,* que da por supuesta y gratuita, y respecto a la cual no se siente responsable.

*La 'complejidad organizada'*

Daniel Bell (1994, pág. 19) ha subrayado en relación con el tema que nos ocupa, la eclosión exponencial del mundo artificial- la segunda naturaleza- que "los problemas sociológicos e intelectuales más importantes de la sociedad post-industrial son precisamente los de la *complejidad organizada*: la dirección de los sistemas a gran escala, con un amplio número de variables en interacción, que tienen que ser coordinadas para llegar a resultados específicos".

Desde mediados del siglo XX se ha producido una autentica eclosión de nuevos campos científicos relacionados con esta *complejidad organizada*: la teoría de la información, la cibernética, las teorías de la decisión, las teorías de juegos, las teorías de la utilidad, etc... De ellos se han derivado técnicas específicas, como el desarrollo de la teoría de las probabilidades -antes sólo intuitiva y ahora rigurosa y axiomática-, la teoría de las series sofisticadas y de los juegos y las decisiones, la programación lineal, la teoría estadística de la decisión, etc. (Bell, 1994, pág. 19). Nuestro mundo cada vez es gestionado más por algoritmos y menos por hombres y mujeres de carne y hueso.

Todas esas técnicas han sido posibles por una base común, el crecimiento exponencial de la computación y de la informática, sin las cuales "las nuevas herramientas matemáticas habrían tenido sobre todo un interés intelectual o se habrían utilizado, en palabras de Anatol Rappoport, citado por Bell (1994, pág. 9) *'con muy bajo poder de resolución'*. Estaríamos así en presencia de "una sociedad conformada cultural, psicológica, social y económicamente por el impacto de la tecnología y la electrónica; en especial en el área de los computadores y las comunicaciones"; y que Zbigniew Brzezinski (1998) ha bautizado con el neologismo de sociedad *tecnotrónica*, una sociedad en la que, efectivamente, los *algoritmos* llevan camino de controlar en parte nuestras vidas a través de la red de internet. Daniel Bell denomina a la aplicación de estos desarrollos nuevos *tecnología intelectual*, una tecnología que viene a sustituir el empleo de juicios intuitivos por algoritmos como normas para la solución de problemas.

Por otra parte, lo real ya no es fundamentalmente *lo natural* sino *lo social*; y el componente esencial de este segundo término es la imprevisibilidad derivada de la *libertad* que ejercen en su vida los seres humanos. Nuestros sistemas intelectuales están más preparados para determinar las regularidades que se producen en la naturaleza que las tendencias sociales o políticas. Estamos asistiendo a la extensión de una *política desbocada*, para utilizar los términos de Giddens (2007), una esfera política cuya complejidad espacio-temporal escapa a todo posible control; y que depende de una incontrolable relación entre *grupos de expertos* y *agentes*; entre sabios y políticos en el interior de una multiplicidad de instituciones de ámbito estatal o global. "Como la sociedad post-industrial aumenta la importancia del componente técnico del conocimiento, obliga a los hierofantes de la nueva sociedad –científicos, ingenieros y tecnócratas– a competir con los políticos o a convertirse en sus aliados. La relación entre la estructura social y el orden político se convierte por eso mismo en uno de los problemas claves del poder en una sociedad post-industrial" (Bell, 1994, pág. 8). La gestión se complica al mismo tiempo que lo hace la *prognosis social*.

### Consumidores en lugar de productores

Por otra parte, tal y como ha argumentado Bauman (2003, pág. 83), la sociedad postmoderna considera a sus miembros primordialmente en calidad de consumidores más que de productores. Esa diferencia es esencial. A las masas de las sociedades desarrolladas actuales les preocupa el bienestar, pero, como ha señalado Ortega y Gasset, son insolidarias con las causas de ese bienestar. Esta era, precisamente, la tesis que ya sostenía en su ensayo '*La Rebelión de las Masas*', en el que comentaba como el *hombre masa* tiende a relacionarse con el *mundo social* como si fuera una *naturaleza* de la que solo cabe *extraer* bienes sin preocuparse de su producción ni de su conservación. "Lo civilizado -escribía a principios del siglo XX- es el mundo, pero su habitante no lo es: ni siquiera ve en él la civilización, sino que usa de ella como si fuese naturaleza". "El nuevo hombre desea el automóvil y goza de él; pero cree que es fruta espontánea de un árbol edénico. En el fondo de su alma desconoce el carácter artificial, casi inverosímil, de la civilización, y no alargará su entusiasmo por los aparatos hasta los principios que los hacen posible. "El hombre-masa cree que la civilización en que ha nacido y que usa es tan espontánea y primigenia como la Naturaleza, e ipso facto se convierte en primitivo. La civilización se le antoja selva".

(Ortega y Gasset, 1966 d, pág. 202).

Nuestra época *desarrollada* de principios del siglo XXI nada en la abundancia de productos, de objetos, de *cosas*, pero el homo ignorans lo desconoce casi todo de ellas y no acierta a distribuirlas con un mínimo de racionalidad y de justicia. Gracias a la técnica se ha producido una multiplicación exponencial de los objetos disponibles para el intercambio. La mayoría del planeta se ha desarrollado, las mercancías fluyen a través de buques, contenedores interoceánicos y miles de vuelos diarios entre todas las aéreas del globo, igual que cae la lluvia de los cielos o los frutos nacen en los árboles; pero el *homo ignorans-* nuestro tipo ideal -que vive en estos nuevos entornos inteligentes- las ciudades inteligentes y los Estados del Bienestar de la globalización- desconoce, en realidad, como se producen tales *maravillas;* y, muchas veces, no sabe ni tan siquiera de donde vienen. En su relación con las *mercancías globales* tiene que confiar en los *semejantes* que las producen, desarrollando un tipo de *confianza* equivalente a las *creencias* en las que el ser humano primitivo basaba antes su existencia; creencias como la de que los árboles darían siempre y estacionalmente los mismos frutos sin que nadie tuviera por qué saber *como funcionan.*

*Un mundo de segunda mano*

En este mundo es cada vez más rara la información de primera mano, no hay conocimiento directo de las cosas. Todo está mediado por el mismo tipo de intercambio vicario que se inventó con la moneda, por fichas simbólicas que nos intercambiamos como si fueran cromos o estampitas y que nos sirven para organizar nuestra vida social. El dinero sería el ejemplo paradigmático de lo que Giddens (1990) entiende por *symbolic tokens.* En lo que respecta a los sistemas expertos su crecimiento-junto con la especialización del conocimiento-es, probablemente, el rasgo que con mayor facilidad se puede distinguir en las sociedades desarrolladas actuales, en la que se ha producido una multiplicación de los campos sometidos a conocimientos especializados (en medicina, en economía, en física, etc.), que van desde los expertos en el sistema financiero a los doctores especialistas en alguna parte de nuestro cuerpo. Se han generalizado los complejos sistemas tecnológicos y los sistemas expertos.

Hoy vivimos en lo que los sociólogos han denominado elocuentemente (por ejemplo, C. W. Mills o Berger y Luckmann), como *mundos de segunda mano,* en los que la mayor parte de lo que consideramos conocimiento nunca se puede comprobar o contrastar mediante nuestra experiencia (citado por Smithson, 1989, pág. 235). Ello ha llevado aparejado una transición desde marcos en los que imperaban las tradiciones y las creencias en la naturaleza y en su benevolencia a nuevos marcos donde se hace necesaria la confianza en los *profesionales* y sus habilidades; en las instituciones y en las *estructuras sociales,* en los *sistemas abstractos* y en *las fichas simbólicas;* una confianza basada en un conocimiento inductivo débil, en el reconocimiento y aceptación de nuestros *campos de ignorancia;* y en una convivencia *pacífica* con los mismos.

### El mundo "alegre y confiado"

Se está produciendo, por tanto, la transición desde un mundo antiguo de creencias en una naturaleza gobernada por leyes divinas a ese mundo *postmoderno* de carácter *artificial;* a esa segunda naturaleza de carácter social que se interpone entre el mundo natural y nosotros; y en la que necesariamente se tiene que confiar. Se trata de una transición de un mundo *creyente* a uno *confiado;* una transición de la pre-modernidad a la llamada post-modernidad en la que los procesos de confianza racional son esenciales para el funcionamiento del sistema.

En el capítulo dedicado al riesgo intentaré mostrar como esa confianza en los *otros* se refiere, sobre todo, a la confianza en los representantes institucionales de los grupos expertos -en los técnicos y los profesionales- y menos en la *gente* en general*;* y como, paradójicamente, crecen al mismo tiempo las dos actitudes: la confianza en los técnicos y especialistas, por un lado, y ,por el otro, la desconfianza en los conciudadanos que se nos aparecen como *desconocidos.*

## LO QUE DICE LA GENTE

*Yo creo que el mundo es un sistema*

Con todos estos procesos estamos ante una conformación acelerada de nuevos ámbitos de ignorancia e incertidumbre distintos de los que existían en la premodernidad y en la modernidad. Se ha transformado lo que la gente sabe y lo que no sabe, y aparecen nuevas ignorancias y nuevas formas de conocimiento.

De una parte, la información y la llamada *inteligencia artificial* estaría creciendo de manera exponencial (Mayos, 2009) en el interior de una estructura productiva en la que las fuerzas de transformación e innovación hay que buscarlas ya en el conocimiento, la información, la educación y el capital humano (Bell,1994). La Enciclopedia de hoy serían los bancos de datos. Éstos exceden la capacidad de cada utilizador. Constituyen la *naturaleza* para el ser humano de nuestros días.

De otro, somos mucho más conscientes hoy de las limitaciones y de la relatividad o parcialidad de buena parte de la información y de los análisis disponibles; lo que, a su vez, habría aumentado la percepción de la ignorancia, tanto a escala macro como micro. Los consumidores ignoran cada vez más como se hacen las cosas, aunque también cada vez más llegan a su *conocimiento* la existencia de más *cosas*. El mundo de acuerdo con la teoría, como ya he señalado antes, parece consistir en las *cajas negras* herméticamente selladas que jamás deberán ser abiertas por los usuarios de las que habla Bauman (2003), porque si lo hacemos, nos encontraremos con el desconocimiento sobre su estructura profunda y su funcionamiento (igual que le sucedía al ser humano primitivo con la naturaleza); y, además, seremos incapaces de *recomponerlas.*

*¿Nos gobiernan cuatro señores?*

Las teorías sobre la sociedad actual ponen también de manifiesto que el crecimiento exponencial de los poderes financieros -que han escapado del control de los Estados Nacionales y de los ciudadanos- está produciendo una situación de ignorancia sobre los mecanismos y sobre la dirección de los tiempos actuales. Parten de la idea de que con la globalización ha desparecido el dominio europeo para dar lugar a una compleja geopolítica mundial en la que no está claro quién manda; y en la que se han transformado los propios centros e instituciones de poder, que no residen ya fundamentalmente en los Estados Nacionales, sino también en otras instancias como las instituciones transnacionales (Unión Europea, FMI, Banco Mundial, sistema de Naciones Unidas, etc....), las empresas multinacionales y el mercado financiero internacional.

Este proceso estaría siendo paralelo al incremento de la vigilancia de los gobiernos, de las empresas y de las instituciones sobre los individuos, de forma que estos desconocerían el volumen de la información que sobre ellos puede manejarse. No solo no sabríamos quienes nos gobiernan, sino tampoco las informaciones que manejan sobre nosotros los que nos gobiernan. Los gobernantes estarían perdiendo también en este proceso parte de su autonomía, de forma que tienen que adoptar decisiones en un complejo sistema cuyas variables desconocen; en un sistema en que las decisiones dependen de muchos factores que no controlan. ¿Es consciente la gente de estas consecuencias a las que apunta la teoría y, en concreto, del crecimiento de ese mundo social que puede terminar por imponerse a nuestra voluntad individual?

En principio esta situación descrita por la teoría desmentiría, por lo pronto, el estereotipo de la manipulación asentado en una parte considerable de las percepciones de la gente ( *"hoy nos gobiernan cuatro señores, sentados en los despachos de las multinacionales", "vamos, que dentro de 30 años van a gobernar siete y a tomar por saco"*) y daría la razón a los relatos que se refieren, en cambio, en consonancia con las ideas antes expuestas, a que la gente también se siente inmersa en un proceso incontrolable en el que la ignorancia no afectaría solo a los gobernados sino también a los gobernantes (*"el ser humano está siendo devorado por la estructura, es lo que quiero decir"* se afirmaba e uno de los testimonios. *"No, yo creo-* se sentenciaba en otro- *que es porque realmente no hay nada en tus manos".*

El reconocimiento de una *ignorancia selectiva* o *racional* por parte de los ciudadanos, que por razones de higiene mental se despreocupan de lo que no controlan, surge, por otra parte, como una consecuencia de lo anterior. Smithson (2015) ha subrayado a este respecto, citando a Ungar, que "uno de los síntomas de la ignorancia, como un problema público, es que, precisamente, a pesar de la noción de sentido común de que hay un acervo común de conocimiento que todos los miembros saludables y que funcionan con normalidad de una sociedad deberían saber, en realidad, es extremadamente difícil producir un consenso estable sobre lo que ese acervo común debería incluir". Ese acervo común está despareciendo. La gente ignora las *claves* de lo que sucede en la sociedad, ha perdido ese *sentido común* del que habla Ungar, y reacciona despreocupándose o denunciando un *ellos* desconocido que lo controla todo (*"ellos"; "los de arriba"; "los poderes fácticos de arriba";" "los que mueven los hilos"*).

Somin (2015, pág. 277) ha señalado a este respecto que si bien puede ser racional que los votantes presten poca o ninguna atención a los asuntos políticos, a un electorado colectivamente ignorante podría resultarle difícil o imposible tomar decisiones bien informadas en la urna electoral… "Para la gente- escribe- puede ser más racional dedicar su tiempo a adquirir información que sea relevante para decisiones que realmente pueden marcar una diferencia. Como dijo el ex primer ministro británico, Tony Blair, "la mayoría de las personas, la mayoría de las veces, no piensan en política, como la primera cosa, durante todo el día. O si lo hacen, es con un suspiro... antes de volver a preocuparse por los niños, los padres, la hipoteca, el jefe, sus amigos, su peso, su salud, su sexo y su rollo de rock". O como se señalaba en unos de los relatos *"A las cosas que me preocupan les intento poner solución. Me preocupa que mi novia haya discutido, que mis padres me llamen o no, tener dinero,".* La gente, en consecuencia, no suele pensar en cosas como la *segunda naturaleza,* el mundo artificial que se está imponiendo a las decisiones individuales o en sus campos de *ignorancia* y de *conocimiento*.

En este cuanto a esta ignorancia respecto al control de nuestras vidas, Beck (1988) ha señalado como cada vez más se adoptan decisiones por *otros,* que nos afectan, decisiones sobre nuestras vidas; lo que ha dado lugar a la aparición de lo que él ha llamado *la sociedad del riesgo* en la que aparecen tanto consecuencias no deseadas de la ciencia como de la propia acción social y de las instituciones políticas; pero también de las instituciones sociales, de los grupos expertos, que en nuestro tiempo conducen a incrementar las sensaciones de nuevas incertidumbres.

*¡Que no pintamos nada!*

Giddens (1990), ha subrayado, abundando en una idea estrechamente conectada con la anterior, que, a pesar de desplegar nuestra racionalidad colectiva, ignoramos el camino que vamos a seguir, que la *razón dulce* no ha producido un mundo sujeto a nuestra predicción y control. Bauman (1999) ha llamado la atención sobre la contradicción lógica entre nuestra satisfacción con la libertad existente en nuestros marcos sociales y nuestra resignación sobre la imposibilidad de *cambiar el mundo.* "Si la libertad ya ha sido conquistada, ¿cómo es posible que la capacidad humana de imaginar un mundo mejor y hacer algo para mejorarlo no haya formado parte de esa victoria? ¿Y qué clase de libertad hemos conquistado si tan solo sirve para desalentar la imaginación y para tolerar la impotencia de las personas libres en cuanto a temas que atañen a todas ellas? " (Bauman Z. , 1999, pág. 9).

La respuesta a estas cuestiones tal vez se encuentre en que el crecimiento y consolidación de esa libertad se ha producido al mismo tiempo que el aumento de las *ignorancias* que rodean a las sociedades actuales. La *remoción* de las relaciones sociales de los contextos locales de interacción y su reestructuración a través del tiempo y el espacio; la característica de nuestra época, subrayada por Giddens (1990) y, en concreto, la transformación de las ciudades y su estructuración en una red tan compleja y desconocida como el propio universo de la globalización (Barañano Cid, 2006)está detrás de la aparición de nuevos campos de ignorancia.

El ciudadano de hoy debe organizar su vida en base al intercambio de las fichas simbólicas y a la participación en sistemas abstractos y expertos, de los que no tiene todos los datos; de estructuras que desconoce, que ignora, que no le son cercanas; de *instancias* en las que es necesario que confíe. En este sentido *la confianza* en las instituciones se ha convertido en un elemento esencial. La gente vive en un *mundo confiado* (porque no hay alternativa) y en uno *en estructuración* (porque está progresivamente dominado por las instituciones y las organizaciones). La sociedad del conocimiento habría acabado, en ese mundo, con la autoridad del conocimiento, lo que indudablemente tiene efectos en la estructura social y en la distribución del poder.

La percepción más frecuente en la gente es justamente esa, la de *impotencia* frente a una *estructura* que se les impone y cuya dirección no se puede controlar *("esto se ha vuelto una locura, no hay forma de agarrarlo"; "que nos viene grande")*. Esta percepción se acompaña de sentimientos de *decepción* o *desengaño* respecto a la participación política o sindical; y de la sensación de *estar manipulados* o de *ser marionetas ("que no pintamos nada" ;"gente desengañada con la política"; "mentira, mentira, mentira")*. En general, subsiste una sensación de no saber si el mundo que se avecina será mejor o peor; simplemente es algo que se *ignora*, que *no se controla ("hombre, se vive con nerviosismo"; "el problema es de futuras generaciones";" no sabes el futuro cómo puede venir")*.

El desarrollo de las sociedades actuales ha supuesto, de acuerdo con la teoría, un incremento exponencial de la complejidad y del número de agentes implicados en las decisiones, tanto en las que se adoptan en el marco de los Estados-Nación como a nivel internacional, pues la geopolítica mundial, a pesar del surgimiento de procesos de unificación como el de la UE, sería más compleja. En este mundo cada vez más complicado la gente se enfrenta para poder tomar sus decisiones al *dilema del prisionero*. Como es sabido en este modelo de la teoría de juegos el prisionero ignora la decisión de su colega de prisión, y su mejor oportunidad para salir libre o tener una condena menor depende de que el otro decida confesar o no el supuesto delito; de forma que no se trata solo de *decidir* lo mejor para nosotros, sino de tomar una decisión, que tenga en cuenta las incontrolables opciones que adoptará el resto de agentes que influyen decisivamente en el *resultado* que se puede obtener. A pesar de que la *complejidad* dificulta la atribución de responsabilidades es frecuente encontrar expresiones de la gente que hablan de que *esto* lo controlan un *ellos* indeterminado, que se identifica, habitualmente con los que tienen el dinero y el poder. *("Ah, eso ya no lo sé" ...; "una mafia"; "el dinero"; "el poder financiero"; "los que viven mejor"; "los que deciden")*.

Junto a esta *atribución,* y de manera contradictoria con la misma, de los relatos se desprende una percepción compartida de que el proceso de globalización y de construcción de un mundo artificial (la segunda naturaleza) es incontrolable, que no está *en manos* de la gente, y ni siquiera de los propios gobiernos, cambiar su dirección, que se trata de un proceso que se percibe como algo que va a extenderse mucho más allá de sus vidas *("un proceso larguísimo" ;" con un fondo que no se ve")*. En concreto, de las percepciones de los sectores con mayor formación y, desde luego, en la del grupo de periodistas, diplomáticos y altos funcionarios, surge con mayor claridad este relato alternativo, el de que *no hay manos ocultas*; que es la propia estructura la que marca un rumbo que en gran medida ignoramos(*"yo creo que el mundo es un sistema"; "creo que un conjunto de elementos, de factores que interaccionan, que se mueven"; "hay vectores, que hay elementos que tienen más fuerza, pero que no siempre son los que ganan"*). Se trataría de un destino que se va fijando a través de los *'sectores más desarrollados de la humanidad',* mediante procesos de *'negociación y competencia'* entre las partes, o por medio del triunfo de actitudes más inteligentes y productivas frente a la *ineptitud.* A ello contribuiría el crecimiento de los datos y de las *burocracias asesoras*, que procesan estos datos en un tiempo más lento, lo que disminuye el margen de decisión de los dirigentes y de actuación de las *voluntades individuales;* un proceso guiado por la propia dinámica social o internacional, que es interpretada, analizada y representada por el conocimiento de esas burocracias (*"Se supone que los políticos tienen asesores y controlan suficientes elementos de la realidad como para tomar decisiones...eh"; "siempre confío en que dentro de todas las instituciones o de la mayoría de las instituciones hay una base de profesionalidad"*).

## II

## CIUDADES Y NACIONES ESTADO GLOBALES

La *globalización*- escribe Bauman – "está en boca de todos; la palabra de moda se transforma rápidamente en un fetiche, un conjuro mágico, una llave destinada a abrir las puertas a todos los misterios presentes y futuros. Algunos consideran que la *globalización* es indispensable para la felicidad; otros, que es la causa de la infelicidad. Todos entienden que es el destino ineluctable del mundo, un proceso irreversible que afecta de la misma manera y en idéntica medida a la totalidad de las personas. Nos están *globalizando* a todos; y ser *globalizado* significa más o menos lo mismo para todos los que están sometidos a ese proceso" (Bauman Z. , 2010, pág. 7). El tópico *abrumador -la globalización-* sería según esto el *tema de nuestro tiempo*. "Llevamos el mundo en el bolsillo. Cada vez que usamos el teléfono o le damos a la llave de contacto de nuestro automóvil- escribe también Lamo de Espinosa (2010, pág. 41), estamos movilizando el mundo entero. Pero tras la globalización de capitales y mercancías, ha llegado la de las personas y las culturas. Se mezclan productos, por supuesto, pero también ideas, lenguas, literaturas, gastronomías, religiones. Ajustar nuestra conciencia a esa realidad global es el nuevo reto de la sociología".

*Una época de transición a la globalización*

A juzgar por las percepciones que he encontrado en los relatos de la gente he podido constatar, en contraste con estos comentarios de los sociólogos, que una buena parte de la población solo tiene, en realidad, una relación indirecta con el tópico *abrumador* -la globalización-, cuyos efectos no llegan uniformemente a todos; tiende, en cierta medida, a ignorar lo que sucede en el mundo, y carece de aptitudes necesarias para poder incorporarse a la misma - conocimiento de idiomas, manejo de internet-;y, en consecuencia, que hoy nos encontramos tan solo en un proceso de transición de las sociedades nacionales a las sociedades globales. La encuesta del CIS de mayo de 2005 (Centro de Investigaciones Sociológicas, 2005) pintaba un cuadro del estado de *globalización* de la población española de acuerdo con determinados indicadores, que nos pueden servir de referencia para valorar, tomándonos la molestia de imaginarnos como será la globalización dentro de tres o cuatro siglos, el grado aun *modesto* que adopta este fenómeno en las sociedades actuales.

En España solo un 15,3% decía haber vivido en un país extranjero por un periodo superior a tres meses y un 60% decía no haber ni siquiera viajado al extranjero durante los últimos cinco años por algún motivo (laboral, estudios o vacaciones). Aproximadamente un cuarto de la población (28%) afirmaba conocer al menos un idioma extranjero con un nivel suficiente para mantener una conversación, lo que indica que el reverso de la moneda es que los tres cuartos restantes seguían prisioneros de su propio idioma nacional. Un 68% no tenía ningún amigo extranjero viviendo fuera de nuestro país y un 55,5% tampoco tenía ningún amigo extranjero que viviera en España. Solo un 19% utilizaba el correo electrónico para comunicarse con gente de otros países. En resumen, que la globalización existe, pero tiene por delante aún un gran camino que recorrer. El propio concepto de globalización (Held & McGrew, 2003) resulta en parte ignorado y cuestionado ("*se oye mucho, tenemos más o menos una idea, pero no sabemos exactamente lo que es" ;"lo tienes de oídas y poco más"; "no sé en que pensamos cuando hablamos de globalización" ;"es que la globalización es un concepto cómo tan amplio,¿ no?"*).

### Ciudades y Estados globales

Al analizar los cambios que han tenido lugar en *la globalización* la teoría social se ha fijado en la dinámica global como un todo, que comienza a forjarse con el nacimiento del capitalismo- la compleja geopolítica actual-, o bien lo ha visto como un proceso en el que tienen lugar determinados cambios sociales en el interior de los *Estados Nacionales* y en las *ciudades modernas*. Giddens (1990)señala que las discusiones sobre la globalización tienden a aparecer en estos dos cuerpos de literatura.

Uno de ellos es el que se centra en las relaciones internacionales, en el desarrollo del sistema de Estado-nación, analizando sus orígenes en Europa y su posterior difusión en todo el mundo. Los Estados-nación, se afirma, son cada vez menos soberanos de lo que solían ser en términos de control sobre sus propios asuntos, aunque pocos hoy anticipan en un futuro próximo el surgimiento del *Estado mundial,* que muchos en la primera parte de este siglo preveían como una posibilidad real.

El otro enfoque, de acuerdo con Giddens (1990, pág. 921 de 2506), es el de la *teoría del sistema mundial* según el cual el surgimiento del capitalismo marca el comienzo de un tipo muy diferente de orden, por primera vez genuinamente global en su envergadura, la *economía capitalista mundial* (Wallerstein, 2004). En cualquier caso- sin entrar en esta polémica- hoy parece haber poca esperanza -como ha señalado Bauman (2003)- "de rescatar la autonomía de los servicios estatales anteriores a este proceso y que proporcionaban certidumbre y seguridad". "La libertad de la política estatal -escribe (pág. 197)- se ve permanentemente socavada por los nuevos poderes globales, equipados con las pavorosas armas de la extraterritorialidad, la velocidad de movimiento y la capacidad de evasión, escape; los castigos impuestos por violar la nueva ley global son rápidos y despiadados. ... Casi siempre ese castigo es económico." Se extiende también la sensación dominante, como señalan tanto las teorías sociológicas como las percepciones de la gente, de que no sabemos muy bien quienes nos gobiernan, ni qué información tienen sobre nosotros, ni quién decide sobre qué.

La globalización, cuya aceleración ha cobrado en los últimos años un ritmo vertiginoso, era ya un objeto de análisis para los pensadores de las primeras décadas del siglo XX, de los que Ortega y Gasset es un claro ejemplo. El *proceso* tiene sus raíces en la *planetización* iniciada tras el descubrimiento de América, seguida de la *época de la hegemonía europea* "Desde el siglo XVI -escribía Ortega y Gasset (1966 d, pág. 232)- ha entrado la humanidad toda en un proceso gigantesco de unificación, que en nuestros días ha llegado a su término insuperable. Ya no hay trozo de humanidad que viva aparte -no hay islas de humanidad. Por tanto, desde aquel siglo puede decirse que quien manda en el mundo ejerce, en efecto, su influjo autoritario sobre todo él". El problema es que hoy, terminada la época de la supuesta globalización *insuperable* y de la *hegemonía europea* -en unos niveles inimaginables para el tiempo en que Ortega daba a luz este pensamiento- sabemos aún menos que entonces quien *manda en el mundo.* Seguramente un hipotético lector del futuro Siglo XXII o

XXIII -se podría seguir más adelante en el calendario- que leyera comentarios de la sociología actual sobre la globalización de nuestra época tendría la misma sensación que tenemos nosotros hoy respecto a los comentarios de Ortega y Gasset acerca del estado de la misma a principios del siglo XX.

Una buena parte de la población – eso dicen las encuestas y certifican los relatos de la gente - sólo percibe tener -incluso en las sociedades desarrolladas - una relación indirecta con la globalización, cuyos efectos no estarían llegando uniformemente a todos. Una considerable porción tiende a ignorar lo que sucede en el mundo, y carece de aptitudes necesarias para poder incorporarse a la globalización -conocimiento de idiomas, manejo de internet-. Hoy, -vista la experiencia y los relatos de lo que la gente percibe de la globalización- no deberíamos apresurarnos a certificar que el nuevo *Estado global* -con las comunicaciones por satélite, la televisión, los teléfonos móviles, la red de internet, la generalización de la aviación comercial como medio de transporte y la técnica de los contenedores marítimos- sea de nuevo *insuperable*. El camino de la globalización, estrechamente ligado al desarrollo de nuevas tecnologías, nos puede aún reservar grandes e inesperados avances, como lo fue en su momento la red de internet. Deberíamos pensar más bien que nos encontramos tan solo en una transición de las sociedades nacionales a las sociedades globales, por lo que la propia transformación de los marcos de la globalización (Giddens, 1990) – las ciudades y los Estados nacionales-es aún un proceso en curso.

De entre todas las características de nuestra época, quizás por su propia evidencia, puede resultar esencial, no obstante, esta de que por primera vez el alcance de los cambios sea global y no estrictamente europeo. Giddens (1990) ha señalado, en este sentido, que la soberanía histórica se halla en dispersión y ha apuntado a esta disminución gradual de la hegemonía global europea u occidental - cuya otra cara ha sido la creciente expansión de las instituciones modernas en todo el mundo- como una de las principales características de nuestro tiempo. "Este declive del control de Occidente sobre el resto del mundo, sin embargo, no es un resultado del impacto cada vez menor de las instituciones que primero surgieron allí sino, por el contrario, un resultado de su difusión mundial" (Giddens, 1990, pág. 753 de 2506). La geopolítica y la geoeconomía se nos han escapado de las manos al mismo tiempo que triunfaban los modelos del liberalismo político y económico de Occidente.

La globalización está indisolublemente unida a la desaparición de las fronteras para la información, lo que conlleva la de la posibilidad de separar e identificar un centro y una periferia. Lamo de Espinosa (2018, pág. 354) se ha referido así esta idea que creo que define muy bien una característica esencial de los procesos que están teniendo lugar: "La actual globalización, al basarse no en la posesión del territorio (o del mar o del aire que aseguran el territorio; recordemos a Carl Schmitt) sino en la información, carece de un centro o de una retaguardia, y su comportamiento es digital, no analógico. No se está «más o menos» en el centro o en la periferia, según un continuo, sino que se está conectado o no se está, y si se está, el lugar donde se esté es tan centro como cualquier otro. La globalización no tiene ya por qué adoptar la forma de una mancha de aceite que se extiende desde un centro geográfico hacia la frontera periférica, sino que adopta la forma de una red que puede conectar lo lejano saltando por encima de lo próximo".

En todo caso, al margen de que consideremos la globalización –el tópico *abrumador*- como una etapa de la humanidad con entidad propia o simplemente como una fase del capitalismo y del imperialismo (Held & McGrew, 2003) o de la diversidad de valoraciones que, como la expresada por Bauman o Giddens, podamos hacer sobre este proceso- afortunadamente no es el objeto de este ensayo- parece evidente que los marcos materiales e institucionales de la misma, los Estados Nacionales y las ciudades modernas, se han transformado radicalmente a lo largo de los siglos XX y XXI. Estos espacios en los que se está produciendo la globalización tienen, en efecto, muy poco que ver con lo que los mismos eran y representaban en la *modernidad*; y constituyen el lugar de la producción, distribución y consumo de nuevos conocimientos, pero también de nuevas *ignorancias*.

Giddens (2007) ha señalado que las actuales sociedades capitalistas son sociedades solo porque son *Estados Nación* y que las ciudades ,en concreto, solo mantienen una continuidad engañosa con las existentes en órdenes sociales preexistentes, pero, como apunta Lamo de Espinosa ( 2010, pág. 24), aunque la sociología "percibe el mundo como una colección de Estados, y rara vez ha ido más allá...el orden (o «desorden») global es tanto un orden interestatal como intersocietal, y quizá más lo segundo que lo primero" ."Estamos por vez primera en una historial global – escribe - y en los albores de la emergencia de una (y resalto «una») civilización mundial, la primera en la historia, de modo que, más que nunca, los fenómenos sociales son totales".

Este proceso se ha producido, junto a la aceleración de *la tecnificación*, la superespecialización y una producción desbordada, que lleva a que la naturaleza haya pasado de ser un fenómeno exterior a uno interior; y de ser uno dado a uno producido; de forma que nuestro problema hoy es, precisamente la ignorancia y el descontrol de la *segunda naturaleza* -presente en estos marcos de la globalización en los que pueden observarse los efectos del *tópico abrumador*, las llamadas ciudades inteligentes y los Estados Nación.

*Un mundo cada vez más inteligente, pero lleno de ignorantes*

Los factores antes mencionados se unen a la creciente *'individuación, a la flexibilidad, y al cambio continuo'* que está afectando a nuestra vida cotidiana en esos nuevos *marcos*, así como a la aparición de nuevos *riesgos*. En congruencia con las teorías de la *infoxicación* (Cornella, 2000) sobre la intoxicación por exceso de información estos procesos han conducido a *la abundancia* no solo de informaciones sino de objetos y mercancías; y a la generalización de *mundos de segunda mano*, que no controlamos directamente.

La existencia de esa estructura del mundo artificial, la evolución de un mundo social cada vez más complejo, global y estructurado, cada vez más *inteligente*, se produce, al mismo tiempo, que la extensión de una nueva conciencia de los agentes sociales de *ser ignorantes* sobre ese nuevo universo social. Este proceso coincide además con la emergencia de una conciencia generalizada de la circularidad de la razón como fundamento epistemológico de nuestros días.

Nos encontramos en una sociedad de consumidores más que de productores (Bauman) —otro factor determinante de la transformación de los campos de ignorancia- en la que, consecuentemente, está aumentando el desconocimiento sobre las mercancías producidas; sobre su origen, su composición, sus productores, sus características, su necesidad, sus usos. Al mismo tiempo, lo está haciendo también la *irresponsabilidad* respecto a las mismas; de forma que se puede concordar con Ortega y Gasset en que hoy preocupa el bienestar, pero, en gran medida, somos insolidarios con las causas del mismo.

*La crisis de la democracia representativa*

La cuestión es que el crecimiento de la *ignorancia* de los agentes particulares de las sociedades postmodernas está afectando tanto a los ciudadanos como a los propios gobernantes. El proceso de globalización es incontrolable; y no parece estar *en manos* de la gente, ni siquiera de los propios gobiernos, cambiar significativamente su dirección. Todo ello, a juzgar tanto por las teorías como por las percepciones, tiene como consecuencia que la ignorancia alcance también a los políticos y a la pérdida de importancia del parlamento como centro de la formación de la voluntad nacional. La ignorancia de los ciudadanos y de las propias instancias políticas tiene como consecuencia la percepción del carácter inevitable del proceso (*"lo que mueve el mundo es una especie de inercia",* señalaba significativamente uno de los entrevistados).

Hay que tener en cuenta que, en las sociedades desarrolladas actuales, se han acelerado *'los tiempos de respuesta'*; lo que afecta también a la seguridad y al control democrático, ya que los representantes políticos desconocen gran parte de los elementos de la realidad sobre los que tienen que pronunciarse; y, además, tienen que hacerlo, en muchas ocasiones, con tiempos impuestos por los *medios de comunicación*, que transmiten su *prisa* por informar y valorar inmediatamente todo que sucede. *"Es un valor decidir rápido, es un valor; es preferible equivocarte que tardar en decidir; está mal percibido socialmente, sí, sí esta es otra de las pautas de nuestros tiempos, sí, sí, efectivamente, la rapidez…"* (Entrevistado n3). *"Recuerdo siempre como una lección la reacción del ex presidente Barack Obama cuándo ante un suceso grave, y no recuerdo el suceso, vamos a suponer que fuera un misil en Corea del Norte o un…, algo grave, fue apremiado por micrófonos y cámaras para tener una reacción; y él dijo 'miren ustedes, a riesgo de desengañarles, tengo que decirles que no voy a opinar nada sobre esto*(Entrevistado n9). Nos encontramos así con una *clase gestora* acuciada por esta *prisa* y rodeada por una *clase profesional* en la sociedad postindustrial (Bell , 1994) basada en el conocimiento y no en la propiedad; unos dirigentes que con frecuencia actúan *a bote pronto* en función de pulsiones sociales transmitidas por los *mass* media y contrariando los informes que hacen las burocracias asesoras integradas por esa clase profesional . Bell ha subrayado que se trata de un conocimiento basado, a su vez, en *ciencias*, pero que, sin embargo, no está en condiciones de liberar a la política de la responsabilidad de tener que decidir bajo condiciones de *ignorancia* y de *inseguridad.*

Ulrich Beck (1988) subraya que, en el proyecto del Estado del bienestar, la política había alcanzado una relativa autonomía- en virtud de su intervención en los asuntos del mercado- frente al sistema técnico y económico; una independencia que ahora está perdiendo hasta el punto de que el sistema político está ante la amenaza de ser desposeído de su constitución democrática. Todo ello tiene como consecuencia, entre otros resultados, la pérdida de importancia del parlamento como centro de la formación de una voluntad colectiva de carácter racional. *"Gente desengañada con la política...";"mentira, mentira, mentira"; "ignorados. Esa es la palabra preciosa que todos deberíamos decir"; "ignorados. Eso sí, cada 4 años te recuerdan que eres alguien por meter un papelito con un nombre en una urna"; "tontos";" que no pintamos nada"; "nos tratan como menores si te dicen mu tiene que ser mu"; "no podemos hacer nada por cambiarlo"; "un mundo manipulado"; "paso de política"* eran comentarios frecuentes en los grupos de discusión del CIS.

### El triunfo de la burocracia

Esta situación amenaza con convertirse en algo grotesco, en la que el desconocimiento general de los políticos, su ignorancia, es superada *por el carácter inevitable del proceso.* "Los políticos fingen mantener el statu quo, aunque fomentan el cambio a una sociedad de la que no tienen la menor idea, y a su vez aparecen como responsables ante las «protestas críticas» por las incógnitas del futuro" (Beck 1988, pág. 278). La sociedad parece gobernarse a sí misma de forma invisible en un mundo *en estructuración.* Da la impresión de que se hubieran desvanecido los responsables. Todo es, siguiendo la terminología de Ortega y Gasset (1964 b) *uso social* consolidado.

Existe en este contexto, como ha mostrado Pierre Bourdieu (1999), un vínculo entre el colapso de la confianza y la decadente voluntad de compromiso político y acción colectiva: "la habilidad de hacer proyecciones a futuro – sugiere- es la conditio sine qua non de todo pensamiento *transformativo* y de todo esfuerzo por reexaminar y reformar el estado actual de las cosas" -pero las proyecciones difícilmente aparecen en personas cada vez más rodeadas de nuevos *campos de ignorancia*. La *modernidad ignorante* encuentra dificultades para formularse su futuro.

En la medida en que la sociedad post-industrial es un *juego entre personas*; se exige *una creciente coordinación*, pero en el juego de *usos sociales*, en especial cuando el mismo tiene lugar en un terreno político visible en lugar de mediante la *mano invisible* del mercado económico, los costes de coordinación para la toma de decisiones se han incrementado considerablemente. Esa es la crítica más habitual, por ejemplo, al funcionamiento de la Unión Europea en la que la decisión más simple implica debido a la *híper-reglamentación* innumerables reuniones e informes de los Estados miembros y de la propia burocracia comunitaria (*Se tiene la impresión que se está siempre discutiendo lo mismo, y que no hay muchos progresos*" afirmaba una de las entrevistadas refiriéndose a este comportamiento).

En este contexto, el aumento de la participación supone, paradójicamente, la mayoría de las veces, un aumento de la frustración, y la sensación de que no se controla nada, que las cosas no se pueden cambiar de la noche a la mañana tal y como uno quiere .Como ha señalado Daniel Bell (1994, pág. 92) "la expansión del terreno político y la implicación de un mayor número de personas significa simplemente que lleva más tiempo y más costos el llegar a una decisión y conseguir hacer algo. Al mismo tiempo, se extiende la percepción de la preeminencia de *la clase profesional*, el paradigma de Bell (1994, pág. 31); *una clase* basada en el conocimiento y no en la propiedad, decisiva en entornos como el de la burocracia europea, en el que las decisiones tienen que madurarse a través de un complicado complejo de intereses y de opiniones de una diversidad de agentes.

Esta nueva *clase profesional*, destinada a intentar gobernar el *mundo desbocado,* a guiar la *máquina* de las sociedades desarrolladas actuales, "no tiene -siguiendo el esquema propuesto por Bell (1994)- estructuración horizontal como tenían las clases sociales desde el punto de vista de su posición en el proceso de producción. Por otra parte, como ha puesto de manifiesto Ulrich Beck (1988), los cambios son, cada vez más, gestionados por intelectuales y decisores fuera del ámbito puramente académico. La clase profesional se reproduce en el ámbito institucional de la empresa y en marcos conceptuales nuevos como los derivados de la llamada *responsabilidad social,* especialmente de las grandes corporaciones empresariales y transnacionales que actúan no solo en el ámbito económico sino también en el social e institucional (Barañano Cid, 2010); y también en nuevas instituciones como los think tanks que están ocupando el papel reservado antes a las universidades.

En la época de la plena ocupación, - escribe Beck (1988, pág. 193)-" las empresas ahora pueden decidir mediante pruebas propias o cualesquiera otros procedimientos a quién le dan un puesto u otro. Esto significa también que las titulaciones otorgadas por el sistema educativo ya no son el acceso al sistema laboral, sino sólo a la sala de espera en la cual se distribuyen las llaves para las puertas de entrada al sistema laboral (aunque también según ciertos criterios y reglas de juego)". Esto es especialmente cierto en el caso de las burocracias estatales y, en concreto, de nuevo, en la burocracia de la Unión Europea, que han desarrollado sus propias escuelas de Administración Pública y que, mediante el proceso de las pruebas selectivas -las oposiciones controladas por la misma clase profesional- deciden sobre su reproducción.

*La ignorancia en las organizaciones y en los sistemas*

No solo lo políticos están acuciados por la prisa y por la presión de los medios y tienen que decidir en condiciones de ignorancia, sino que el *no saber* acecha también a los burócratas. Weiss ha observado (citado por Smithson,1989, pág. 240) que el conocimiento del tipo de los que se toma directamente en cuenta por un agente individual y racional en la toma de decisiones, a menudo desempeña sólo un papel secundario en el nivel organizativo; y que su influencia aumenta gradualmente en un proceso que llama *ampliación de los conocimientos.* Otros autores como Downs, citados también por Smithson (1989), "afirman que los funcionarios burocráticos a menudo intentan minimizar o incluso encubrir la magnitud de la ignorancia con respecto a un problema dado para evitar controversias y negociaciones complicadas".

Linnerooth (citado por Smithson,1989),añade que se dan

comúnmente tres agendas políticas (o necesidades) que militan contra la tendencia a que las agencias reguladoras gubernamentales sean abiertas y honestas sobre la ignorancia: (1) La necesidad de mantener el control aparente con el fin de reforzar la autoridad legítima; (2) la necesidad de justificar las decisiones políticas con análisis persuasivos que aparentemente produzcan certezas y (3) la necesidad de análisis concretos en lugar de integrales.

Las agencias que operan con estos programas tienden a replantear los problemas por lo que las incertidumbres parecen normales, ordinarias, y manejables. En todo tipo de organizaciones, no solo en las gubernamentales o estatales, la ignorancia juega papeles ambivalentes. Por un lado, como afirma Stewart (2015, pág. 370) está generalizada la *cultura empresarial*, según la cual "ningún gestor quiere parecer *incognoscente* ante su supervisor y admitir la ignorancia puede verse como un signo de debilidad e incompetencia. Por el contrario, los gestores generalmente quieren que se les vea aumentar sus conocimientos y, al hacerlo, presumiblemente disminuyen su ignorancia", pero, al mismo tiempo, "los gestores con éxito, por ejemplo, no son aquellos que micro gestionan cada decisión; más bien, eligen ignorar algunos detalles a favor de ver la imagen más grande, confiando en que aquellos que trabajan para ellos les informen de detalles pertinentes cuando sea necesario".

En relación con esta dinámica de la ignorancia en las organizaciones burocráticas Smithson (1980) llama nuestra atención sobre el hecho de que la misma adquiere una importancia estratégica cuando se necesita argumentar el cese de alguna actividad (porque no se sabe lo suficiente acerca de sus efectos) o cambiar el status quo (el argumento de que es mejor lo malo conocido).Linnerooth (citado por Smithson,1989, pág. 239) señala que "en las organizaciones e instituciones, las decisiones rara vez se adoptan de forma individual (racionales o no), sino que se negocian de forma secuencial por grupos de interés compuestos por los funcionarios públicos y por los representantes de grupos públicos e industriales.

Por lo tanto, las decisiones organizativas y de carácter público (lo que señalaba la funcionaria de la UE entrevistada) tienden a *estirarse* en el tiempo en lugar de ser *adoptadas* en algún momento determinado, en un proceso que Weiss (citado por Smithson,1989) llama *decisión por acreción*.

Como ha señalado el teórico organizacional Karl Weick, (citado por Gross &McGoey, 2015, pág. 9), en lugar de buscar un mayor conocimiento de su propia funcionalidad, las organizaciones pueden *definirse por lo que ignoran* y "en cierto modo, la utilidad de la ignorancia deliberada en grandes organizaciones burocráticas o comerciales es bastante obvia". Joanne Roberts (2015, pág. 362) ha señalado en este sentido, citando a March y Simon, que "las organizaciones son sistemas de acción coordinada entre individuos y grupos cuyas preferencias, información, intereses o conocimiento difieren", y que estas diferencias en conocimiento indican diferentes patrones de ignorancia entre individuos dentro de las organizaciones. En su opinión "la ignorancia organizacional no es tan directa como simplemente una ausencia de conocimiento. Si bien está muy relacionado con el conocimiento organizacional, es independiente de él porque también puede emplearse estratégicamente dentro de la organización y en un entorno más amplio en relación con clientes, proveedores y competidores. Es importante destacar que la ignorancia a menudo no es absoluta sino relativa entre las organizaciones y los actores de la organización. Por lo tanto, se puede movilizar conscientemente en beneficio de individuos, grupos y organizaciones" (Roberts , 2015, pág. 367).

Como puede verse, las razones por las que las grandes organizaciones burocráticas tienden a la extensión de comportamientos que producen ignorancias es bastante amplio. Los propios sistemas políticos admiten una clasificación según su *gestión* de la ignorancia y de la incertidumbre. Smithson (1989, pág. 237) ha señalado como la ambiciosa comparación que realiza Hofstede (1980) entre países *que evitan la incertidumbre* y los factores culturales y sociales relacionados con los mismos, sugiere que las sociedades donde hay una alta aversión a la incertidumbre se distinguen de sus homólogas con una baja aversión a la incertidumbre en un número de características. Los países con una alta aversión a la incertidumbre comparten normas que promueven el trabajo duro, una fuerte regulación de la acción individual, el énfasis en el logro de la seguridad y en el consenso, una evitación del conflicto, mayores niveles de agresión hacia los extraños, absolutismo, y dependencia de los expertos. Estos países presentan un nacionalismo más fuerte, menor tolerancia a la protesta ciudadana, los sistemas jurídicos son más elaborados, y gozan de una mayor especialización en sus fuerzas de trabajo". Otro elemento a tener en cuenta sobre la medida en que la ignorancia llega a moldear la modernidad, ya que los mayores niveles de tolerancia a la *incertidumbre* y de coexistencia con la *ignorancia* y con los nuevos *riesgos potenciales* se dan, paradójicamente, en las sociedades más modernas.

## *La geografía de la ignorancia*

Scott Frickel y Abby Kinchy (2015) han analizado, en relación con los marcos de la globalización a los que me estoy refiriendo, lo que han denominado "una geografía de la ignorancia en la ciencia y en los estudios tecnológicos", subrayando que ciertas ubicaciones geográficas se convierten en *puntos de verdad*, que dan credibilidad a las aseveraciones que se hacen desde los mismos.

"Los puntos de verdad son *lugares* – según estos autores- que no son solo un punto en el universo, sino también e irreductiblemente: (1) el material aglomerado allí, tanto natural como construido por el ser humano; y (2) las interpretaciones y narraciones culturales (más o menos explícitas) que dan sentido al lugar" (Frickel & Kinchy , 2015, pág. 175). Los *laboratorios,* los *campus de excelencia* y los *think tanks* serían ejemplos de estos lugares de conocimiento frente a otros de *ignorancia* atribuida- ya me he referido a ello- pero también lo son unos países en detrimento de otros y unas regiones de un mismo país en detrimento de otras. Las *fábricas del conocimiento* (knowledge factories) no son ya solo las universidades sino empresas como Apple o Microsoft o el mismo proyecto Genoma Humano. "La ciencia se maquiniza a sí misma para industrializar la fabricación de más ciencia: fabricar conocimientos como se fabrican automóviles, se produce leche o se editan periódicos" (Lamo de Espinosa, 2010, pág. 308). Surgen nuevas instituciones como los *think tanks* que pugnan por sustituir a las universidades como generadoras de ideas políticas, y como expresión de nuevas *culturas cognitivas*, en las que se plantea qué es lo que interesa conocer, cómo se conoce, y para qué se conoce. (Lamo de Espinosa, 2010, pág. 501). Los *puntos de verdad* tienen que ver además no solo con la *ciencia* sino con la *construcción social* de la ignorancia y del conocimiento selectivo en ámbitos como los *espacios nacionales* o *raciales*, que construyen su propio *relato nacional* o de *raza*, como sería el caso del supremacismo blanco o de procesos *nacionalistas*, como los que tienen lugar hoy en Cataluña o en el Reino Unido del Brexit.

También se puede hablar, claro está, de una geografía de *clases sociales* en lo relativo a la ignorancia y el conocimiento. Esta geografía de la ignorancia implica con frecuencia una interferencia de la *escala* en el desarrollo de las investigaciones o de los estudios, que afecta al resultado de los mismos. Frickel y Abby Kinchy han hablado, a este respecto, de cómo "las formas en que las *narrativas escalares*, las clasificaciones y los esquemas cognitivos restringen o permiten ciertas formas de ver, pensar y actuar"; y han citado a Moore, para poner como ejemplo clave en las ciencias sociales "la forma en que el proyecto político de construir una identidad nacional ha afectado la investigación", y como "las epistemologías a escala nacional no solo sustentan a los estados territorialmente limitados; también contribuyen a la tendencia generalizada, tanto entre académicos como laicos, a pensar que las *sociedades nacionales* son unidades homogéneas y discretas similares a contenedores... lo que, a su vez, genera temas de estudio estáticos y reductores, como la sociedad *alemana* o *tailandesa*".

Frickel y Kinchy concluyen, a este respecto, que "los conceptos geográficos pueden ayudar a hacer que las ausencias representadas por la ignorancia sean más visibles. Al igual que el conocimiento, la ignorancia también está vinculada a lugares de formas complejas que le dan formas y a historias locales; "dicha ubicación puede generar desigualdades epistémicas (dominios de imperceptibilidad o brechas de conocimiento, por ejemplo) que se pueden mapear en el espacio y medir en áreas o regiones donde las inversiones en conocimiento son más uniformes. Y la escala también es importante: para los marcos retóricos que constituyen la ignorancia como objeto de análisis y para las agregaciones de datos que modelan nuestra comprensión de esos mismos objetos. En resumen, hay muchas maneras en que la preocupación conceptual de la geografía con los procesos espaciales puede informar a los estudios de la ignorancia" (Frickel & Kinchy , 2015, págs. 177-180).

Se ha argumentado también a este respecto, que las creencias sobre situaciones sociales no están distribuidas de manera homogénea en las sociedades complejas. Las sociedades de la globalización se caracterizan, precisamente, por su creciente *complejidad*, por lo que las personas no son plenamente conscientes del espectro de opiniones o conocimientos sobre su propia sociedad

(Weinstein & Winstein, 1978). Las distribuciones sociales de la ignorancia, junto a la del riesgo, constituyen, probablemente, dos perspectivas complementarias de un mismo análisis social.

*No sabemos quién nos gobierna.*

El crecimiento exponencial de los poderes financieros, que habrían escapado del control de los Estados Nacionales y de la ciudadanía, estaría produciendo una situación de ignorancia sobre los mecanismos y la dirección de las sociedades actuales. Con la globalización ha desaparecido el dominio europeo en una tendencia que, como hemos visto, ya señalaba Ortega y Gasset hace más de un siglo, para dar lugar a una compleja geopolítica mundial en la que no está claro *quién manda* o mantiene el control. Se han transformado los propios centros e instituciones de poder, que no residen ya fundamentalmente en los Estados Nacionales sino también en otras instancias, como las instituciones transnacionales (Unión Europea, FMI, Banco Mundial, sistema de Naciones Unidas, etc....), empresas multinacionales y mercado financiero internacional. La democracia representativa ha entrado en crisis al mismo tiempo que el *conocimiento compartido* en la que se sustentaba.

Ante esta fragmentación del conocimiento y de las audiencias se reclama una mayor cualificación ciudadana para participar democráticamente, pero si la participación en la toma de decisiones políticas se basa en el conocimiento requerido el propio concepto democrático se vuelve problemático; sería más apropiado como ha señalado Marder (2015) aplicar a estas pretensiones el término *epistemocracia*; otra forma de hablar del *gobierno de los sabios*. Pero el problema reside en que hoy lo que tenemos son *sabios ignorantes* en todo lo que no sea su especialización. Por otra parte, como subraya Somin (2015), los problemas derivados del comportamiento fragmentado de los ciudadanos en los sistemas políticos occidentales se incrementan "si el objetivo no es la búsqueda de la verdad, sino el entretenimiento, la validación de los puntos de vista preexistentes o el sentido de la camaradería con otros seguidores políticos", tendencias que lamentablemente acompañan a la fragmentación del *conocimiento* en las democracias de los países desarrollados.

Este proceso ha sido paralelo al incremento de la vigilancia de los sistemas sobre los individuos y al hecho de que éstos desconocen el volumen de la información que sobre ellos puede manejarse. Lo repito, no solo no sabemos quienes nos gobiernan, sino que tampoco sabemos qué informaciones manejan sobre nosotros los que nos gobiernan. Los gobernantes nacionales han perdido en este proceso gran parte de su autonomía; y deben adoptar decisiones en un complejo sistema cuyas variables, en muchos casos, desconocen. La incertidumbre es, de hecho, "la preocupación más fundamental de los administradores superiores" (Smithson, 1989).

El estereotipo asentado en la percepción de algunos ciudadanos de que nos *gobiernan cuatro señores* no parece estar respaldado por lo que la gente en general cree que sucede en la vida real. Una parte considerable de los relatos también apunta a que la ignorancia no afecta solo a las personas gobernadas, sino también a las gobernantes, cuyas decisiones se adoptan con *más datos,* pero, al mismo tiempo, con un menor conocimiento en profundidad, al calor de los tiempos y con las *prisas* que marcan las demandas sociales y los medios de comunicación. : *"O sea, yo cuando comparo dirigentes de hace 50 o 60 años o 70 años, que también se equivocaron y también tenían mala información a veces, o tomaban decisiones erróneas,-* comentaba en este sentido uno de los entrevistados- *sin embargo, tenían un conocimiento histórico muy grande, y tenían una cautela a veces que luego la utilizaban a favor o en contra, la podían utilizar maquiavélicamente; pero, vamos, Churchill, de Gaulle, tenían una información estupenda, y tenían conocimiento, más que información; entonces, digamos, que ellos tomaban decisiones mucho más acertadas. Jean Monnet tomó una decisión e influyó mucho mejor que otros muchos que están ahora, que tiene mucha más información a su disposición; y él ya tenía otros conocimientos que le llevaron a tomar decisiones que han sido, por ejemplo, las que han hecho que se funde la Unión Europea"* (Entrevistado n7). De ahí que se pueda hablar de la ignorancia de las agencias individuales y colectivas en la *sociedad inteligente* y que se haya puesto en cuestión, por ejemplo, la presunta cientificidad de la *Economía* como disciplina, especialmente tras la última crisis global del capitalismo de 2008.

LO QUE DICE LA GENTE

*No sé en que pensamos cuando hablamos de globalización.*

La relación *indirecta* de la gente con los efectos de la globalización y el desconocimiento del fenómeno (*no sé en que pensamos cuando hablamos de globalización)* no impide que, junto al reconocimiento de la ignorancia consciente o inconsciente sobre la misma- sean frecuentes las quejas de que esa cosa – *la globalización-* está afectando su vida, y de que es *poco transparente* y está *perjudicándoles.*

La gente se queja de su falta de transparencia y de sus efectos perjudiciales*("no está siendo gobernado en interés de la gente"; " las decisiones, al final, las mueven los poderes económicos"; "los poderosos, los ricos"; "los que más tienen que ganar"; "te sientes impotente" ;"unos pocos"; "todo lo deciden cuatro")* pero, al mismo tiempo, hacen comentarios de un *relativo* optimismo en los que se expresa la convicción de que hay más cosas, más conocimientos, más informaciones y una mejora global del bienestar *("la gente viaja, pues, hombre, nos conocemos más"; "amigos por todo el mundo; la apertura al mundo" ;"muchas más facilidades para saber qué es lo que está pasando en el mundo"; "el intercambio de conocimientos y actividades"; "han supuesto que nunca como ahora se haya vivido tan bien, que nunca como ahora haya disminuido tanto el número de personas en situación de pobreza o de hambre").*

Los discursos insisten especialmente sobre que *tal cosa* —la globalización- está asociada al sistema capitalista- lo que bien mirado es tanto como decir que la navegación está asociada al mar-; y que está dirigida más por las empresas que por los gobiernos- lo que es tanto como decir que los barcos los dirigen sus armadores más que sus capitanes-. Algunos mencionan además que lo está más por la economía, especialmente por su sector financiero, que por la política -que es también como decir que los barcos se desplazan gracias al agua y al principio de Arquímedes y no por la voluntad de los que navegan- Cuestiones de sentido común, pero que, a veces, tendemos a olvidar.

Por otra parte, en los relatos se puede ver que los nuevos campos de ignorancia no son privativos de los ciudadanos sino también de los gobernantes. Vivimos en sociedades que pretenden ser *inteligentes* y que, sin embargo, están habitadas, cada vez, más por personas que manifiestan su ignorancia; y ello por lo que hace tanto a los capitanes como a la marinería de la globalización; nuevos campos de ignorancia aparecen ligados a sus marcos materiales e institucionales -Estados nacionales y ciudades modernas- *("alguna empresa que piensas que es francesa, resulta, que no, que es suiza";"…decisiones políticas que se adoptaron antes de la crisis económica para hacer frente a la crisis aparecieron, bueno, no fueron conscientes de los factores de muchos factores que se desconocían").*

La expresión al referirse a la *globalización* utilizada por uno de los participantes en los grupos de discusión del CIS *(…que nos viene grande)* tal vez constituya la mejor metáfora de la idea de descontrol que emerge de los relatos; de una sensación ambivalente que nos habla de que el proceso no es transparente, está perjudicando a la gente ( *"no está siendo gobernado en interés de la gente"*), de que lo controla un indeterminado *"ellos"* y, al mismo tiempo, una especie de fuerza impersonal del *sistema* que se nos impone.

En resumen, se podría concluir que la gente apunta a la existencia de una conciencia sobre el proceso de globalización, que lo ve como algo estructurado y constituido, pero fuera de control *("un proceso larguísimo";" con un fondo que no se ve";" yo creo que el mundo es un sistema";" creo que un conjunto de elementos, de factores que interaccionan, que se mueven"),* y del que, no obstante, se tiene una percepción más bien positiva que negativa.

En este proceso se valora el incremento de las cosas, y de las informaciones y datos disponibles; lo que lleva a la configuración de una psicología más bien optimista *(un paso más hacia la reunificación de la humanidad)*; que parece coincidir con las propuestas del realismo utópico de Giddens (1990), pero también con su metáfora del Jugernaut, al que tratamos de gobernar y nos gobierna. *("el ser humano está siendo devorado por la estructura"; "tenemos lo que tenemos porque es lo que hemos negociado con el resto de los europeos. Entonces aquí no hay ninguna mano negra").*

Se trata también de una percepción que parece estar construida sobre ideas ilustradas que tienden a confiar incondicionalmente en el conocimiento y su extensión. Ello se produce al mismo tiempo que existe, tanto en las percepciones de la gente como en las teorías de los sociólogos, una clara noción de que se está debilitando la democracia y la representación (Marder, 2015), y de que la ignorancia de los ciudadanos convive con la de los gobernantes en entornos en que determinadas instancias poseen una propiedad no legitimada sobre informaciones y datos que nos afectan a todos (*"hay muchos aspectos en los que el ciudadano no tiene control sobre decisiones que son tomadas contra él o sobre él"*); y en contextos en los que se señala un cierto gobierno de *los técnicos* y de *la clase financiera* sobre la complejidad inabarcable del mundo actual *("cada vez tenemos más dificultades para explicar el funcionamiento del mundo")*.

El sentimiento que aflora es el de ignorar el futuro que nos puede estar esperando (*"no me preocupa el día de mañana, o sea, que no me va a preocupar dentro de dos o tres años. Yo el día a día"*); una idea abonada por los bruscos cambios geopolíticos, por la conciencia de que persiste, como telón de fondo, una ambivalente naturaleza humana dirigida por pulsiones negativas- egoístas- (*"nosotros mismos, nuestra avaricia";" el egoísmo"; "el dinero", "el dinero", "el dinero, siempre"*), pero, al mismo tiempo, positivas - de competitividad- (*"hay elementos que tienen más fuerza, pero que no siempre son los que ganan"*). Aunque el *malo de la película* se tiende a situar en el *mundo financiero*, en EE. UU y en las *multinacionales* (*"digámoslo de otra forma: el capital"; "el capital monetario mundial";" el jefe ese de que hablamos no va a salir de las urnas. Va a ser el que más capital tenga"*) se aprecia también el desconocimiento de quién gobierna todo este proceso; de quiénes son *'ellos'* (*"lo deciden cuatro los poderes fácticos de arriba"; "que mueven los hilos";" una mafia"; "los mercados famosos"* -se ríe-*)*.

*La humanidad va avanzando, aunque sea a pasos cortos*

En todo caso, la globalización aparece como un proceso del que se tiene una percepción más positiva que negativa, y respecto del que se valora el incremento de las *cosas* disponibles y de las informaciones y datos a los que se puede acceder (*"han supuesto que nunca como ahora se haya vivido tan bien"*). De los relatos se desprende, una sensación *agridulce*, una valoración ambivalente: por un lado, mas mercancías, más comodidades, más facilidades; por otro-, una percepción de que se está debilitando la democracia y de que se perjudica a los más pobres.

Entre los aspectos positivos los participantes sitúan especialmente los beneficios derivados de las nuevas tecnologías (*"los efectos positivos de las tecnologías. "los descubrimientos tecnológicos"," me gustaría vivir otros cincuenta años solamente por ver cómo será la vida en ese tiempo","* *todo lo que parecía ciencia ficción hace unos pocos años lo estamos viendo ahora"*), y el mayor nivel de educación e información de que se dispone que implica una mayor preparación para afrontar los cambios: *"Ahora tenemos, considero yo, una edad y un nivel cultural que nuestros mayores no han tenido", "una persona, a lo mejor en cincuenta años las cosas daban pequeños cambios, cambios muy asumibles, cambios muy pequeños, pero ahora las cosas cambian muy deprisa", "en diez años o en cinco años de vida has experimentado los cambios que no ha vivido una persona mayor en toda su vida", "la generación actual está ya más preparada para el ritmo creciente de cambios", "nosotros no tenemos problemas que en vez de un ordenador tengas teclas, que sea una pantallita que tengas que tocar en el aire... pero, ya estás acostumbrado a esa tecnología"*).

El incremento de las comunicaciones interpersonales a nivel global también goza de menciones de honor en este cuadro de calificaciones positivas de la globalización (*"todo de una manera instantánea se puede conocer y vender", "vamos a estar todos más cerca, que es una buena oportunidad para hacer solidaridad", "enriquecimiento a nivel mundial, multicultural"*). Se reflejan también visiones de una futura disminución de las divisiones (*"yo creo que la humanidad va avanzando, aunque sea a pasos cortos", "lo que quiero pensar es en que las brechas no serán tan profundas"*). Y no falta, por último, quien mencione el efecto benéfico de algunas tendencias de la globalización en la vida cotidiana, como *"la regulación de los requisitos laborales de las medidas de seguridad en el trabajo"*.

*Unos más ricos y otros más pobres*

La percepción de que la globalización es creadora de desigualdad, tanto en el interior de los países como entre los mismos países, es la otra cara de la moneda. En algún comentario se relacionaba esta tendencia con la naturaleza que las propias sociedades han tenido siempre (*"el más grande es cada vez más grande y el más pequeño cada vez más pequeño", "el pez grande se come al chico siempre", "sigue fastidiando al que menos tiene y ya está, eso es ley de vida"*). Las expresiones eran aún más concretas cuando se referían a la relación entre los países (*"la globalización desarrolla a unos países y margina a otros", "unos más ricos y otros más pobres", "cada vez los países pobres los están dejando más arrinconados"*).

Las causas de este proceso se veían en una cierta dependencia inevitable de la riqueza respecto a la pobreza *("para que haya países ricos tiene que haber países pobres. Es inevitable porque si no, no entiendo porque narices no ha cambiado esto"),* en el intercambio desigual de mercancías *("las mercancías se pueden vender en todos los países, pero los países pobres productores no las pueden vender a los ricos", "las multinacionales pueden ir a todos lados, pero los tomates que no los críen ahí en Marruecos");* y en el funcionamiento del sistema financiero mundial -países con endeudamientos importantes-.

Al mismo tiempo, la globalización generaba recurrentemente, en un número considerable de relatos, percepciones de *injusticia* y de que se han incrementado las diferencias sociales *("no hay clase media; o eres pobre o rico"),* así como la conciencia de exposición a un mercado que impone irremisiblemente sus condiciones *("esto yo no lo hago. Ahora te viene otro de fuera y dice yo sí, encantado", "nos están invadiendo los chinos y ya viene todo hecho de China", "la pequeña tiene más perjuicio que la grande porque tiene menos dinero para invertir y menos beneficio", "cada vez tenemos más estudios, pero cada vez te pagan menos", "cada vez nos estrujan más y cobramos menos").*

### Las personas que más tienen están más de acuerdo con la globalización

La *'aceleración de los tiempos de respuesta'* que obliga a empresarios y políticos a actuar con precipitación, afectaría también, de acuerdo con los relatos de la gente, a la seguridad y al control democrático. En la percepción de la gente la falta de reflexión colectiva que han traído las nuevas tecnologías contribuye, además, a que puedan elegirse lideres peligrosos o a que se tomen decisiones *poco informadas* que ponen en riesgo nuestra seguridad(*"...los políticos responsables y los ciudadanos responsables deben resistirse a esos tiempos, y no acompasar a la velocidad relámpago de la información";"...una situación en la que se puede elegir locos o personas que claramente no están preparadas para gobernar,...").*

Esta falta de reflexión se atribuye también a los movimientos antiglobalización sobre los que no dejan de haber comentarios muy críticos, junto a otros que dicen no entender *de qué van ("contra uno que maneje todo ", "contra las multinacionales, contra EEUU" "yo creo que están en contra de la explotación o de los abusos que se realizan a favor de esta globalización", "yo es que creo que es más una manipulación", "sólo buscan generar polémica" "...una de cara a la galería los movimientos de antiglobalización o las manifestaciones que se dan al mismo tiempo en París y al mismo tiempo en Nueva York").*

Otros piensan, sin embargo, que lo que la antiglobalización expresa es el descontento de determinadas capas de la población (*"las personas que más tienen, mejores cargos, mejores sueldos, mejores casas, mejores coches, esos están más de acuerdo con la globalización"*). Lo que predomina, no obstante es la percepción de inutilidad, la imposibilidad de oponerse a un proceso irreversible (*"no se puede ir contra la globalización, porque al final esto son habas contadas y la sociedad, el planeta, avanza por aquí"; "un poco contradictorios los movimientos anti-globalización, porque tienen que unirse también de varios países para formarlo", "el proceso de globalización nos influye directamente, el antiglobalización como que no nos afecta tanto...O lo vemos como alguien que tiene una causa perdida"*). Se trata de un movimiento, de acuerdo con los comentarios de la gente, del que en el fondo se desconocen también los objetivos concretos (*"claro yo no sé cuáles son sus reivindicaciones", "yo tampoco lo sé al detalle", "estaría a favor de los antiglobalización, si aportaran...", "no sabes exactamente por lo que luchas"*). De nuevo, la ignorancia.

III

## EL EFECTO JUGGERNAUT: DESCONTROL Y ESTRUCTURACIÓN

"¿Por qué la generalización de la *razón dulce*-se pregunta Giddens (2007)- no produce un mundo sujeto a nuestra predicción y control?". Traducida a los términos del tópico abrumador que nos ocupa en torno a la *ignorancia*, esta cuestión podría ser formulada así ¿Por qué, a pesar de desplegar nuestra racionalidad colectiva, ignoramos el camino a seguir? No es nada nuevo. Se trata, como señala Lamo de Espinosa (2018, pág. 402) de una cuestión que ya se suscitaba por Marx con el concepto de "poder social extraño" (alienación) y Durkheim "hecho social", es decir, de "instituciones ocultas, mecanismos sociales opacos, sistemas expertos ignorados, verdaderas máquinas sociales, producto del azar (y hablamos de consecuencias no intencionadas), pero no del diseño humano (Hayeck), que controlan o dirigen nuestras vidas sin saber cómo. Eso es en buena medida la economía moderna: una máquina hipercompleja que a diario reproducimos sin saber bien ni cómo funciona ni adónde camina. Y junto con ello, aparece la opacidad social: hemos creado un mundo social que ignoramos. Somos extranjeros en nuestra propia casa. Por resumirlo en una cita de cuño marxista: los hombres hacen la historia y hacen la sociedad, pero no sabemos lo que hacemos, no sabemos qué producimos" (Lamo de Espinosa,2018,402). Y continua Lamo de Espinosa (2018, pág. 372): "La paradoja de las consecuencias no intencionadas podemos verla bajo el prisma del destino, bajo el de la alienación o incluso bajo el de la libertad, pero no es sino el producto de la ignorancia misma y forma parte (¿inevitable?) de la condición humana".

Giddens (2007) retoma esta noción de que las sociedades modernas están inherentemente orientadas hacia *un futuro* en principio desconocido; y plantea que estamos conduciendo el *Juggernaut*, un *artificio social* que guiamos, pero que, a la vez, nos guía a nosotros. Juggernaut es un término que procede de la anglificación del término sánscrito Yaganatha, uno de los nombres por los que se conoce al dios Krisna, avatar del dios Visnú en la religión hinduista y con el que Giddens (2007)quiere significar una fuerza irrefrenable y despiadada que en su avance aplasta o destruye todo lo que se interponga en su camino, una especie de vehículo-robot en el que los hombres y mujeres de la *modernidad ignorante* viajamos y cuyos mecanismos, como sucede en los videojuegos, no controlamos completamente; un artificio que recuerda al Leviatán de Hobbes, esa gran bestia bíblica, ese monstruo devorador de los individuos, con la que se comparaba al Estado.

¿Hasta dónde - se pregunta Giddens (1990, pág. 2023 de 2506) podemos nosotros -donde *nosotros* significa la humanidad como un todo- ponerle un arnés al gigante Juggernaut, o por lo menos, dirigirlo de tal forma que se reduzcan al mínimo los peligros y se puedan maximizar las oportunidades que la modernidad nos ofrece? ¿Por qué, en todo caso, vivimos en un mundo tan fuera de control, tan diferente de lo que los pensadores de la Ilustración anticiparon? ". La respuesta es sencillamente que no lo sabemos.

### *Las razones del descontrol*

Giddens (1990) comenta, no obstante, varios factores explicativos en torno a esta gran cuestión. El primero sería el que se refiere a los *fallos de diseño*, el segundo los fallos del operador. En su opinión la modernidad es inseparable de los sistemas abstractos, que proporcionan la desvinculación de las relaciones sociales a través del espacio y el tiempo; y abarcan tanto la naturaleza socializada como el universo social. Tanto una como otra pueden no responder a las necesidades particulares de los seres humanos y producir resultados no deseados. En lo que se refiere a la naturaleza socializada, sería relativamente fácil, en opinión de Giddens (1990, pág. 2030 de 2506), controlar los fallos de diseño; pero en lo que se refiere a los sistemas sociales la cosa es más complicada.

El segundo factor, *el fracaso del operador*, es tan imprevisible como el primero. "Cualquier sistema abstracto, no importa lo bien diseñado que esté - escribe (1990, pág. 2048 de 2506) - puede no funcionar como se supone que debe hacerlo, porque los que lo operan cometen errores. Esto también se aplica, tanto a los sistemas sociales como a los naturales. A diferencia de los fallos de diseño, las insuficiencias del operador parecen imposibles de erradicar. Un buen diseño puede hacer que la posibilidad de fallo del operador sea muy baja, mediante el entrenamiento y una disciplina rigurosa; pero siempre y cuando los seres humanos estén involucrados, el riesgo estará ahí. En el caso del incidente de Chernóbil, la causa del desastre fue un error cometido en el funcionamiento de los sistemas de parada de emergencia".

Pero para Giddens (1990) ni los fallos de diseño, ni el fracaso del operador, serían los elementos más importantes que producen el carácter errático de la modernidad. Las dos influencias más importantes son *las consecuencias no deseadas* y *la reflexividad o circularidad del conocimiento social.* Hacemos cosas que tienen resultados que en principio no imaginamos y sucede que *lo que sucede* no tiene muchas veces que ver con lo que nosotros hemos pensado que *va a suceder* antes de que, en realidad, *suceda.* "Los humanos – escribe Lamo de Espinosa (2010, pág. 29), comentando los efectos de la reflexividad y la circularidad del pensamiento social- tienen la perniciosa manía de aprender, incluso de los científicos sociales (lo que ya es meritorio). ¿Qué pasaría con la ciencia dura si los virus leyeran libros de biología o las plantas tratados de botánica? Pues bien, eso nos pasa a los científicos sociales: que nuestros virus son seres inteligentes que aprenden incluso de nosotros. ¿Cómo elaborar —como quería James Coleman— modelos predictivos de la realidad cuando el mismo modelo modifica performativamente la realidad?".

Giddens subraya que, debido a las razones anteriormente expuestas -reflexividad y complejidad-, "no importa lo bien que un sistema esté diseñado y no importa cómo sus operadores sean de eficientes, las consecuencias de su implantación y funcionamiento, en el contexto de la operación de otros sistemas y de la actividad humana en general, no pueden ser totalmente previstas. Esto pasa con los sistemas y con la sociedad como *un todo* y constituye una razón para la complejidad de los sistemas y de las acciones que conforman la sociedad mundial. Pero incluso si fuera concebible, lo que en la práctica no lo es -que el mundo, la acción humana y el ambiente físico, pudieran convertirse en un único sistema de diseño-; aun así, persistirían las consecuencias imprevistas". La circularidad del conocimiento afecta al intento de explicación de *lo social* lo que no es el caso del entendimiento de *lo natural.*

En las condiciones de la modernidad, los nuevos conocimientos sobre el carácter y funcionamiento del *mundo social* -conceptos, teorías, descubrimientos- no se limitan a representarlo de forma más transparente, sino que alteran su naturaleza, haciéndolo girar en nuevas direcciones, fomentando el efecto Juggernaut (Giddens, 1990, pág. 2048 de 2506). En palabras de Lamo de Espinosa (2018, pág. 364) "lo que sabemos sobre la sociedad contribuye poderosamente a formar esa sociedad mientras que lo que sabemos sobre las plantas o los insectos no forma parte esencial de ese fenómeno. Los sistemas de parentesco, por ejemplo, son el resultado de la aplicación por parte de los nativos de lo que saben sobre sus sistemas de parentesco, razón por la cual el único modo de conocerlo es preguntárselo a los nativos".

Estas son las razones, según Giddens, de que no podamos apropiarnos de la *historia* y no podamos tampoco doblegarla fácilmente para que se ajuste a nuestros propósitos colectivos. "A pesar de que nosotros mismos la producimos y reproducimos con nuestras acciones (1990, pág. 2056 de 2506) -, no podemos controlar totalmente la vida social". Por otra parte, los factores que acabamos de mencionar presuponen una homogeneidad de interés y de propósito, algo que, sin duda, no se puede dar por sentado por lo que respecta a la humanidad en general. "El mundo -escribe Giddens- es *uno* en algunos sentidos, pero está radicalmente dividido por las desigualdades de poder en otros. Y uno de los rasgos más característicos de la modernidad es el descubrimiento de que el desarrollo del conocimiento empírico, por sí mismo, no nos permite decidir entre las diferentes posiciones de valor".

*Un mundo en estructuración*

¿Está entonces el *vaso medio lleno o medio vacío*? ¿La reflexividad social nos permite planificar nuestra vida o hace de este empeño un sueño imposible? ¿Vivimos en un mundo desbocado o en uno estructurado? ¿Somos dueño de nuestro futuro? Partimos de un relato de la teoría sociológica, de la que Giddens es representativo, de acuerdo con el cual estamos ante una *estructura* crecientemente compleja, que se corresponde con una sociedad en que aumentan, al mismo ritmo, los parámetros que se conocen junto a los que se ignoran. Así que según esto viviríamos en *un mundo en estructuración*.

Giddens (2006) sostiene que "el dominio primario de estudio de las ciencias sociales, para la teoría de la estructuración, no es ni la vivencia del acto individual ni la existencia de alguna forma de totalidad societaria, sino prácticas sociales ordenadas en un espacio y un tiempo". De modo que "las actividades humanas sociales, como ciertos sucesos de la naturaleza que se auto-reproducen, son recursivas, es decir que los "actores sociales no les dan nacimiento, sino que las recrean de continuo a través de los mismos medios por los cuales ellos se expresan en *tanto* actores. En sus actividades, y por ellas, los agentes reproducen las condiciones que hacen posibles esas actividades" (Giddens, 2006, pág. 40). Y lo hacen, claro está, *ignorando* sus consecuencias a largo plazo. *"Es un pez que se muerde la cola"* decía muy gráficamente uno de los participantes en los grupos de discusión del CIS. *"Es buscar una solución a una cosa que tú mismo la estas creando, claro, es como imposible"* afirmaba otro. El *futuro luminoso* de la humanidad no está ya, por lo visto, tan *iluminado* como parecía hace tan solo un siglo, pero la gente tiene una vaga conciencia de estar participando en un proceso, que, aunque no controla, parece tener sus reglas.

La idea que emerge del *relato* de las ciencias sociales es también la del fin de las *teleologías* históricas. La teoría parece apostar por una creencia positiva en *futuros abiertos,* rescatando la idea kantiana de *progreso.* Se trata de un progreso que, no obstante, se abre camino con dificultad en un mundo fluido, líquido, y global, en el que los *agentes sociales* tienen que asumir el reto de vivir y convivir con escenarios de incertidumbre y de ignorancia. Estos escenarios – los he citado antes- son los de una *transición* hacia la globalización, un crecimiento exponencial de una *segunda naturaleza,* que se expresa a través de marcos transformados como las ciudades modernas y los Estados Nación; y los de unas sociedades de la *abundancia material* de objetos y mercancías, en las que predomina la superespecialización y la tecnificación, con la consiguiente generación de nuevos campos de ignorancia y de riesgo; y ,con todo ello, el desarrollo de conductas y valores *individualistas* y *flexibles.*

## LO QUE DICE LA GENTE

*Un proceso larguísimo con un fondo que no se ve*

La percepción de los efectos de la globalización, a juzgar por los relatos, coincide con estas ideas de la teoría sociológica y, en concreto, con lo que se desprende de la metáfora del Juggernaut. Los testimonios de la gente nos hablan de que estamos inmersos en un proceso, que solo en parte *guiamos* y en el que somos *llevados* (*"el ser humano está siendo devorado por la estructura"*). La actitud sobre la globalización, a pesar de este toque *determinista*, es, sin embargo, como he señalado antes, más positiva que negativa.

Entre los aspectos positivos, conviene recordarlo, se señalan los beneficios de las nuevas tecnologías, el mayor nivel de educación e información, que implica una mayor preparación para afrontar los cambios; y el incremento de las comunicaciones interpersonales a nivel global (*"la apertura al mundo, ahora viajamos más"*; *"saber lo que está pasando en el resto del mundo"*). Se detecta, asimismo, una visión en el fondo optimista de la existencia de *un mundo estructurado*, no solo económica, sino política y socialmente; un mundo que se conduce a sí mismo hacia una cierta evolución beneficiosa (*"han supuesto que nunca como ahora se haya vivido tan bien"*). Se trata, por otra parte, de una percepción contradictoria, en sectores considerables de la población, en los que está bien asentada la idea de que el mundo no está siendo gobernado en interés de *la gente*, sino de *"los que más tienen que ganar"* (*"la globalización es la imposición del paradigma liberal"*).

La predominancia relativa del optimismo parece relacionarse con la aparente convicción de que hay más cosas, más conocimientos y más informaciones que despiertan la *curiosidad* y más posibilidades de vida y de elección (*"hay muchísima más competencia realmente"*; *"pues podemos conseguir cosas más baratas"*), también con que se han incrementado las *fuentes*, la *instantaneidad* y *globalidad* con la que se dispone hoy de la información. Tiene que ver también con la multiplicación de las posibilidades de comunicarse con los otros (*"Internet, las comunicaciones"* fueron citadas repetidamente en los relatos de la gente*)*, así como con la extensión de un pensamiento orientado hacia el futuro y de carácter hipotético que, coincidiendo con las teorías sociales, constituiría un elemento de la reflexividad de la modernidad y llevaría a pensar en *'la creación de modelos de realismo utópico'* (Giddens, 1990); y a considerar de forma general -del mismo modo que en la Ilustración-, que hoy hay menos ignorancia que en épocas anteriores (*"lo que es bueno, que es el intercambio de conocimientos y actividades"* señalaba con satisfacción uno de los entrevistados).

El resultado es de nuevo ambivalente; por una parte, los ciudadanos percibirían que tienen muy poco *control del proceso;* pero, por otra, que aumenta la importancia del componente técnico del conocimiento; es decir, de los saberes de los científicos, los economistas, los ingenieros y tecnócratas, que compiten con los políticos o se convierten en sus aliados (Bell, 1994).

La percepción del *desgobierno* y del *descontrol* (tanto a nivel local como global) apuntaba en los relatos a la existencia de una conciencia de que hay un proceso de globalización en marcha en el que estamos inmersos, que se entiende como algo estructurado, pero, al mismo tiempo, fuera de control; un proceso respecto del que se valora, especialmente, el incremento de las *cosas* disponibles y de las informaciones y datos a los que se puede acceder. De ahí que se pueda concluir que existe una psicología más bien optimista respecto al conocimiento.

### 'Esto nos viene muy grande'

Siendo conscientes del *descontrol* -en expresión de uno de los entrevistados, de que *esto nos viene muy grande*-, la gente parece percibir que vivimos, más en un mundo estructurado -en el que, al menos en cierta medida, *se confía*- que en uno desbocado. La idea de *descontrol* de la complejidad organizada de la sociedad postindustrial parece, no obstante, estar bien asentada (*"un proceso larguísimo"," con un fondo que no se ve"; yo creo que el mundo es un sistema";" creo que es un conjunto de elementos, de factores que interaccionan, que se mueven"*).

En los relatos surge, una y otra vez, la idea central y repetida de que no solo no sabemos quienes nos gobiernan, sino que tampoco conocemos que informaciones se manejan sobre nosotros; y que los procesos políticos están fuera de control (*Irak, primavera árabe, Brexit, nacionalismo catalán, triunfo de Trump*); e incluso que la propia red de internet está descontrolada; lo que coincide con las teorías que apuntan a que el impacto de la tecnología y la electrónica, especialmente en el área de los computadores y de las comunicaciones, nos ha conducido a una sociedad *tecnotrónica* crecientemente ingobernable (Brzezinski, 1998). *"Es el caso de Facebook; alguien se soñó la idea, qué es una idea fantástica, pero al mismo tiempo está fuera de control"* se quejaba una de las entrevistadas. No sabemos qué sucederá en el mundo y sabemos que no lo sabemos. *"Esto se ha vuelto una locura, no hay forma de agarrarlo"* afirmaba muy expresivamente otro participante en los grupos de discusión del CIS.

La aparición de internet y la *revolución* en las comunicaciones, así como las modificaciones geopolíticas -derrumbamiento del comunismo, nacimiento de la UE y del euro- eran citadas como manifestaciones del proceso de globalización, cuyo gobierno - se afirmaba en los relatos, siguiendo el manido estereotipo, - está en manos de unos *'pocos'* (*"tontos, que no pintamos nada";" nos tratan como menores si te dicen mu tiene que ser mu";" no podemos hacer nada por cambiarlo"*).

Se detectaba, así mismo, una clara imprecisión en la determinación de ese sujeto que supuestamente gobierna la globalización y que se identifica con *ellos, los mercados, el dinero, el capital, las multinacionales* (*"Están en todos lados";" ellos";" los de arriba";" los poderes fácticos de arriba";" los que mueven los hilos"*). A la pregunta de quienes son *ellos* la respuesta era del tipo:" ah*, eso ya no lo sé"*. Solo en algunos relatos se llegó a concretar a los *responsables* identificándolos mediante un concepto geopolítico -EE. UU. o el G7- . El sentimiento que predominaba era el de *impotencia* ante la globalización (*"yo me siento manejado"; "es que se nos escapan, nos vemos impotentes"*) y de que es la propia estructura y no nadie en concreto *quien controla* el proceso.

Esta percepción de que la globalización dispone de una estructura propia – que es un proceso inevitable y fuera del control, así como que se trata de un proceso dilatado en el tiempo está bastante asentada. Se desconocen sus claves, que se buscan de manera genérica en la *naturaleza humana*, el egoísmo, la búsqueda de la ganancia personal: *"Nosotros mismos, nuestra avaricia"; "el egoísmo"; "el ser humano de por sí es codicioso o avaricioso"*, y se tiende a pensar que la política ha sido sustituida por la economía y los gobiernos por las multinacionales y por el poder financiero (*"hay unas grandes empresas y unos grandes lobbies, qué, más o menos, saben por dónde quieren ir, influyen mucho a los gobiernos"*).

Por otra parte, parece observarse el reconocimiento de que la globalización produce competencia entre los diferentes agentes y mayores posibilidades para elegir, aunque se trate de una *complejidad inabarcable* (*"tenemos lo que tenemos porque es lo que hemos negociado con el resto de los europeos. Entonces aquí no hay ninguna mano negra"*).

La existencia de una mayor ignorancia sobre el futuro que nos espera, y la sensación de incremento de la falta de control (*"no somos dueños de nada, ni de nuestros hijos somos dueños"*) se repite en comentarios sobre la red de internet -necesitada de una regulación- o respecto a sucesos como la primavera árabe, la intervención en Irak o las decisiones tomadas ante la última crisis económica del capitalismo. A nivel nacional se cita como ejemplos de hechos sorprendentes o CADs (Consequential Amazing Developments), es decir, desarrollos sorprendentes de las consecuencias de nuestras acciones (Kuhlicke, 2015, pág. 239), la emergencia de la crisis de los partidos tradicionales, el surgimiento de los populismos y los nacionalismos, la crisis de la construcción europea (*"hombre, se vive con nerviosismo"; "el problema es de futuras generaciones"; "no sabes el futuro cómo puede venir"*).

Aunque no está claro quién manda y todos los relatos, incluso los que hablan de que los hilos lo mueven *cuatro gatos*, se refieren, al final, a un *ellos* que no se termina de concretar, la percepción asentada es la de que son las empresas más que los gobiernos y la economía más que la política la que dicta el rumbo de nuestro tiempo; y que, hoy como ayer, es la naturaleza humana, tendente al dominio, el egoísmo y el consumo, la que se impone (*"hay un..., un valor, un valor falso; pero qué, pero que, bueno, que funciona, qué es la ganancia"; "todo se mide en dinero"*). Una percepción, por otro lado, que siempre ha sido *moderna* hasta el punto de que ha estado presente permanentemente en todas las *modernidades*, desde la Edad de Piedra hasta hoy.

### El dinero es poder y el dinero lo tienen las empresas

En los relatos predomina la idea de que los hilos de la globalización son manejados por las instituciones internacionales, los gobiernos nacionales y las multinacionales. En bastantes discursos aparece una identificación de la globalización con un elemento abstracto '*el dinero*' (*"el dinero", "el dinero, siempre", "el mundo lo domina el dinero ahora, no la política", "yo creo que todo se basa en el dinero y todo el dinero actualmente está en cualquier sitio porque algo que influye en todos lados, que mueve todo el mundo. No somos nosotros ya los que movemos el mundo*". El poderoso *caballero* sigue siendo, como se ve, un protagonista fundamental de nuestra *historia.* No parece ser esta una gran novedad.

En algunos relatos, el poderoso caballero adopta ahora la forma del *capital monetario mundial ("digámoslo de otra forma, el capital", "el capital monetario mundial", "el jefe ese de que hablamos no va a salir de las urnas. Va a ser el que más capital tenga")*. En otros, ya lo he subrayado, lo que nos sucede se asocia a la naturaleza humana, al dominio, el egoísmo y el consumo -la pulsión clásica- (*"sólo es violencia", "violencia, violencia, que llega un momento que te acostumbras a ella", "dinero, dinero y dinero, y consumo, consumo, consumo", "nosotros mismos, nuestra avaricia"," el egoísmo", "el ser humano de por sí es codicioso o avaricioso", "tenemos un montón de cosas que antes no solíamos tener")*.

El concepto abstracto (*el dinero*) se concreta en determinados relatos en las empresas más que los gobiernos, y en la economía más que la política: *"Bueno, esto que dicen, tienen más fuerza las empresas que los Gobiernos ahora mismo, yo creo...", "el tema de la política que está totalmente a merced de las empresas", "los países no son los poderes, sino las empresas", "los países son la policía de las empresas", "la policía de las empresas es EE. UU", "quien nos gobierna una empresa o...* (hablan todos al mismo tiempo y se escucha: *"Gobernar banqueros"*), *"es la economía la que impera frente a otras decisiones humanas, culturales, sociales...", "el mercado", "yo creo que es un mercado de intereses, "todo es negocio", "todo se vende", "el libre mercado es el que manda", "yo pienso en adquisición de poder", "el dinero es poder y el dinero lo tienen las empresas".*

El estereotipo extendido de que la globalización está dirigida por unos pocos subsiste, no obstante, en gran parte de los relatos (*"manejar entre poca gente el mundo, yo lo entiendo así", "unos pocos", "todo lo deciden cuatro"," vamos, que dentro de 30 años van a gobernar siete y a tomar por saco", "ellos"," los de arriba", los poderes fácticos de arriba son los mismos que son los que mueven los hilos", "ah, eso ya no lo sé", "una mafia" "no sé", "somos ocho personas. Uno controla los bancos, otro controla lo que se vende, otro las guerras, etc. Dicen que hacemos hoy, los ocho nos ponemos de acuerdo y ya está"*). Hay que decir a este respecto que la concreción más precisa de *los poderosos* o de *los ricos,* que se encuentra en los relatos sobre el desconocido y misterioso *ellos,* es la que se refiere a EE.UU *: "Yo creo que giramos todo el mundo alrededor de Estados Unidos, "Estados Unidos"," le interesa al imperialismo yanqui", "antes había como dos grandes bloques que de algún modo dirigían el mundo; hoy lamentablemente es el tío Sam el que controla* *todo, "siempre ha sido el referente", "el capital y la tecnología lo tienen Estados Unidos, por lo tanto, los americanos son los que mandan en el mundo".* Junto a este protagonismo de EE.UU. también aparecen instituciones como el G7 o las multinacionales : *"Es así, la unión de los grandes capitales, no, de las grandes tecnologías, los países, los que manejan el mundo", "pues el que marca el rumbo – es el Grupo de los 7" "las multinacionales", "la globalización quien realmente está haciendo mella son las multinacionales", "ahora no te puedes defender siquiera, depende de otras personas, de otra gente más grande; y quien tiene la culpa son esas multinacionales", "aquí mandan las empresas, las multinacionales".*

*Es buscar una solución a una cosa que tú mismo la estas creando, claro, es como imposible.*

Del conjunto de los relatos, sin embargo, se desprende más bien una percepción compartida de que la globalización es, en verdad, incontrolable, y que no está *en manos* de la gente y ni siquiera de los propios gobiernos, cambiar la dirección de un proceso que se percibe como algo que va a extenderse mucho más allá de sus propias vidas: *"Sí, no se puede parar", "y yo ¿qué mando?, si opine lo que opine...individualmente tenemos que estar asociados en grandes estructuras para obtener un voto, porque si no...","estamos totalmente anulados, estamos totalmente anulados", "te sientes impotente", "porque realmente no hay nada en tus manos", " la globalización, resulta que se reúnen y nunca salen de acuerdo", "...y cada vez va a más y cada vez peor. Pero para unos y para otros pues va a ir muchísimo mejor".*

Algo a lo que se apunta en muchos relatos es a la idea de que es la propia estructura la que marca el rumbo: *"Están en todos lados", "serán los de la globalización esa, ja jajá...", " yo creo que el gobierno lo tienen todos y cada uno tiene sus competencias", "pero se negocia, eso se negocia".* Esta visión, llamémosle *estructuralista,* cobra mayor concreción en algunos relatos que hablan de que es el sector más desarrollado de la humanidad el que dirige el proceso o que es la *negociación* entre las partes y la *competencia* la que determina los caminos que se siguen: *"El 20% marca lo que tiene que hacer el 80%", "es lo que tenemos porque es lo que hemos negociado con el resto de los europeos. Entonces aquí no hay ninguna mano negra", "hay muchísima más competencia realmente, pues podemos conseguir cosas más baratas pero claro en el sector en que estamos nosotros también tenemos competencia".*

También influyen, en opinión de la gente, otros factores, como el crecimiento del escrutinio público a que están sometidas las instituciones internacionales y los Estados, la presión y el control ejercido por instituciones, como los medios de comunicación (*internet va a ser también un foro de crítica respecto a lo que hacen los mandamases y que no pueden controlar"*), o la mayor cohesión y unidad o preparación e inteligencia de los actores que intervienen en las negociaciones y la toma de decisiones: *"Sí, sí, sí, sí, incluso, bueno, cuando se habla de fuerzas ocultas; muchas veces se habla de organizaciones o de reuniones como la de Davos, que está corriendo actualmente, la Trilateral, y otras cosas que son calificadas o son mal vistas porque son secretas; bueno, yo he asistido a reuniones de ese tipo y veo que hay periodistas en estas reuniones. Hay mucha gente, y más de una vez no es una cuestión, no es una cuestión de gobernar el mundo y de gobernarlo por detrás, de puertas cerradas, no he visto que decidían algo …, para decir la verdad, que no dirían fuera, que no dirían fuera, incluso en televisión; prácticamente, yo no, jamás he oído ni visto algo que me haya chocado"* (Entrevistada n8).

La idea que niega la existencia de *manos ocultas* sería, sin embargo, compatible, con la constatación de la percepción generalizada – lo he subrayado antes- de que el mundo no está siendo gobernado en interés de *la gente*. Esta divergencia entre las decisiones que la gente piensa que se deberían adoptar y las que realmente se toman, explicaría, entonces, el estereotipo extendido de que quienes gobiernan el mundo son fuerzas ocultas al margen de los ciudadanos: *"Hay claramente una percepción de qué el mundo es gobernado de una forma …no es que sea escondido, de forma escondida; pero que es gobernado de una forma que no es necesariamente en el interés de la gente"* (Entrevistada n8).

Los entrevistados en el grupo de diplomáticos, periodistas y altos funcionarios coinciden con los juicios expresados por gran parte de los que participaron en los grupos de discusión del CIS (Centro de Investigaciones Sociológicas, 2005 b) al señalar que, además de los factores señalados anteriormente, las motivaciones económicas son un elemento central de las decisiones que conforman el rumbo que toman las cosas y, en concreto, al hablar de *los mercados*: *"Hombre, sí, yo creo que sí, que es difícil; pero, bueno, yo creo que las decisiones, al final, las mueven los poderes económicos"*(Entrevistado n5). *" No, yo creo que nos gobierna mucho, mucho, mucho el mundo económico; y el mundo económico en este momento es muy global y ¿quién es eso?; pues, esos fondos que se mueven de un lado para otro y hacen que la economía vaya de un lado para otro, entonces el gobierno de un país determinado tenga que estar pendiente de eso"* (Entrevistado n 6).

IV

## LAS IGNORANCIAS DE LA VIDA PERSONAL: IMPERMANENCIA Y FLEXIBILIDAD

A juzgar por los testimonios y teorías, tanto la gente como los sociólogos coinciden en que la vida *colectiva* parece escaparse de nuestro control, pero ¿qué sucede con la *personal?* La prevalencia de la ignorancia es también el resultado del cambio continúo, una impermanencia que se transmite a todas las esferas, incluida la de nuestra intimidad. Nuestra propia identidad es una incógnita.

Se transforman los caracteres sociales y las biografías normales, los estilos de vida y las formas de amar, las estructuras de influencia y de poder, las formas políticas de participación, las concepciones de la realidad y las normas cognoscitivas; se multiplican las mercancías y los objetos disponibles en el mercado mundial. Somos más consumidores que productores. Ignoramos más sobre las mercancías y nos sentimos menos responsables del *bienestar.* Surgen en todos estos ámbitos *nuevos* campos de ignorancia que afectan directamente a nuestra vida personal.

### *Los campos de ignorancia de la modernidad líquida*

La modernidad *líquida* (el adjetivo de Bauman, 2003), constituye, también por estas razones, *una modernidad ignorante,* una estructura que es más difícil describir y predecir. El sistema de infra ocupación flexible llena de incertidumbres siembra nuevos campos de ignorancia sobre nuestro destino individual ( Beck).Las ataduras con la tradición se sueltan; lo solido se disuelve en *esa modernidad líquida* (Bauman) con el resultado de que los medios de producción ya no son estrictamente físicos sino intelectuales, lógicos, personales, y las relaciones laborales y los intercambios económicos se modifican radicalmente; y, con ellos, *los campos de ignorancia* a los que deben enfrentarse los agentes sociales.

La flexibilidad, la imprevisión, la provisionalidad, la instantaneidad y los procesos de individuación, que hacen más difícil encajar a los individuos en categorías, no solo dificultan el análisis social (Galán Machío, 2016), sino que crean nuevos campos de ignorancia respecto a la vida personal. Lamo de Espinosa (2018, pág.

360) se ha referido, como parte de estos cambios, a la modificación de "la familia nuclear, que conformaba la vida privada y constituía la inmensa mayoría de los hogares, que salta en añicos; el trabajo (y la fábrica), que vinculaba al ciudadano con la colectividad y le otorgaba sensación de identidad a largo plazo en una carrera profesional o laboral, destruido en biografías singularizadas; el Estado-Nación, que se desarticula hacia abajo (en procesos de devolución), hacia arriba (en entes políticos transnacionales) y hacia adentro (en sociedades multiculturales); el orden internacional, que deja de ser un orden hobbesiano de Estados soberanos que se entienden en pie de igualdad (Schmitter) y en el que aparecen todo tipo de nuevos actores (instituciones multilaterales, empresas multinacionales, ONG, terrorismo internacional, etcétera)"; e incluso -subraya- "variables tan sólidas como el género, se desdibujan".

La aceleración del ritmo de las transformaciones nos distingue de las civilizaciones tradicionales (Giddens, 1990) y es generadora de esos nuevos campos de ignorancia; de forma que puede decirse que vivimos en una *sociedad fuertemente futurista* (Ortega, 1966b) en la que, aunque ignoramos lo que está *por-venir,* es el futuro desconocido y no la tradición la que *tira del presente.*

Se produce una clara relación de la ignorancia con los procesos de progresiva *individualización* de las conductas, señalados tanto por Beck (2003b) como por Bauman (2001); la transformación de la *identidad* humana de algo *dado* en una *tarea*, de cuyo desempeño y consecuencias (así como de los efectos colaterales en un mundo donde los conflictos de clase y los sindicatos han perdido influencia y los procesos de trabajo se han flexibilizado) son responsables los agentes sociales (Beck, 2003). Estos ya no conocen la naturaleza exacta del trabajo que desean emprender, la ciudad en la que van a vivir, la pareja que van a elegir para compartir la vida y consumen esos *acontecimientos* con la seguridad de que si no le satisfacen puedes cambiarlos por otros. Ignoran las consecuencias, pero se las imaginan.

"De igual forma que el capital se independizó del trabajo artesano en los comienzos del capitalismo, el trabajo tiende ahora a independizarse del capital y surgen las pequeñas empresas tecnológicas ligadas inmediatamente al capital financiero, pero no como antes a un capital industrial. El resultado es una multiplicidad de *emprendedores*, de pequeños empresarios, de negocios "start ups", que hoy no tienen por encima una clase capitalista, sino más bien una clase financiera internacional en un contexto fluido de relaciones" (Bauman, 2003), lo que ha llevado también a hablar de una *modernidad líquida,* mucho más difícil de comprender, de abarcar, que cualquier tiempo anterior; una estructura que al pasar de un estado *solidificado* a uno *líquido* genera mayores dosis de *ignorancia e imprevisión* sobre su comportamiento.

La disolución de lo que era sólido ha conducido a una progresiva emancipación de la economía de sus tradicionales ataduras políticas, éticas y culturales; las reglas del juego han cambiado, se han vuelto más vaporosas, más cambiantes, menos predecibles, más *incognoscibles*. "Los sólidos que han sido sometidos a la disolución, y que se están derritiendo, en este momento de la modernidad fluida, son los vínculos entre las elecciones individuales y los proyectos y las acciones colectivas -las estructuras de comunicación y coordinación entre las políticas de vida individuales y las acciones políticas colectivas" (Bauman ,2003, pág. 12). La flexibilidad, el cambio, la fluidez de las relaciones sociales se ha convertido, por tanto, en la característica clave de la *modernidad ignorante* en la medida en que el desconocimiento sobre el *estado* y el *movimiento* de los *elementos* constitutivos de una realidad líquida son mayores que los de un mundo solido con estructuras previamente fijadas (García Selgas, 2007). Liquidez e ignorancia van en el mismo paquete.

En este mundo no hay, además, ninguna teleología con un final previamente escrito, el trayecto no tiene una estación de destino; los relatos que nos anticipaban el futuro, sencillamente, han desparecido. En opinión de Bauman (2003) hay dos características que hacen que nuestra situación, nuestra forma de modernidad sea novedosa y diferente; la primera es la misma que señala Giddens (2007), el final de la teleología. "El gradual colapso y la lenta decadencia de la ilusión moderna temprana, la creencia de que el camino que transitamos tiene un final, un telos de cambio histórico alcanzable, un estado de perfección a ser alcanzado mañana, el año próximo o en el próximo milenio, una especie de sociedad buena, justa y sin conflictos en todos o en algunos de sus postulados" (Giddens, 2007, pág. 34). La segunda característica tiene que ver más directamente con su idea de la modernidad *líquida*, con la flexibilidad y el cambio que penetran toda la esfera de lo social. "Aquello que era considerado un trabajo a ser realizado por la razón humana en tanto atributo y propiedad de la especie humana -escribe Bauman (2003, pág. 34)-ha sido fragmentado ('individualizado'), cedido al coraje y la energía individuales y dejado en manos de la administración de los individuos y de sus recursos individualmente administrados". Ello nos lleva directamente a una especie de asunción por parte de los individuos del *cambio* como ideología. Una revolución continua en la producción y en la ciencia que se proyecta hacia una transformación del mundo exterior como las generaciones anteriores nunca antes habían visto.

### *La aceleración del cambio*

El conocimiento de aquello de lo que somos ignorantes parece expandirse más rápido que nuestro catálogo de lo que creemos saber. Los '*known unknowns*' superan a los '*known knowns*' y son todos esos '*unknowns*' lo que conducen a la ciencia" (Du Sautoy, 2016). Se ha acelerado de manera escalofriante el ritmo de los cambios que la era de la modernidad puso en movimiento; y es esta *aceleración* la que nos distingue de las civilizaciones tradicionales (Giddens, 1990). "Ser modernos es formar parte de un universo en el que, como dijo Marx, 'todo lo sólido se desvanece en el aire'" (Berman, 1988). La sociedad, los valores y los saberes han perdido su anterior solidez y hoy se muestran fluidos, líquidos (Bauman, 2003). La vivencia de las contradicciones internas de este cambio lleva consigo el surgimiento de nuevos movimientos sociales, de nuevos *sujetos de la historia*, así como la creación de nuevos programas políticos.

El resultado es, entre otros, la conciencia de que el futuro es cada vez más imprevisible; todo lo contrario de las percepciones propias de la modernidad ilustrada. Ha crecido nuestra ignorancia sobre el porvenir; y se ha generalizado la conciencia de la imposibilidad de gobernar el gigante cibernético, el *Juggernaut* de Giddens (1990). Los sentimientos de ansiedad existencial y de seguridad ontológica – la seguridad de seguir siendo nosotros mismos mañana y pasado mañana- y de ansiedad existencial coexisten con la ignorancia creciente sobre los resultados. Como nos previniera Leo Strauss (citado por Bauman, 2003, pág. 29) hace ya largo tiempo "la libertad sin precedentes que nuestra sociedad ofrece a sus miembros ha llegado acompañada de una impotencia también sin precedentes".

*Un mundo abierto al futuro*

La sociedad se encuentra cada vez más estructurada y posee un carácter global, pero, precisamente, por ello, está también más abierta a un futuro incierto. Este es un aspecto fundamental del "estiramiento del espacio-tiempo que las condiciones de la modernidad hicieron posible y necesario. La *futurología,* la cartografía de posibles; probables, disponibles futuros, se vuelve más importante que cartografiar el pasado como sucedía en la antigüedad". (Giddens, 1990). Este volverse más importante es la clave de nuestro tiempo, pues, como señala Ortega y Gasset (1966d), esta disposición hacia el futuro es consustancial al ser humano de cualquier época. La sociedad actual sería, en el sentido señalado por Ortega (1966 d), una *sociedad fuertemente futurista,* una sociedad en la que el peso del *por-venir* es inconmensurablemente mayor que el de la *tradición.*

La disposición hacia el futuro se ha acelerado, sin embargo, este sigue siendo para el ser humano una incógnita; una situación a la que, como señala Ortega (1966 d), ha contribuido el fin del *'imperio de Occidente.* "Sufre hoy el mundo -escribe Ortega y Gasset (1966 d, pág. 271)-una grave desmoralización, que entre otros síntomas se manifiesta por una desaforada rebelión de las masas y tiene su origen en la desmoralización de Europa.... Europa no está segura de mandar, ni el resto del mundo de ser mandado. La soberanía histórica se halla en dispersión. Ya no hay «plenitud de los tiempos», porque eso supone un porvenir claro, prefijado, inequívoco, como era el del siglo xix".

"El porvenir se ha esfumado en el aire. El mundo en el que vivimos hoy en día es, además, un mundo cargado de peligros. Esto ha servido para poner en cuestión la idea pre-moderna de que el surgimiento de la modernidad daría lugar a la formación de un orden social más feliz y más seguro" (Giddens, 1990). Ignoramos lo que nos pasará; y eso hace que surja una nueva conciencia de riesgos futuros asociados a nuestra propia conducta social. Ya no son los peligros de la naturaleza los que nos acechan sino los que crea el propio ser humano; de los cuales somos por necesidad ignorantes, pues están sometidos a la incomprensible dinámica de la *libertad humana.*

Ulrich Beck (1988) ha intentado resumir en un solo concepto estas consecuencias del ritmo de cambio y de la flexibilidad de las instituciones de nuestros días, y ha acuñado el término de *'individuación'* o *'individualización'* (pág. 163); un concepto que se concreta en la idea central de la existencia de una nueva relación del individuo con la sociedad en las condiciones de lo que prefiero denominar *modernidad ignorante.*

"La tesis de la individualización (Beck ,1988, pág. 97)- parte de que "la dinámica del mercado regulado por el Estado social ha reducido o disuelto las clases sociales en el capitalismo" y que "nos encontramos cada vez más (dicho a la manera marxista) frente al fenómeno, aún no comprendido, de un capitalismo sin clases, con todas las estructuras y los problemas de la desigualdad social que van unidos a ello". En opinión de Beck se ha consumado en la modernización del Estado del bienestar tras la Segunda Guerra Mundial un impulso social de individualización de un alcance y una dinámica desconocidas (y esto manteniéndose constantes las relaciones de desigualdad). Es decir: "sobre el trasfondo de un estándar material de vida relativamente alto y de unas seguridades sociales muy avanzadas, los seres humanos fueron desprendidos (en una quiebra de la continuidad histórica) de las condiciones tradicionales de clase y de las referencias de aprovisionamiento de la familia y remitidos a sí mismos y a su destino laboral individual con todos los riesgos, oportunidades y contradicciones" (Beck, 1988, pág. 12). El individuo ocupa así un papel decisivo, debe tomar decisiones y orientarse frente a su propio destino y asumir las ignorancias y los riesgos que este conlleva. No hay manera de escapar.

*La 'sociedad del riesgo' y la transformación de la 'identidad' humana de algo 'dado' en una 'tarea''*

La *sociedad del riesgo* de la *segunda modernidad,* teorizada por Beck (1988) desde una perspectiva cosmopolita, tiene en cuenta los cambios operados en dos procesos complementarios y, en cierto sentido, paradójicos: la globalización y la individualización. El análisis de Beck (2003b) parte de la lógica de la distribución del riesgo y del *teorema de la individualización* (Beck & Beck-Gernsheim, 2003b). El ser humano, al proyectarse -gracias a la globalización- sobre todos los habitantes del planeta, se vuelca sobre su propia individualidad que se convierte en la referencia y en marco del horizonte de su propia vida;

y también en el objeto preferente del análisis social. En un mundo de creciente capitalismo mundial, los conflictos de clase y los sindicatos han perdido influencia y los procesos de trabajo se han flexibilizado. A la vez, han surgido otros conflictos y otros riesgos como los derivados de la relación del ser humano con el medio ambiente que son gestionados socialmente (Beck, 1998).Para Beck estamos en presencia de una sociedad reflexiva, que se ha convertido en un problema para sí misma; una sociedad que tiene que gestionar los riesgos que su propio desarrollo crea; y que, de la misma manera que las sociedades agrícolas se disolvieron en la sociedad industrial, se disuelve en los contornos de la sociedad postindustrial.

Con una idea similar, Bauman (2003) ha profundizado también en este concepto de la individualización como una de las características de *la modernidad líquida*. "En pocas palabras, - resume - la *individualización* consiste en transformar la *identidad* humana de algo *dado* en una *tarea*, y en hacer responsables a los actores de la realización de esta tarea y de las consecuencias (así como de los efectos colaterales) de su desempeño". Pero una tarea, es por definición, algo que se proyecta hacia el futuro, algo desconocido, cuyo producto en parte ignoramos, y que ya no sigue necesariamente pautas conocidas de comportamiento, es una acción sometida a nuevos e imprevisibles campos de ignorancia. La necesidad de transformarse en lo que uno es constituye paradójicamente la característica de la vida en la modernidad ignorante.

"Con esto, los humanos ya no 'nacen' a su identidad. Según la famosa frase de Jean-Paul Sartre, 'no basta con nacer burgués, hay que vivir la vida como un burgués' (nótese que esto no era necesario ni aplicable a los príncipes, caballeros, siervos y aldeanos de la era premoderna; ni puede afirmarse resueltamente de los ricos o pobres por herencia de los tiempos modernos.) La necesidad de transformarse en lo que uno es constituye la característica de la vida moderna -y solamente de ella (no de la 'individualización moderna', ya que esa expresión es un pleonasmo evidente; hablar de individualización y de modernidad es hablar de una sola e idéntica condición social)" (Bauman, 2003, pág. 37).

Se trata de una *individualización* de la vida profesional, política, cultural, ligada a la superespecialización, a la *privatización de las tareas y responsabilidades*. Modernización se refiere también en este sentido-ahora en el pensamiento de Beck (1988)- "a un completo cambio en todos los aspectos que abarcan y transforman toda la estructura social y las fuentes de la certeza de que se nutre la vida".

Lo social se ha vuelto, en suma, tan complejo como las *tecnologías* que soportan la vida *postmoderna*. Bill Vitek y Wes Jackson (2010) han subrayado a este respecto que "la dependencia humana de la tecnología se ha incrementado exponencialmente en los pasados siglos, y también la noción de que podemos arreglar los problemas ambientales con aplicaciones científicas. En su opinión, es necesario encontrar una alternativa a este punto de vista peligroso y corto de miras. Es tan difícil para un usuario corriente comprender como funciona un ordenador por dentro como entender la forma en que la sociedad se proyecta hacia el futuro; cuáles son sus elementos o como se combinan. De forma que esta individualización es, al mismo tiempo, un proceso de generación de *ignorancia* sobre un complejo entramado de *especializaciones* que no se controlan; y también un proceso de *socialización inteligente de la naturaleza*. El incremento del control colectivo sobre la misma no reside ya en ninguno de los miembros particulares de la sociedad sino en el conjunto; en la estructura, en la *sociedad inteligente*.

Vivimos en un mundo cada vez más estructurado en el que el conocimiento es difuso y práctico al mismo tiempo; y se produce en un contexto de flexibilización de las relaciones y de provisionalidad de los conocimientos. En palabras de Bauman (2003, pág. 40) en la sociedad actual "existe más bien una variedad de 'juegos de las sillas' en los que dichas sillas tienen diversos tamaños y estilos, cuya cantidad y ubicación varían, obligando a hombres y mujeres a estar en permanente movimiento sin prometerles 'completud' alguna, ni el descanso o la satisfacción de 'haber llegado', de haber alcanzado la meta final donde uno pueda deponer las armas, relajarse y dejar de preocuparse".

Esta licuación de las relaciones, especialmente de las laborales, tiene como consecuencia una transformación que afecta a la identidad de los movimientos obreros y de los sindicatos. Bourdieu (1999, pág. 158) concluye a este respecto que los cambios recientes "han roto las bases de la antigua solidaridad"; y que el consecuente desencanto "va de la mano con la desaparición del espíritu de la militancia y la participación política". Tan solo unos pocos continúan agarrados a los *aparatos* políticos, parapetados, eso sí, tras el confort de la sociedad de bienestar, con su carnet en el bolsillo, moviéndose como pez en el agua por círculos que les prometen, al menos, su *progreso* individual . Pagan una cuota por tener esas oportunidades y por aparentar ser lo que creen ser.

### *Flexibilidad y desvinculación de la vida moderna*

Todo este proceso se está produciendo en un contexto de globalización que, como ha señalado Giddens (1990), ha traído consigo la *remoción* de las relaciones sociales de los contextos locales de interacción y su reestructuración a través del tiempo y el espacio, con lo que ello supone de fenómenos de desplazamiento y desvinculación, de alteración de los marcos de la intimidad, de crecimiento de la impersonalidad, de modificación de las formas de relación con nuevos sistemas abstractos; y de experiencia y reapropiación de la realidad del mundo exterior. El hecho esencial es esta separación de tiempo y espacio. La condición de distanciamiento espacio-temporal de alcance indefinido proporciona medios de zonificación temporal y espacial precisos.

Las transformaciones en el ámbito de la intimidad causadas por el advenimiento de la sociedad postindustrial se reflejan, como señala Bauman (2003), en la mayor flexibilidad y *'liquidez'* de las relaciones tanto personales como profesionales, tanto en la familia como en el trabajo; donde los cambios operados por el capitalismo global tienden a la precarización, la individualización (Santamaría López & Serrano Pascual, 2016) y al surgimiento de nuevos términos como el de *'flexiguridad'* que reflejan estos nuevos marcos de incertidumbre (Fernández Rodríguez & Serrano Pascual, 2014).

"En la familia y en la pareja "ya no es responsabilidad de ninguno de los miembros 'hacer que la relación funcione' -procurar que salga adelante 'en las buenas y en las malas', 'en la salud y en la enfermedad', ayudarse mutuamente durante las malas rachas, reducir las propias expectativas, comprometerse o hacer sacrificios en pos de la continuidad de la unión-. Se trata, en cambio, de quedar satisfecho con un producto listo para consumir" (Bauman, 2003, pág. 175). No importa que no nos conozcamos a nosotros mismos a fondo, que no conozcamos a nuestra pareja antes de dar el paso de formalizar una relación, que no conozcamos la naturaleza exacta del trabajo que queremos emprender, consumimos esos *acontecimientos* seguros de que si no nos satisfacen podemos cambiarlos por otros". Lo que traducido a la dinámica entre el saber y el no saber viene a significar que no nos importa nuestra ignorancia sobre los mismos, pues *confiamos* en que el *reemplazo* será siempre posible. Es la lógica del consumidor, del *usar y tirar.*

Como ha señalado, entre otros, Giddens (2007, pág. 26) "de todos los cambios que ocurren en el mundo, ninguno supera en importancia a estos que están teniendo lugar en nuestra vida privada-en la sexualidad, las relaciones, el matrimonio y la familia, un ámbito en el que la sociedad actual muestra la *fragilidad de los vínculos humanos* (Bauman Z. , 2008). Beck (1988) también ha subrayado como en las idealizaciones del ideal amoroso moderno se refleja una vez más el camino de la modernidad.

Para Giddens (2007, pág. 29) todas esas cualidades de la vida moderna, representadas por los cambios que han surgido en la esfera de la privacidad ,"se amoldan a los valores de la política democrática, a 'una democracia de las emociones en la vida diaria' "en la que como subraya Beck (1988, pág. 152) "con el avance de la modernización aumentan las obligaciones de tomar decisiones" y, "exagerando un poco, podríamos decir: anything goes". La consecuencia es la emergencia de un *destino* lleno de incógnitas, inmerso en una ignorancia consustancial, que tratamos de gestionar emocionalmente dentro del grupo social.

El desarrollo de estos mecanismos de flexibilidad, la desvinculación en el sistema social y la reformulación de los entornos de intimidad y familiaridad, *despegan* 'la actividad social de los contextos localizados, reorganizando las relaciones sociales a través de grandes distancias espacio-temporales con consecuencias diversas. Una de ellas es la señalada ya por Ortega (1966e) como comportamiento típico del *hombre-masa* de nuestro tiempo, del *señorito* "que cree poder comportarse fuera de casa como en casa, el que cree que nada es fatal, irremediable e irrevocable".

En gran medida, la psicología de la gente en esta *modernidad líquida* está *tocada* por esa *irresponsabilidad;* es más la del *consumidor* que la del *productor.* Todo es, efectivamente, de *usar y tirar,* todo es intercambiable; nada dura, nada es para siempre (ni el matrimonio, ni la profesión, ni los amigos, ni el propio conocimiento); y ello conlleva la necesidad de adaptarse a estos nuevos entornos en que se ignora lo *que vendrá.*

Bauman (2007c) ha puesto de manifiesto que en este camino "de una sociedad de productores a una de consumidores, las tareas de transformación y *re-transformación* del capital y el trabajo en mercancía sufrieron simultáneamente un proceso de profunda, sostenida y en apariencia irreversible-aunque incompleta-desregulación y privatización"…"En la sociedad de consumidores nadie puede convertirse en sujeto sin antes convertirse en producto, y nadie puede preservar su carácter de sujeto si no se ocupa de resucitar, revivir y realimentar a perpetuidad en sí mismo las cualidades y habilidades que se exigen en todo producto de consumo" (Bauman Z. , 2007c, pág. 25).

LO QUE DICE LA GENTE

*Las relaciones personales se están quedando a un lado*

*La modernidad líquida* es, por tanto, resumiendo el tenor de lo que nos cuenta la teoría sociológica, también *una modernidad ignorante,* una estructura que es más difícil predecir a causa de la aceleración de los cambios y del movimiento de los elementos que la componen, tanto a nivel colectivo como individual. Nuestro propio futuro dentro de los mercados de trabajo se ha vuelto opaco y se han creado con ello nuevos *campos de ignorancia.* La empresa y el puesto de trabajo han perdido su relevancia y se ha instaurado un sistema de infra ocupación flexible llena de incertidumbres (Beck, 1988).

La identidad de los sujetos está más ligada a mundos volátiles. Las conductas de los otros han dejado de ser previsibles; se nos escapan, están amenazadas por intromisiones no deseadas, por una *transparencia* no querida. Asuntos como el derecho a la intimidad, la privacidad, y el ámbito legítimo de los secretos, "los arreglos sociales sobre la ignorancia" (Smithson,2008, pág. 215), demandan, en consecuencia, un análisis, que trate de sacar consecuencias del alcance de las *ignorancias provocadas* por estos nuevos escenarios.

Giddens (1990) y Beck (1988), entre otros, se han preocupado en señalar -que hay una conexión directa entre las tendencias globalizadoras de la modernidad y estas *transformaciones de la intimidad* en contextos de la vida del día a día. Se ha modificado la sensación de riesgo y de ignorancia sobre lo que nos puede pasar a cada uno de nosotros a lo largo de nuestra vida por motivos tan diferentes como lo puedan ser el terrorismo, el tráfico rodado o nuestro futuro profesional, en una época en que ha desaparecido la idea *de pleno empleo de por vida;* y en la que las fronteras entre trabajo y no-trabajo se han vuelto confusas, fluidas.

¿Cuáles son las percepciones que tiene la gente sobre este descontrol de su propia vida personal a la que apunta la teoría sociológica? ¿Están contribuyendo los cambios a fortalecer entornos más seguros o todo lo contrario? De nuevo aquí parecen converger percepciones y teorías. Prácticamente todos los *factores* citados por Giddens (1990), Bauman (2003) o Beck (1988) -impermanencia, flexibilidad, liquidez, falta de identidad- se encuentran reflejados también en los relatos de la gente.

*Nos metimos en el metro, todo el mundo eran extranjeros, pakistaníes, y yo pensé qué cosa más rara.*

La pérdida de la identidad, constituye, efectivamente, uno de los miedos fundamentales expresados en testimonios que hablan de la desaparición de *las fronteras* y de las *distancias* (*"se han acortado distancias", "por un euro te vas a Ámsterdam"*), o de que se está generando una *pérdida de identidad nacional* o el miedo a perderla; lo que constituye un elemento adicional de *desconfianza* en el sistema que opera tal *perdida*. Una parte de la población que ha vivido el fenómeno de la emigración a las ciudades europeas lo comentaba así: *"Nos metimos en el metro, todo el mundo eran extranjeros, pakistaníes, y yo pensé qué cosa más rara; pero verdad en España era casi, pues era verano, claro 8º EGB para mí (risa), me quedé alucinada hace 10 años. Ahora, tú, te pasa esto aquí; y no nos hemos dado cuenta".*

Frente a este proceso de homogeneización (del que no nos hemos dado cuenta) se detectan actitudes que valoran lo local y su específica identidad (*"la globalización no me gusta..., todos no somos iguales", "no soy de ningún sitio, soy del mundo, la frase favorita de los globalizadores, no sé si es bueno o es malo"*). El tema de la pérdida de identidad y de la homogenización de las culturas aparece también asociado al crecimiento del consumismo, del materialismo y del individualismo; pero, especialmente, a esa progresiva *homogeneización* de los gustos y de los deseos *("la globalización del consumo, sobre todo")*. De acuerdo con las percepciones de la gente, consumimos cada vez más cosas distintas, pero todos consumimos en el planeta estas mismas *cosas distintas*. La pérdida de identidad se relaciona, por tanto, no solo con nuestra *nación* o nuestro grupo *étnico-cultural* sino con la imagen que tenemos de nosotros mismos y, sobre todo, con los usos y costumbres, con los estilos de vida (*"las costumbres que se pierden son costumbres económicas", "en los centros comerciales se concentran un montón de cosas"*).

*¿Quién es el que manda allí? ¿A quién llamas?, ¿al director de Telefónica y le gritas?"*

En relación con los procesos de desvinculación y despersonalización de los que habla Giddens (1990), se detectan también reflejos de la experiencia común del consumidor frente a las grandes compañías, a los sistemas abstractos. La ausencia de control del proceso de globalización se pone en relación directa con la institucionalización de las relaciones con estos entes abstractos, que han perdido su rostro y su identidad (*"si no te gusta algo y quieres cambiar no vas a poder", " "lo ves cómo tan grande... como ¿quién es el que manda allí? ¿A quién llamas, al director de Telefónica y le gritas?", "estás hablando con una máquina"*). Otros certifican esta percepción así: *"O alguien que no seamos uno de nosotros. Yo me meto a trabajar en Movistar de atención al cliente y a mí me llama alguien ultra cabreado que quiere hablar con alguien ¡y está hablando conmigo! ¡Yo no soy nadie! Es lo que hay... Me vas a gritar todo lo que quieras que no vas a conseguir nada, ¡yo no soy nadie!"*. En los relatos se identifica además la contradicción aparente de que estén creciendo al mismo tiempo la variedad de productos y la uniformidad con la que a escala global se consumen (*"a la vez que hay más variedad hay más homogeneidad"*), lo que afecta no solo a los propios productos sino a los paisajes urbanos; de forma que la despersonalización y la desvinculación de entornos inmediatos familiares se relaciona también con la aparición de nuevas arquitecturas y usos de la ciudad (*"en los centros comerciales se concentran un montón de cosas"*).

La idea de que estamos en un proceso de 'homogenización se encuentra en muchas expresiones (*"no creo que haya un poder americano...hay un modelo homogeneizado"; "la globalización quiere imponer una forma de vida al mundo entero"; "que todo el mundo coma las mismas cosas, vista igual, le guste el mismo ocio, tengan la misma religión"; "consumimos lo mismo que los americanos, que los franceses, que los ingleses"*). Este proceso se ve como algo inevitable e incontrolable (*"llegará un momento en que si no te gusta algo y quieres cambiar no vas a poder"*). Estamos en *"la sociedad de masas"* se decía en uno de los comentarios utilizando un término de la teoría sociológica de la que se afirmaba que se trata de una sociedad *"sin ideología"*, movida por el consumo (*"pero masas sin ideología, consumista"*, se subrayaba).

*Ya no tenemos tiempo para nada*

Junto a los cambios en la organización del trabajo la gente habla también de la interferencia de los nuevos aparatos electrónicos con nuestra vida personal y de la creación de necesidades artificiales (*"vas *comprando aparatitos para entretener al niño para que no te moleste"* *"necesidades muy pronto", "el microondas, por ejemplo, en mi casa es imprescindible"*), así como de la confusión entre la vida personal y la vida profesional. Los participantes en los grupos de discusión del CIS percibían, como se señala en algunos comentarios, que estos cambios afectan incluso a la separación del tiempo de trabajo y el tiempo de ocio y a la esfera de la intimidad *("que dispongamos un ordenador cada uno, un móvil, eso... es un control del propio trabajador; y comporta que no simplemente estas trabajando en el lugar físico de trabajo"*).

Los cambios en la pareja y en la familia se veían como otro de los efectos de la "globalización" *("ya no tenemos tiempo para nada; se pierde la amistad, hay mucha rotación dentro del mundo de la pareja también"; "¿cuántas personas y cuántas parejas se hacen ya por el chat, cuantas amistades por el chat?; "hay mucho divorcio son unas cifras escandalosas de parejas que no duran año y medio"; "no ven a sus hijos, no comparten los niños viven pegados a un play station o a la tv"; "al abuelo antes lo tenías en casa. Ahora no, a la residencia"*).

No solo se echa en falta una mayor calidad de las comunicaciones interpersonales, por la extensión de la rapidez y superficialidad atribuida a las comunicaciones digitales, sino también de momentos íntimos de reflexión *("mucho móvil, mucho facilitar la comunicación y no hay comunicación"*). El crecimiento del individualismo surgía también naturalmente en numerosos comentarios *("pienso que ahora somos totalmente individuales"*) junto a la ausencia de verdadera intimidad *("la soledad auténtica. ¿no?... Cuando tú la quieres de verdad. No la soledad forzada"*), y los cambios en la composición de la fuerza de trabajo *("la incorporación de la mujer al trabajo fuera de casa y en bloque"*).

También eran frecuentes los comentarios sobre los cambios que se han operado en los procesos de maduración personal y en la composición generacional de las sociedades *("se pasa muy pronto a la edad adulta"; "creamos necesidades muy pronto"; "uno llega a la edad adulta más tarde porque hoy el hecho es que todos estamos en casa"; "los jóvenes se creen adultos antes de tiempo"; "la sociedad va envejeciendo"*); así como sobre el incremento del estrés y de las ambiciones *("un aumento del estrés en la gente, de que el tiempo lo es todo, y tenemos muy poco"; "que si el niño va a natación, que si el niño va a guitarra, que si a inglés, que si a no sé qué, que si necesita ayuda"; "todos quieren Pau Gasol en el deporte, Einstein en la cultura, las niñas tienen que ser Claudia Schiffer"*); que va acompañado de nuevas necesidades *("el microondas, por ejemplo, en mi casa es imprescindible"*).

Lo nuevo de los tiempos que se hallan detrás de estos comentarios sería, no obstante, la aceleración del cambio, la ruptura de un mundo solidificado en sus instituciones. Los sujetos que los exteriorizan parecen creer que lo que no ha cambiado – lo subrayo una vez más- es la naturaleza humana tendente al dominio, el egoísmo y el consumo (*"hay un, un valor, un valor falso, pero qué, pero que, bueno, que funciona, qué es la ganancia"*).

De todo esto creo que se desprende, en cualquier caso, las mismas ideas expuestas por Bauman o Beck; que la intimidad se ha transformado y que las relaciones personales se han vuelto menos previsibles; que se ha perdido *calidad humana* en la comunicación como una consecuencia de su *artificialidad* y de su carácter no presencial. La homogeneización provocada por la globalización conllevaría también, según los relatos de la gente, una pérdida de las identidades locales y procesos de *individualización* debidos a la transformación de la *identidad* humana Bauman (1988), que habría pasado, efectivamente, de ser algo *dado* a una *tarea, que además* es incierta, algo por realizar y por conquistar (*"no tenía ni idea de ponerme delante de un ordenador"*). En los relatos también se hace presente la percepción de la disolución de las clases sociales- en un proceso de recreación sobre una nueva base de las relaciones entre el individuo y sociedad; una sociedad que con el Estado de Bienestar ha llevado a la sociedad en conjunto *un piso más arriba* en la prosperidad (*"hemos perdido valores y hemos ganado nivel de vida"*), pero también en la incertidumbre y en la ignorancia (*"no sabes el futuro cómo puede venir"*).

Existe, por último, una coincidencia generalizada en señalar los cambios que la globalización y las nuevas tecnologías de la información y de la comunicación han introducido en la vida cotidiana y en nuestra relación con *las grandes compañías*, las instituciones y los *grupos expertos*-Giddens, 1990- (*"el mundo es cada vez más complejo; y creo que las personas, incluso aquellas con instrucción, cada vez tenemos más dificultades para explicar el funcionamiento del mundo"*). Es en este sentido en el que los relatos de la gente apuntan también hacia la emergencia de la despersonalización de las relaciones; y a una institucionalización de esa relación con entes abstractos que han perdido su rostro y su identidad; unos entes de los que se *ignora* casi todo. Las relaciones son ahora más profesionales que personales, lo que lleva a una mayor confianza en los *expertos* y una cierta desconfianza en *las personas* -en la gente en tanto que tal- con los que las relaciones se vuelven *fugaces* y poco consistentes (*"las relaciones personales se están quedando a un lado y están primando las relaciones profesionales"*).

## V

## NOCIONES CONFLICTIVAS: INCERTIDUMBRE, CONFIANZA, SEGURIDAD, PELIGRO Y RIESGO

Uno de los efectos de la socialización de la naturaleza, de la ignorancia causada por la complejidad de lo social y por una estructura en la cual se adoptan decisiones por *otros* que nos afectan -decisiones sobre nuestras vidas-, ha sido la aparición de lo que Beck (1988) ha llamado *la sociedad del riesgo*. La consecuencia central de la irrupción de *la segunda naturaleza* creada por el ser humano "es que en la modernidad avanzada la sociedad con todos sus sistemas parciales (economía, política, familia, cultura) ya no se puede comprender de una manera *autónoma respecto de la naturaleza*.

"Los problemas del medio ambiente no son problemas del entorno, sino (en su génesis y en sus consecuencias) problemas sociales; problemas del ser humano, de su historia, de sus condiciones de vida, de su referencia al mundo y a la realidad, de su ordenamiento económico, cultural y político" (Beck,1988, pág. 90). Han aparecido con ellos nuevos peligros y nuevos riesgos para la sociedad en su conjunto creados por el propio ser humano en el ejercicio de su libertad; riesgos que configuran otro gran campo de *inseguridad,* de *desconocimiento,* de *ignorancia* sobre el futuro. La sociedad del riesgo es también, por tanto, en todas las acepciones y asociaciones semánticas que pueda tener el término *riesgo* (destino, seguridad, peligro, "hazard", desastre, aventura), una sociedad de la ignorancia.

En la obra de Jacinto Benavente *La ciudad alegre y confiada* los gobernantes de una ciudad se enfrentan a una grave decisión ante los problemas que se avecinan: pactar con la República de Venecia o declarar la guerra. Finalmente toman la decisión equivocada, mientras los habitantes, confiados, continúan con su vida habitual en la certeza de la sabiduría de aquéllos que les gobiernan. Pues bien, en la sociedad del conocimiento los ciudadanos conviven cotidianamente con el riesgo que supone siempre *la confianza en el saber de los otros,* la confianza en los grupos expertos, en lo que Giddens (1990) denomina *fichas simbólicas,* en los sistemas abstractos. La confianza se ha convertido consecuentemente en una cuestión clave para la Sociología. Como advierte Beck (1996, pág. 298), lo que caracteriza a esta época de las consecuencias secundarias no es el saber sino el no-saber. Este es el verdadero terreno de batalla social: quién sabe y quién no, cómo se reconoce o impugna el saber y el no saber (Innerarity, 2009, pág. 44); un conocimiento y un desconocimiento que están estrechamente relacionados con la percepción del riesgo.

Beck (1988) ha señalado también que la "distinción en la afectación por las posiciones de clase y de riesgo es esencial en lo que se refiere a la conciencia o ignorancia de las causas materiales que las determinan". En su opinión de (1988, pág. 59) se puede afirmar de manera esquemática y precisa, que mientras en posiciones de clase el ser determina la conciencia, siguiendo el paradigma marxista, en las situaciones de riesgo generadas en la sociedad actual *sucede al revés, la conciencia (el conocimiento) determina el ser*". Si la condición de obrero o de burgués determina en la estructura de clases capitalista la generación de la falsa conciencia y de los campos de ignorancia correlativos a la misma, lo que con la generalización de los riesgos sucede en las sociedades desarrolladas actuales, es que *la reflexividad* sobre los mismos influye poderosamente en su vivencia y en su proyección, sean luego estos ciertos o falsos.

No olvidemos que el riesgo como la ignorancia son siempre referenciales. Es la conciencia del riesgo la que le precede y actúa como elemento objetivo de su estructuración social. Uno puede darse cuenta de los riesgos por las experiencias personales que nos los señalan; "nada que se pudiera definir u organizar como estrato, grupo o clase social" (Beck, 1988, pág. 59). El conocimiento o la ignorancia del riesgo determinarán sus consecuencias sociales, pues el riesgo es siempre una proyección de futuro que puede actualizarse o no. Aquí la Sociología se encuentra con un nuevo bucle teórico. Es la teoría del riesgo futuro la que estaría configurando el presente que se pretende analizar con la teoría; y no hay que olvidar que la manipulación de los miedos colectivos ha constituido siempre una palanca esencial del poder establecido para el control social.

*Confianza y riesgo*

Precisamente porque tanto los riesgos como la ignorancia son referenciales- alguien tiene que decir que existen tales *cosas* para uno mismo o para otro- es por lo que el marco que propongo para el estudio de los sujetos y los campos de ignorancia -*el triángulo de la ignorancia*-(Galán Machío, 2020), sería también productivo para el análisis del riesgo . Tiene que haber alguien que *detecte* u *observe* un riesgo potencial para sí mismo u para otros para que pueda hablarse de su existencia.

"La afirmación o la negación, el grado, la dimensión y los síntomas de la persona amenazada - como escribe Beck (1988, pág. 60)- dependen fundamentalmente del conocimiento ajeno. El concepto de *riesgo* se haya, por tanto, estrechamente relacionado con el término de *confianza* que considero necesario distinguir, a su vez, del concepto de *creencia*, la *esperanza* pre-moderna y *no racional*. "Cuando está involucrada la confianza, en opinión de Luhmann citado por Giddens (1990, pág., 478), las alternativas se asumen conscientemente y son tenidas en cuenta por el individuo en la decisión de seguir un curso de acción particular. "Alguien que compra un coche usado, en lugar de uno nuevo, corre el riesgo de comprar un fiasco. Él o ella pone la confianza en el vendedor o la reputación de la empresa para tratar de evitar que esto ocurra".

El *"homo ignorans"*- nuestro arquetipo-, como respuesta a la emergencia del crecimiento de la ignorancia y de la sensación de estar expuestos a desconocidos sistemas expertos y abstractos, estaría desarrollando por necesidad un *intra-conocimiento* intuitivo (1959), una confianza del tipo de la del comprador de coches usados. "De la mayor parte de las cosas con que, de hecho, contamos en nuestras vidas – escribe Ortega y Gasset (1959, pp. 8-11) no tenemos la menor idea; se trata de creencias *infra intelectuales,* como la de que la calle estará ahí cuando salgamos por la puerta, aunque no haya nada que pueda asegurárnoslo de manera absoluta". Este tipo de creencia *infra-intelectual* es la que se estaría fortaleciendo hoy respecto a las instituciones.

No solo la vida del individuo sino la de cualquier sociedad está basada en esos sentimientos y percepciones intuitivas de confianza y seguridad pues, como ha señalado Alain Peyrefitte, citado por Bauman (2003, pág. 142) "el único recurso capaz de transformar un desierto en la tierra de Canaán es la confianza mutua de los miembros de una sociedad y la confianza de todos en el futuro compartido que les espera". La confianza es el rasgo constitutivo de toda sociedad;

confianza en uno mismo, en los demás y en las instituciones, los tres depositarios de la confianza serían igualmente indispensables y se condicionarían y sustentarían mutuamente.

Se trata además de una confianza que se cultiva especialmente en el ámbito de las empresas. Peyrefitte, citado por Bauman (2003, pág. 176), ha identificado la empresa y el empleo como los espacios privilegiados de siembra y cultivo de esa confianza. Bauman (2003) resume este pensamiento así: "El hecho de que la empresa capitalista sea también un semillero de conflictos y enfrentamientos no debe confundirnos: no hay *défiance* sin *confiance,* no hay desafío sin confianza. Si los empleados luchaban por sus derechos, era porque tenían confianza en el poder de holding del marco en el que, según esperaban y deseaban, sus derechos serían inscritos; confiaban en que la empresa era el lugar adecuado para poner a resguardo sus derechos". (Alain Peyrefitte, Du 'miracle' en économie leçons au collège de france, París, Odile Jacob, 1998, p. 230 citado por Bauman -2003. Pp. 142-143- ).

"El caso normal es, por tanto, el de la confianza. Usted está seguro de que sus expectativas no se sentirán decepcionadas- escribe Giddens (1990, pág. 478 de 2506)- que los políticos tratarán de evitar la guerra, que los coches no se descomponen o que de repente salen de las calles y le golpean a usted en la tarde de paseo dominical". "La alternativa es vivir en un estado de incertidumbre permanente y prescindir de las expectativas sin tener nada con qué reemplazarlas". Los testimonios de la gente son muy expresivos en este sentido: *"Yo diría que no me queda más remedio que confiar"; "hay que tener como ciertos eh...un nivel mínimo de confianza, pues igual que piensas que el que conduce el autobús no te va a estrellar, no es un terrorista"; "confío en el entorno porque si no confiara me volvería loco"; "pero en el sistema tiendo confiar, entre otras cosas, porque no conozco alternativa mejor" ;"confío en el sistema, porque no... no hay otro, digamos, en el que se pueda confiar más, pero dista mucho de ser el ideal de la confianza").*

Con estas confianzas sucede lo mismo que ocurre con la duda existencial expuesta por Ortega (1959) sobre la persistencia de la calle o con mi creencia, por ejemplo, de que no me va a caer un meteorito encima en el preciso instante que estoy redactando este libro, y que con ello acabará no solo la vida en el planeta tierra sino, de paso, la mía propia. Descuidamos estas posibilidades, sobre todo, porque no podríamos vivir con la *inseguridad ontológica* asociada a las mismas. Ni podían vivir los antiguos pensando que un buen día el cielo se les caería encima aplastándolos, ni los *postmodernos* creyendo que en cualquier momento se puede desencadenar la guerra nuclear total. Los antiguos *creían* en sus dioses y los modernos *confiamos* en nuestras sociedades.

### *Peligro y riesgo*

Lo que cambia entre las sociedades pre-modernas y la actual, en opinión de Giddens (1990), es el modo de la estructuración de la temporalidad. Se trata de que en las sociedades dominadas por la tradición ni *el pasado* ni *el futuro* constituyen un fenómeno discreto, separado del *presente continuo*, como en el caso de la perspectiva moderna. Es la vida en sociedad y, por tanto, la *confianza* en la *especialización* de los otros, la que nos proporciona hoy la *seguridad ontológica* necesaria para para pensar, para especializarnos y para reproducir nuestra vida de una forma ampliada.

"El animal -escribe Ortega y Gasset (1964 b, pág. 83)-está siempre alerta y se repite. Gracias a la sociedad el hombre puede meditar y crear con cierta seguridad. Si sabemos permanecer un rato quietos contemplando pasivamente la escena simiesca, pronto destacará en ella, como espontáneamente, un rasgo que llega a nosotros como un rayo de luz. Y es aquel estar las diablescas bestezuelas constantemente alerta, en perpetua inquietud, mirando, oyendo todas las señales que les llegan de su derredor, atentas sin descanso, al contorno, como temiendo que de él llegue siempre un peligro al que es forzoso responder automáticamente con la fuga o con el mordisco, en mecánico disparo de un reflejo muscular". "¿No se halla el hombre también-continúa Ortega (1964 b, pág. 84) - lo mismo que el animal, prisionero del mundo, cercado de cosas que le espantan, de cosas que le encantan, y obligado de por vida, inexorablemente, quiera o no, a ocuparse de ellas? Sin duda. Pero con esta diferencia esencial: que el hombre puede, de cuando en cuando, suspender su ocupación directa con las cosas, desasirse de su derredor, desentenderse de él, y sometiendo su facultad de atender a una torsión radical -incomprensible zoológicamente-, volverse, por decirlo así, de espaldas al mundo y meterse dentro de sí, atender a su propia intimidad o lo que es igual, ocuparse de sí mismo y no de lo otro, de las cosas. Con palabras, que, de puro haber sido usadas, como viejas monedas, no logran ya decirnos con vigor lo que pretenden, solemos llamar a esa operación: pensar, meditar" (Ortega y Gasset, 1964 b, pág. 84).

Ese *volverse de espaldas* del que habla Ortega y Gasset, facilitado por la sociedad al ser humano, es el que explica el desarrollo de la civilización. Nos volvemos de espaldas también a un creciente número de *tareas especializadas* de forma que podemos dedicarnos a profundizar y conocer a fondo las que nos interesan. La confianza moderna es el pilar sobre el que se asienta el desarrollo humano.

Pensamos porque tenemos alrededor una sociedad. "Para empezar- argumenta también en este sentido Bauman (2006, pág. VI)- la comunidad es un lugar *cálido*, un lugar acogedor y confortable. Es como un tejado bajo el que cobijarse cuando llueve mucho, como una fogata ante la que calentar nuestras manos en un día helado. Ahí afuera, en la calle, acecha todo tipo de peligros: tenemos que estar alerta cuando salimos, vigilar con quién hablamos y quién nos habla, estar en guardia en todo momento. Aquí dentro, en comunidad, podemos relajarnos: nos sentimos seguros, no hay peligros emboscados ni rincones oscuros ...Para continuar: en una comunidad podemos contar con la buena voluntad mutua".

Es sabido que en Grecia se inventó la Filosofía porque su estructura social garantizaba a las personas la defensa, el alimento y un grado importante de confort. "Si el hombre goza de ese privilegio de liberarse transitoriamente de las cosas, -argumenta Ortega (1964 b, pág. 85) y poder entrar y descansar en sí mismo, es porque con su esfuerzo, su trabajo y sus ideas ha logrado reobrar sobre las cosas, transformarlas y crear en su derredor un margen de seguridad siempre limitado, pero siempre o casi siempre en aumento".

La seguridad humana es social, lo que en las sociedades postmodernas se ha traducido, además, en regímenes de bienestar *en* sentido jurídico y económico, frente al hambre, al infortunio, a los accidentes, al desempleo, a la enfermedad; y ha sido políticamente organizada. La seguridad ontológica -escribe Giddens (1990, pág. 1254 de 2506)- "es una forma, pero una forma muy importante, de la sensación de seguridad en un sentido más amplio". La frase se refiere a la confianza que la mayoría de los seres humanos tienen en la continuidad de su propia identidad y en la constancia de los ambientes sociales y materiales que rodean la acción.

*La probabilidad fuente de riesgo e incertidumbre*

La noción de riesgo es, por otra parte, inseparable de las ideas de probabilidad e incertidumbre. No puede decirse que una persona corre un riesgo cuando un resultado es seguro al 100 por 100. (Giddens, 2007, pág. 12). Ni el simio, alerta ante el peligro constante que representa ante él la naturaleza, ni el ser humano ante las incertidumbres del futuro, se encontrarían en situación de riesgo si estuvieran completamente ciertos de lo que va a suceder mañana en su entorno. "Riesgo -matiza Giddens (2007)- no es igual a amenaza o peligro. El riesgo se refiere a peligros que se analizan activamente en relación a posibilidades futuras. Sólo alcanza un uso extendido en una sociedad orientada hacia el futuro-que ve el futuro, precisamente, como un territorio a conquistar o colonizar-. La percepción es crucial en el riesgo contemporáneo, precisamente, porque los sistemas expertos producen muchas de esas percepciones. La idea de riesgo supone una sociedad que trata activamente de romper con su pasado-la característica fundamental, en efecto, de la civilización industrial moderna". (Giddens, 2007, pág. 13). Mientras el simio y, en cierta medida, la sociedad tradicional, viven pendientes de los peligros del entorno, las sociedades modernas han creado una red de seguridad, pero también de nuevas inseguridades que se interponen entre el ser humano y la vida.

Ortega (1964 b) señala como las sociedades humanas han creado a nuestro alrededor ese margen de seguridad siempre limitado, pero siempre o casi siempre en aumento; pero con ello, como ha subrayado especialmente Beck (1988), han creado también nuevas amenazas e incertidumbres. Paralelamente al sentimiento de sentirse protegidos por una red social, se ha desarrollado un creciente sentimiento de inseguridad ante lo imprevisto, ante lo desconocido, ante los peligros tecnológicos, ante las imprevisibles crisis económicas de rango universal, ante el calentamiento global, los accidentes nucleares, las pandemias mundiales por la extensión instantánea a nivel planetario de nuevos agentes patógenos; ante el terrorismo islámico; y, en suma, ante un largo etcétera de catástrofes posibles. Los riesgos, igual que los *campos de ignorancia* se han multiplicado y transformado.

*El riesgo creado por la mano del hombre*

¿Qué tienen en común todas estas posibles catástrofes que amenazan hoy nuestra seguridad? Su denominador común es que se trata de "amenazas creadas directa o indirectamente por la mano del hombre". "Antes, en el mundo como mundo mineral, vegetal, animal -volvemos a la reflexión de Ortega y Gasset (1964 b, pág. 137)- nada nos preocupaba. Es la tranquilidad que sentimos en el campo. ¿Por qué la sentimos? Lo vamos a ver, pero con dos palabras dijo ya lo esencial Nietzsche: 'Nos sentimos tan tranquilos y a gusto en la pura naturaleza porque ésta no tiene opinión sobre nosotros.' Aquí está el origen híper-suspicaz de nuestra inquietud. Vamos a hablar de seres - los hombres-que se caracterizan porque sabemos que tienen una opinión sobre nosotros. Por eso nos hemos puesto en guardia, el alma alerta: en el dulce horizonte del mundo paradisiaco asoma un peligro: el otro hombre". El otro ser humano no solo opina sobre nosotros o contra nosotros, sino que, sobre todo, puede inventar cosas, cacharros, productos, que nos perjudican y puede también difundir falsedades y mentiras. En eso radican las inseguridades fundamentales de la *modernidad ignorante*. Son creadas directa o indirectamente por el propio ser humano, por *su libertad* de acción y de pensamiento, por su capacidad de ser un productor de *ignorancias*.

"Hay pocos aspectos del ambiente material que nos rodea - escribe Giddens (2007, pág. 15)-que no se hayan visto influidos de algún modo por la intervención humana. Muchas cosas que eran naturales ya no lo son completamente, aunque no podemos estar siempre seguros de donde acaba lo uno y empieza lo otro". Giddens (2007) ve el origen de la noción de riesgo en el momento en que el capitalismo moderno se planta en el futuro al calcular el beneficio y la pérdida, y, por lo tanto, el riesgo, como un proceso continuo. "Esto no pudo hacerse- escribe (2007, pág. 13)- hasta la invención de la contabilidad, con el libro de doble entrada, en el siglo XV en Europa, que hizo posible analizar con precisión las posibilidades de invertir dinero para ganar más dinero". El riesgo es, por tanto, la esencia de la sociedad capitalista emprendedora; es el alma de la creatividad empresarial, y con ella, en gran parte, de nuestra sociedad actual. La modernidad ignorante está obligada a apostar y ello no es, como resulta evidente, tan solo un rasgo negativo sino positivo.

Puesto que los seres humanos vivimos sin saber, andamos siempre ante el temor de que ocurra lo imprevisible; nuestra vida es por naturaleza incierta, insegura. La inseguridad nos ha acompañado desde la invención del fuego a la de la energía atómica. Estuvo con nosotros en la antigüedad y lo está hoy en la *modernidad.*

La inseguridad se ha instalado en los marcos teóricos con que manejamos los nuevos escenarios. Asistimos a una aceleración de la historia; en la que, una vez superadas las ideologías que establecían futuros finalistas todo parece posible. "Baste recordar -escribe Mayos (2009, pág. 55)- la sorpresa unánime y no prevista a corto plazo por ningún analista -en 1989- ante hechos tan importantes como la caída del muro de Berlín, del *telón de acero* y de la URSS; o la sorpresa de los cracs en la bolsa de *las empresas.com,* luego de las *hipotecas* y –finalmente- de la profunda crisis económica que hoy padecemos".

Beck (1988) ha teorizado sobre este incremento del riesgo debido al aumento de complejidad, la integración global y la velocidad con que todo circula. La globalización y tecnologías como la energía nuclear han cambiado las reglas del juego. "Se puede dejar fuera la miseria, pero no los peligros de la era atómica. Ahí reside la novedosa fuerza cultural y política de esta era" (Beck ,1988, pág. 11).La extensón de la epidemia mundial de coronavirus desatada en febrero de 2020 es un buen ejemplo de esta globalización del riesgo. Vivimos en un solo mundo en el que el riesgo es compartido. La segunda característica que es necesario poner de relieve es que quien se enfrenta a los riesgos de la modernidad es el *individuo (Bauman Z. , 2003),* al margen de su posición en las clases sociales.

Es ese individuo, que ya no puede refugiarse en el grupo, en la fábrica, en el barrio pobre, en el lugar contaminado el que debe afrontar los riesgos. En opinión de Bauman los riesgos de la modernización se presentan así de una manera universal, pero, al mismo tiempo, específica e inespecífica localmente. Por otra parte, los procesos de desvinculación de los que habla Giddens (2007) afectan a ese riesgo, como también lo hacen la desaparición de las seguridades del sistema de trabajo, surgido durante el siglo pasado a partir de duros conflictos y crisis sociales y políticas; y basado en progresivas estandarizaciones de todos los aspectos esenciales: del contrato de trabajo, del lugar del trabajo y del tiempo de trabajo, la desaparición de la idea *de pleno empleo de por vida* y de las fronteras entre trabajo y no-trabajo.

Este cuadro trazado tanto por Beck (1988) como por Giddens y Bauman (2002), de flexibilización del mercado de trabajo y de la propia estructura social, explica hasta qué punto la identidad tiene que construirse hoy en medio de un océano de miedos, de ignorancias e incertidumbres creados por *la mano del hombre*. No se trata ya de que el sistema pueda venirse abajo por alguna catástrofe medioambiental o social, como una guerra o una gran crisis económica, sino a causa del propio funcionamiento del sistema. Se trata, no obstante, de un proceso abierto al futuro; y que no es *per se* negativo o positivo. Giddens (1990) nos muestra, a este respecto, como el lado de *oportunidad* que representa la modernidad fue subrayado con más fuerza por los fundadores clásicos de la Sociología, Marx y Durkheim, que, aunque vieron la era moderna como una época problemática, creían que las posibilidades beneficiosas que se abrían superaban sus características negativas.

El resumen es que en esta *época de grandes oportunidades* vivimos también- como señala Ortega y Gasset (1966 e, pág. 168) tiempos en que los peligros se han vuelto apocalípticos, la guerra nuclear, el calentamiento global del planeta, las pandemias por virus de laboratorio incontrolados. "Muchas cosas parecían ya imposibles al siglo XIX firme en su fe progresista, hoy, de puro parecemos todo posible, presentimos que es posible también lo peor: el retroceso, la barbarie, la decadencia. Por sí mismo no sería esto un mal síntoma: significaría que volvemos a tomar contacto con la inseguridad esencial a todo vivir, con la inquietud a un tiempo dolorosa y deliciosa que va encerrada en cada minuto si sabemos vivirlo hasta su centro, hasta su pequeña víscera palpitante y cruenta". ¡Que gran actualidad tienen estos comentarios de Ortega, un siglo después, en pleno XXI, el de los peligros medio-ambientales para el planeta y el de pandemias mundiales como la del coronavirus de 2020!

*La segunda naturaleza* de lo social encierra para el ser humano las mismas posibilidades que la primera, paraísos e infiernos terrenales. La sociedad, como un niño pequeño se ha escapado de la escuela y a cada momento se encuentra junto a la excitación de *lo desconocido* y de las *nuevas experiencias* de lo imprevisible; con un desconocimiento y desasosiego permanente sobre que cualquier cosa maravillosa o terrible puede suceder; y también con la angustia de que aunque no suceda nada ni magnifico ni irreparable, le rodea permanentemente la inseguridad sobre qué sucederá en la hora siguiente de su escapada, un sentimiento de riesgo y aventura, pero también de ignorancia , de incertidumbre y de libertad.

### *"Seguridad Social" y aversión al riesgo*

En plena *globalización* hay un cierto regreso, por tanto, a la inseguridad del habitante de las cavernas, que paradójicamente convive con los nuevos ámbitos de seguridad y confort que nos proporciona el mundo de hoy, y con las enormes potencialidades que se abren para nuestro futuro. Al mismo tiempo que aumentan las nuevas inseguridades -catástrofes ecológicas- y seguridades -sociedad del bienestar- disminuye *la tolerancia* hacia las primeras y -como señala Smithson (1989, pág. 265)-"se encuentran considerables evidencias que sugieren, paradójicamente, que las sociedades occidentales, a pesar de vivir en muchos aspectos en entornos más seguros -seguridad social- se han convertido en sociedades con una mayor aversión al riesgo desde la Segunda Guerra Mundial. La construcción del Estado de Bienestar y la prolongación de un periodo de paz sin precedentes serían, probablemente, las causas de esa actitud".

De acuerdo con Giddens (1990, pág. 1689 de 2506) "los riesgos e incertidumbres específicas de la modernidad, puede ser descritos en función de la distribución objetiva de los mismos; tanto en intensidad como en cantidad, y en función de la experiencia del riesgo o la percepción de los mismos". Por lo que se refiere a la distribución objetiva , en su opinión, hay que tener en cuenta, en primer lugar, la intensidad de la globalización del riesgo (por ejemplo, la guerra nuclear puede poner en peligro la supervivencia de la humanidad); la globalización del riesgo en función del número creciente de eventos que afectan a todo el mundo o al menos, a un gran número de personas en el planeta (por ejemplo, los cambios en la división mundial del trabajo); el riesgo derivado del entorno creado o de la naturaleza socializada(la *infusión* del conocimiento humano en el medio ambiente material); y el desarrollo de entornos de riesgo en instituciones que afectan las oportunidades de vida de millones de personas (por ejemplo, los mercados de inversión).

Por lo que se refiere a la percepción del riesgo hay que tener en cuenta la conciencia del riesgo como tal, las *lagunas de conocimiento*; ya que los riesgos de hoy no se pueden convertir en *certezas* mediante el conocimiento religioso o mágico. Tenemos que creer en los expertos. Respecto de esta relación Berman (1988, pág. 79) mantiene que la sociedad postmoderna ha firmado una especie de pacto fáustico con los expertos en el que se pierde el alma de la seguridad a cambio de la promesa de la prosperidad. Lo que Giddens (1990, pág. 1702 de 2506) denomina *la intensidad del riesgo* es, precisamente, "el elemento básico de la *apariencia amenazadora* de las circunstancias en las que vivimos hoy en día y en las que permanentemente tenemos que gestionar social y políticamente la incertidumbre. La posibilidad de una guerra nuclear, una catástrofe ecológica, la incontenible explosión de la población, el colapso del intercambio económico global y otras posibles catástrofes globales proporcionan un horizonte inquietante de peligros para todos".

Se trata de riesgos globalizados que no respetan las divisiones entre ricos y pobres o entre las regiones del mundo; y cuya intensidad mundial trasciende todas las diferencias sociales y económicas. Giddens (1990) señala a este respecto la estrecha relación existente entre los límites de la experiencia de los grupos expertos y la distribución amplia del conocimiento sobre los riesgos. No hay que olvidar, por otra parte, que el riesgo es siempre una expectativa, una opinión, una percepción que puede coincidir, más o menos, con la realidad objetiva; y cuyas probabilidades de realización son siempre inciertas.

Para poder vivir con libertad necesitamos un cierto margen de seguridad e inseguridad, de conocimiento e ignorancia; unos márgenes que se manejan socialmente mediante la gestión de los elementos que ignoramos, de nuestras incertidumbres, de lo que consideramos falso o simplemente irrelevante y no digno de tenerse en cuenta a la hora de tomar decisiones. De forma pragmática nos intentamos orientar entre estos campos difusos de incertidumbre e ignorancia para poder manejar con éxito los peligros y los riesgos que inevitablemente conlleva la sociedad de nuestro tiempo; una época definida por una percepción relativista y crítica de *lo real*. Vivimos, paradójicamente, en un mundo más seguro y que reclama cada vez mayores dosis de seguridad (frente a la enfermedad y la vejez, frente al desempleo y la pobreza mediante el Estado de Bienestar); una sociedad que, sin embargo, se encuentra sometida a riesgos antes desconocidos (la guerra nuclear, el calentamiento global, el terrorismo internacional, las pandemias que viajan en avión y los virus de laboratorio) y también a una mayor inseguridad sobre el camino que tomará en el futuro nuestra propia vida personal, tanto desde el punto de vista afectivo como profesional.

Los riesgos de las sociedades actuales, como la guerra nuclear o el calentamiento global, han aumentado en intensidad (afectan a todos), pero también en extensión (nadie puede escapar a la división del trabajo y sus efectos); y tampoco a la flexibilización del mercado de trabajo o de instituciones clásicas como la familia, a la que, por ejemplo, fenómenos como las migraciones masivas han enfrentado con una nueva dimensión espacio-temporal dictada por la necesidad de las nuevas *familias transnacionales* de establecer *cadenas globales de cuidados* (Barañano Cid, 2016).

Los riesgos globales, tanto los que afectan a la sociedad en su conjunto como a ciertos grupos dentro de ella, son riesgos artificiales creados por una naturaleza cada vez más humanizada y por instituciones mundiales que, como el mercado de valores y divisas, pueden dar al traste con cualquier vida cotidiana en cualquier lugar del planeta. Al mismo tiempo, se trata de riesgos de los que todos somos conscientes no solo de forma teórica sino práctica; y sobre los que percibimos que incluso los expertos tienen sus límites para gestionarlos. Hay, además, una mayor distribución de información sobre los mismos. Se trata, por último, de riesgos de los que no podemos escapar refugiándonos en cielos o paraísos inventados. Los dioses han desaparecido de la escena. Tenemos que conformarnos con las seguridades que en los *puntos de acceso* a los *sistemas expertos* 'nos ofrecen las personas que los representan, aunque ignoremos lo que puede haber detrás de *esas personas*.

*Prudencia y precaución*

La incertidumbre y el riesgo pueden verse también desde la actitud de los sujetos sociales que se relacionan con los posibles sucesos y no únicamente desde la perspectiva causal. En este sentido caben dos estrategias posibles de gestión: la aceptación pragmática del riesgo y la estrategia de la anticipación. Estas opciones están dictadas por visiones, en cierto modo, antagónicas; una basada en la anticipación y el *principio de precaución* que configura gran parte de la legislación de la UE en materia de seguridad, y otra en la resiliencia, la aceptación y superación de los efectos adversos de nuestras decisiones (Wildavsky, citado en Smithson, 1989, pág. 291). La segunda -la aceptación pragmática- es compatible, además, tanto con una sensación de pesimismo subyacente como de la esperanza, que puede coexistir con ella de forma ambivalente. Giddens (1990, pág. 1817 de 2506) pone el ejemplo de la resignación a vivir en un contexto de existencia de armas nucleares que podrían desencadenar una catástrofe mundial.

La solución pragmática es no pensar en ello. "Otra reacción humana de adaptación -escribe Giddens (1990, pág. 1835 de 2506) - puede ser denominada *optimismo sostenido* que es esencialmente la persistencia de las actitudes de la Ilustración, una fe continua en la razón providencial, a pesar de los peligros que amenazan en el momento actual. ". Esta es la perspectiva de los expertos, por ejemplo, que sostienen que la disuasión nuclear ha trabajado hasta ahora y continuará trabajando en un futuro indefinido; o aquellos que han criticado escenarios ecológicos de *fin del mundo* a favor de la opinión de que se pueden encontrar soluciones sociales y tecnológicas para los grandes problemas mundiales".

Giddens (1990, pág. 1854 de 2506) también señala la posibilidad de un *pesimismo cínico* como reacción de aceptación pragmática; y, por último, de lo que llama *compromiso radical*, una actitud de contestación .

### La seguridad ontológica

Todas las inseguridades de las sociedades actuales, ya sean naturales o manufacturadas, se encuentran presididas por la más importante y definitoria de todas; la que no admite ningún *principio prudencial* y que arrostramos desde que le dimos el mordisco a la manzana del Edén, de cuya dimensión parece que nos hemos hecho por fin plenamente conscientes: nuestra inmensa ignorancia, la inseguridad epistemológica. Hoy, sobre todo, sabemos con bastante seguridad que no sabemos.

Las sociedades desarrolladas actuales tienden a volver al planteamiento socrático. "La seguridad ontológica -escribe Giddens (1990, pág. 1264 de 2506)-tiene que ver con ser o en los términos de la fenomenología, *ser-en-el-mundo*. Pero es un fenómeno emocional, en lugar de uno cognitivo; y tiene sus raíces en el inconsciente. Los filósofos nos han demostrado que en un nivel cognitivo hay pocos, si los hay, aspectos de nuestra existencia personal sobre las que podamos estar seguros. Esta es, tal vez, una parte de la reflexividad de la modernidad, pero ciertamente no se limita en su aplicación sólo a un período histórico específico. Cierta preguntas- *'¿Realmente existo?' '¿Soy la misma persona hoy que ayer?' '¿Existen realmente los demás?' '¿Lo que veo frente a mí seguirá estando allí cuando me dé la vuelta?'* no pueden responderse de una manera indubitable mediante una argumentación racional''.

Esta inseguridad epistemológica de los filósofos que nos ha acompañado siempre ha sido también en todo momento compatible con unos niveles aceptables de seguridad para que el desarrollo intelectual de esa misma *inseguridad* pueda, en primer lugar, ser alimentado. "Los filósofos plantean preguntas acerca de la naturaleza del ser, -escribe Giddens (1990, pág. 1264 de 2506)- pero no están, podemos suponer, ontológicamente inseguros en sus acciones ordinarias; y desde este punto de vista están de acuerdo con la masa de la población". "Todo aquel que niega estar seguro de alguna cosa- comenta el filósofo norteamericano Isaac Levi, citado por Smithson (1989, pág. 152)- es un neurótico. El que dice tener certeza acerca de todo es un imbécil".

Nos hemos debido acostumbrar a *vivir sin saber*, como señalaba Richard Feynman (1998); a desarrollar un sentimiento de seguridad ontológica en un contexto de *inseguridad epistemológica*, pues el ser humano ha abandonado ya aquellos tiempos de falsa plenitud en los que, tras destronar a los reyes y a los sacerdotes, puso en su lugar a la Diosa Razón. Ortega y Gasset (1966 e, pág. 168) ha señalado a este respecto que "la seguridad de las épocas de plenitud -así en la última centuria- es una ilusión óptica que lleva a despreocuparse del porvenir, encargando de su dirección a la mecánica del universo. Lo mismo el liberalismo progresista que el socialismo de Marx, suponen que lo deseado por ellos como futuro óptimo se realizará, inexorablemente, con necesidad pareja a la astronómica". Esa seguridad ha desparecido por completo en las condiciones de las sociedades desarrolladas actuales. Hemos llegado al futuro y hemos vistos que sus puertas estaban abiertas e ignorábamos hacia donde conducen.

La crítica marxista a la alienación del ser humano en la sociedad capitalista en la que su trabajo y su creatividad quedan cosificados como puras mercancías ha destacado la *negatividad* del *yo* por la *cosa*. La identidad y la esencia humanas se cosifican, pero ¿en qué consiste, en primer lugar, esa misma identidad humana que las cosas niegan? se pregunta la Sociología y la Filosofía de nuestro tiempo. Ese *yo* es una gran interrogación de una dimensión similar a la del propio *Universo* en el que se produce, por lo que si no somos capaces de fundamentarlo sobre un terreno firme cualquier crítica de la *alienación* en la sociedad posindustrial correrá siempre el riesgo de caer en el nihilismo.

Ese es el problema con la crítica marxista. Para Marx la burguesía, como señala Berman (1988) "ha hecho de la dignidad personal un simple valor de cambio. Ha sustituido las numerosas libertades escrituradas y bien adquiridas por la única y desalmada libertad de comercio" e intenta encontrar respuestas a las preguntas metafísicas en los bienes de mercado. "El primer punto -señala Berman (1988, pág. 108) es aquí el inmenso poder del mercado en las vidas íntimas de los hombres modernos: miran la lista de precios en busca de respuestas a preguntas que no son meramente económicas, sino metafísicas: preguntas acerca de qué merece la pena, qué es honorable, incluso qué es real". Esas respuestas no están, desde luego, como subraya Berman (1988), en las estanterías de los supermercados ni en los paraísos perdidos de los dioses; pero tampoco en las teleologías sociales o las ideologías con vocación de explicación de la historia y del devenir de la humanidad.

Las religiones tradicionales siguen reuniendo a millones de fieles; y, junto a ellas, se han multiplicado no solo una enorme variedad de nuevas sectas sino de *caminos de perfección* que se asientan en la dieta, en la práctica de la ciencia, en el ejercicio físico, en la sexualidad, en la agricultura biológica y en un largo etcétera de prácticas sociales. Los *dioses modernos* a los que recurrimos en busca de nuestra identidad y de nuestra seguridad ontológica, se han multiplicado. Al mismo tiempo el Universo se ha ampliado hasta el punto de que hoy creemos posible la existencia de infinitos universos paralelos; los caminos de *salvación* se han diversificado. Probablemente, exista una misma pulsión subyacente a todos ellos, pero en sus formas externas resultan hoy extraordinariamente diferentes.

"¿No es evidente que la sensación de nuestra época se parece más a la alegría y alboroto de chicos que se han escapado de la escuela?" - escribía Ortega y Gasset (1966 e, pág. 160)-. Ahora ya no sabemos lo que va a pasar mañana en el mundo; y eso secretamente nos regocija; porque eso, ser imprevisible, ser un horizonte siempre abierto a toda posibilidad, es la vida auténtica, la verdadera plenitud de la vida". Sin libertad, sin ignorancia consciente, sin incertidumbre, no hay vida propiamente dicha, pero sin seguridad no hay libertad ni tampoco vida humana, pues la angustia por perderlo todo en cualquier segundo, la haría imposible. *La seguridad ontológica,* la seguridad de ser y de seguir siendo, e incluso la aspiración a una seguridad absoluta; ese estado imposible, pero connatural con el ser humano, al que a aspiramos; ese anhelo que se cifra en la *permanencia* y *significado* del propio ser, es necesaria, tanto ayer como hoy, para la estructuración de la sociedad.

La seguridad ontológica ha sido garantizada en el pasado por sacerdotes y reyes; y también por entornos familiares y cercanos. En nuestras sociedades actuales es la adopción de valores que identifican al individuo con el devenir social y con el de la propia naturaleza, así como su convivencia y aceptación de la ignorancia (de los límites del conocimiento y de la incertidumbre de relaciones cada vez más impersonales y abstractas) las que están ocupando el papel que tenían las creencias de la antigüedad. La seguridad y la inseguridad, la confianza o la desconfianza tienden a ser gestionadas en marcos siempre complejos de vinculación y desvinculación de los sujetos de sus entornos inmediatos; ámbitos en los que lo intersubjetivo y lo social se relacionan conforme a nuevas reglas, tanto en la política, como en la economía, tanto en el arte como en la tecnología. La percepción de la inseguridad en estos nuevos marcos se produce en un contexto de aumento en la complejidad y en volumen de *transacciones sociales.* La *seguridad ontológica* ha pasado de estar fundamentada, en suma, en los marcos de creencias de la antigüedad a estarlo en complejos sistemas abstractos e impersonales con los que debemos relacionarnos.

E. Boulding (1985)ha definido la incertidumbre como una característica consustancial al razonamiento humano sano. "Ser capaz de funcionar y de vivir en medio de la incertidumbre, eso es una definición clínica de la cordura". La incertidumbre, en efecto, nos acompaña de manera consciente desde el momento en el que abandonamos la patria segura de la infancia y de la protección familiar. Hemos vivido y vivimos en escenarios inciertos tanto en el paleolítico como en las sociedades actuales; y es, precisamente, la gestión coherente de esos escenarios la que constituye la línea divisoria entre el éxito o el fracaso de la especie y de cada uno de sus individuos. Saber ignorar, hoy como siempre ha sido, es y seguirá siendo —tal vez, aún más en el futuro- una forma de *cordura*.

## LO QUE DICE LA GENTE

*No podemos saber lo que nos viene*

Las percepciones de los participantes en los grupos de discusión del CIS y en las entrevistas en profundidad muestran también una socialización global de los individuos que interactúan conforme a estas nuevas reglas de confianza-creencia en entornos desvinculados de su vida cotidiana de la que habla la teoría (Giddens, 1990). La creencia en la naturaleza está, efectivamente, siendo sustituida por una obligatoria confianza en los *grupos expertos* (*"yo prefiero ir al mecánico que hacer un tutorial en Internet*) y en los *usos sociales estructurados* .Todo ello creo que permite hablar de un mundo confiado, pero en el que parece que la gente tiene claras la existencia de importantes campos de ignorancia, riesgo e incertidumbre; y, de una complejidad que les obliga a poseer la confianza necesaria para sobrevivir (*"las cosas son lo que son, la mayor parte del tiempo son complejas"*).

*¿La confianza del avestruz?*

La desconfianza en la *democracia* o en *los entornos cambiantes* de nuestra vida personal (junto a la *inquietud* sobre los *riesgos* creados por el ser humano), nos hablan de un mundo *desconfiado* más que de uno *confiado.* No obstante, es, paradójicamente, la percepción de todas estas *incertidumbres* la que, en los relatos de la gente, parece contribuir a forjar ese *carácter* necesariamente confiado del ser humano de nuestro tiempo; pues vivir al ritmo de todos estos riesgos le exige, casi como terapia, justo lo contrario, grandes dosis de *confianza.*

La gente, como señala la teoría sociológica, no tiene otra alternativa para *vivir* que *confiar,* y así lo confiesa, tras expresar, no obstante, su *ansiedad* y sus *temores* por un futuro, del que dicen ignorar tanto los cambios que pueden provocar la tecnología y los *grupos expertos* que la controlan como las posibles convulsiones sociales debidas a la globalización. El crecimiento de la sensación de riesgo es paralelo al aumento de la conciencia de ignorar *lo que se nos viene encima* -las nuevas amenazas (terrorismo, paro, nuevas enfermedades, catástrofes ecológicas)- pero también a la existencia de esta confianza moderna en las instituciones y en los especialistas, sin la cual no se podría ya vivir.

La confianza, basada en experiencias de vida, se considera como algo necesario e inevitable; lo que es compatible con la existencia de actitudes de escepticismo o de reserva y sensaciones de impotencia, decepción y desengaño, frente a una estructura que se nos impone. Esta credibilidad podría tratarse- eso sí- de *la confianza del avestruz*, de quien cree que metiendo la cabeza bajo tierra desaparecerá el peligro; lo que -eso también- sirve para que al menos desaparezca el *stress*. *"Queremos estar más seguros"*, *"queremos ser un poco ignorantes"*, se afirmaba en los relatos.

De acuerdo con las percepciones de la gente, se puede decir que, a pesar de los temores sobre el futuro, vivimos en un *mundo confiado*, pero con nuevas percepciones de riesgo e ignorancia sobre lo que nos puede pasar. Se trata, además, de una percepción que, como ya hemos comentado, es mayor, paradójicamente, en los países más desarrollados y que cuentan con sistemas fuertes de seguridad social (Arts & Halman , 2004).

Los rasgos fundamentales que se desprenden de los relatos de la gente son estos:

• La existencia de una conciencia generalizada de los nuevos riesgos acompañada de una *confianza obligatoria* y de un cierto miedo al futuro.

• Un pesimismo *global* sobre el futuro inmediato del mundo, compatible con un contradictorio *optimismo local* sobre lo que sucederá en las sociedades desarrolladas en las que el tono obscuro, adquiere matices más tranquilizadores; es decir, la percepción de la existencia de una inseguridad *global* junto a una *seguridad local* (del *local* desde donde se hacen los comentarios -nuestro mundo desarrollado-).

• La inquietud ante la invasión de las nuevas tecnologías y la percepción de la complejidad, el stress y velocidad de los cambios que están teniendo lugar (especialmente las transformaciones del empleo y la inseguridad asociada a las mismas).

*La inseguridad cada vez es mayor*

La gente, coherentemente con lo que apunta la teoría, parece convivir con unos niveles aceptables de seguridad cotidiana; y, al mismo tiempo, con la visión de esos nuevos peligros, antes inimaginables asociados al futuro. *"Catástrofe ecológica";" guerra nuclear";*

*"terrorismo generalizado"; "enfermedades erradicadas";" la fiebre aviar";" las vacas locas y todo esto"; "estamos recuperando enfermedades erradicadas en España"; "sobre todo el SIDA"; "hoy en día no se puede comer nada"; "el mundo en general es más inseguro"* fueron algunas de las expresiones más repetidas. *"A mí lo que más me preocupa es el terrorismo internacional. Lo que más"*, se afirmaba en otro de los relatos. Alguien citaba, además, como los atentados y los desastres naturales, por efecto de los medios de comunicación, se vuelven más cercanos: *"Lo de los aviones chocando que lo hemos visto doscientas mil veces, empiezas hablar con la gente y el que no tenía un familiar, tenía un conocido, tenía un no sé qué, o lo de los terremotos que llega un momento que ves las palmeras y piensas que van a entrar en tu casa". "Terrorismo por todas las esquinas".*

La inseguridad que afecta a *la calidad de los alimentos* era otro tema recurrente: *"y ahora que ya no puedes ni comer pollo por la gripe aviar", "también muchos temas de calidad en el sistema alimenticio"; "lo de las enfermedades de los animales, todo esto. Con la fiebre aviar, las vacas locas y todo esto"*, se insistía en otra intervención. *"La peste porcina"*, se mencionaba en una tercera. Los comentarios se referían también al cambio tecnológico, que trae consigo deshumanización y falta de confianza en los otros (*"seguridad sí, pero menos seguridad de la gente. Eso hace que tú seas más inseguro y te rebotes"*), inestabilidad en el trabajo y en las relaciones personales (*"la evolución está quitando puestos de trabajo" ;"no sabes el futuro cómo puede venir" ; "se te quita de la cabeza tener hijos" ;"gente que viene de fuera y te roba tu trabajo"*). La mayoría se mostraba poco optimista respecto al futuro, de forma que no era extraño encontrar la recurrencia de adjetivos como *'muy obscuro'*, refiriéndose en general a lo que nos espera. (*"pues en otra guerra a lo mejor, que puede salir en algún momento petará la situación actual";" se vive con nerviosismo"; te buscas la seguridad privada"; los desastres naturales";" no se puede comer nada"*). Como puede comprobarse *la sociología laica* no se encuentra muy lejos de lo que sostiene la *teórica*.

Beck (1988) ha puesto de manifiesto que mientras "la fuerza impulsora de la sociedad de clases se puede resumir en la frase: ¡Tengo hambre! Por el contrario, el movimiento que se pone en marcha con la sociedad del riesgo se expresa en la frase: ¡Tengo miedo! En lugar de la comunidad de la miseria aparece la comunidad del miedo. En este sentido, el tipo de la sociedad del riesgo marca una época social en la que la solidaridad surge por miedo y se convierte en una fuerza política". En su opinión esta situación genera interrogantes sin respuesta. Se trata de las mismas dudas que claramente aparecen también en los relatos analizados.

La pérdida de identidad constituye, de acuerdo con la teoría sociológica, otro de los miedos fundamentales creados por el proceso de globalización, tanto por la presión migratoria como por las experiencias que enfrentan al consumidor a la aparición y multiplicación de un sinnúmero de productos *homogeneizados* y, a la vez *diversificados*, así como al *trauma* de tener que enfrentarse- muchas veces sin éxito- a grandes compañías sin rostro.

Los relatos se referían, no obstante, más a temas como la interferencia de los nuevos aparatos electrónicos con nuestra vida personal, la confusión entre ésta y la vida profesional, los cambios en la pareja y en la familia; y al incremento del estrés y de las ambiciones provocados por la creación artificial de nuevas necesidades; y menos a la perdida de las identidades de grupo o nacionales.

### *Lo que dice la canción, el futuro es muy oscuro*

La apelación a la ignorancia sobre el futuro sí que constituye, en cambio, una referencia recurrente en los relatos *("la evolución del mundo es un momento de mayor incertidumbre")*. Subsiste una sensación general de no saber si *lo que se avecina* será mejor o peor. Las percepciones de la gente confirman la visión de las teorías sociales de que estamos asistiendo a un crecimiento de la ignorancia sobre lo que nos va a pasar *("no lo sé, la gente, yo pienso que está asustada, vamos")*. Es algo que *'no se controla'*, aunque se mencionan también aspectos positivos ("Hay *más transparencia", "me siento mejor informado, menos ignorante"," ...hay muchos controles también", "la generación actual está ya más preparada)* y una mayor confianza respecto al futuro, en concreto, de las sociedades en las que se vive. *("yo me siento más seguro. Tiene que ver con el sitio en el que vivo"; "soy optimista, sin perjuicio de todos los baches que hay")*.

Estas percepciones positivas se caracterizan por ser reflejo de un optimismo *local*; es decir, por referirse a la isla de bienestar en la que se cree vivir *(depende de donde hables, es decir, ¿en Europa?, pues tenemos más seguridad";" también es fácil, es fácil abandonarse a la seguridad relativa de que vivimos en una sociedad..."; "yo menos riesgo respecto a mi familia')*.

En los relatos aflora, efectivamente, este *sentido común* de confianza en el lugar donde se vive y, al mismo tiempo, de resignación ante la imposibilidad de controlar la globalización. *("...no se puede ir contra la globalización, porque al final esto son habas contadas y la sociedad, el planeta, avanza por ahí")*. Un cierto *pesimismo global* convive con un discreto *optimismo local*. Se trata de un *optimismo* y de un *pesimismo* que no se encuentran igualmente repartidos entre los distintos países. Lo repito porque se trata de un dato muy revelador respecto al incremento de los campos de ignorancia y de incertidumbre. Curiosamente, conforme aumenta el nivel de desarrollo socio-político (mayor en el noroeste que en la Europa continental, y mayor también en la Europa continental que en los países mediterráneos, y en estos que en los países postcomunistas del Centro y del Este de Europa) son mayoría los que e consideran por diversas razones que el mundo es menos seguro (Arts & Halman , 2004); que se han incrementado los niveles de *incertidumbre* o de *seguridad ontológica*, de ignorancia sobre el futuro, en la terminología de Giddens (2007).

Esta paradoja de los sentimientos ambivalentes sobre el futuro en función del *lugar* y del *tiempo* en que se vive, es paralela a la percepción, a la vez, de que las nuevas generaciones vivirán peor que nosotros o como mucho igual (*"nosotros hemos ido hacia arriba y ellos van a ir hacia abajo", "es mejor no tener hijos porque..."*) y de cierta seguridad y optimismo sobre la propia vida familiar y el futuro inmediato.

Coexiste, por tanto, la expresión contradictoria de un sentimiento de incertidumbre e inseguridad respecto al mundo y otro de confianza en lo que sucederá en concreto en la *sociedad* y en el *tiempo* en los que se vive o con el control sobre nuestras vidas personales *(la protección de derechos individuales";" al consumidor, al ciudadano se le han dotado de herramientas")*. Esta actitud tal vez pueda deberse, por una parte, a una voluntad inconsciente de no *darnos por enterados*, de vivir como si no pasara nada, de *ignorar* los peligros que se tienden a ver como lejanos (la técnica del avestruz); o por otra, que se esté considerando -creo que sin mucho fundamento- que nuestras sociedades pueden aguantar cualquier transformación en un proceso siempre positivo; y que '*hagamos lo que hagamos siempre nos irá bien*' -la psicología del señorito en expresión de Ortega y Gasset (1966 e)-.

En todo caso, los sentimientos de seguridad y la percepción de los nuevos campos de ignorancia y de riesgo se expresan con cierta claridad en los relatos que ponen de manifiesto una conciencia de riesgo , incertidumbre y *miedo* respecto al futuro inmediato del mundo (*"lo que dice la canción, el futuro es muy oscuro"; "no podemos saber lo que nos viene "; "no lo sé" ; "vamos a estar muy sujetos a lo que nos impongan"; "el problema es de futuras generaciones";" se te quita de la cabeza tener hijos"*).

También predomina la sensación de pesimismo *global* sobre el futuro de las nuevas generaciones(*"nosotros hemos ido hacia arriba y ellos van a ir hacia abajo"; "iremos a peor, que vamos a peor" " en la evolución del mundo es un momento de mayor incertidumbre"; "el mundo en general es más inseguro"*) junto a una cierta y paradójica confianza difusa en el futuro a muy largo plazo de la humanidad (*"sí, en la evolución del género humano, sí la tengo"; "cuanto más conozco el pasado más fe tengo en el progreso" ;"los efectos positivos de las tecnologías" ;"los descubrimientos tecnológicos"; "yo creo que la humanidad va avanzando, aunque sea a pasos cortos"; "las desigualdades seguirán existiendo por mucho tiempo, pero yo lo que quiero pensar es en que las brechas no serán tan profundas" ;"vamos a estar todos más cerca, que es una buena oportunidad para hacer solidaridad"; "el mundo, evidentemente, aunque ha avanzado, así como un cable que se enrolla con retrocesos"; "soy optimista, sin perjuicio de todos los baches que hay"*) .

Más allá de estas percepciones lo que dicen los datos de las encuestas y estudios del CIS, los eurobarómetros, el barómetro BRIE y otras investigaciones como los estudios EVS es, sencillamente, que la gente no sabe muy bien si el mundo que se avecina será mejor o peor.

### *Nos vamos a quedar obsoletos nosotros también*

El desempleo ocasionado por el desarrollo de las nuevas tecnologías es una de las cuestiones que aparecen con mayor frecuencia en los relatos, junto a la percepción de la complejidad, el stress y la velocidad de los cambios (*"ahora las cosas cambian muy deprisa";" va a llegar un momento yo creo que nos vamos a quedar obsoletos nosotros también" "lleno de máquinas y totalmente deshumanizados", "automatizado", "mucho más robotizado"*). Esta velocidad de los cambios, afecta tanto al tiempo de ocio como al de trabajo, que se convierten en algo flexible y descontrolado (*"eso es, el estrés", "yo noto más falta de tiempo, falta tiempo para hacer", "que no haya aprendices, esto realmente es un cambio que ha pasado de la generación anterior a la nuestra"*).

La gente percibe claramente los riesgos asociados a las transformaciones del empleo (*"el trabajo va a ser el gran problema del futuro"; "hay que buscar otros puestos de trabajo"; "hoy en lugar de elaborar productos lo que hacemos es ensamblarlos"; "la evolución está quitando puestos de trabajo"; "el temor a que ganen poco dinero para poder hacer frente a la vida");* que se asocia también, en parte, a los efectos de la globalización ( *"gente que viene de fuera y te roba tu trabajo", "el desempleo ocasionado por el desarrollo de las nuevas tecnologías", "el trabajo no es estable, para nada", "antes podías decir que tenías trabajo para toda la vida", "todo eso, debido a la tecnología, ha variado sustancialmente, la forma laboral, la forma manual, la forma artesanal, ha desaparecido").*

En opinión de la gente- en esto coinciden de nuevo la sociología *teórica* y *laica-*, los cambios tecnológicos traen consigo también *deshumanización* y peligros biológicos y físicos desconocidos que contribuyen a la sensación de descontrol y a la percepción de *riesgos.* En el grupo 1, de universitarios, de los grupos de discusión del CIS, por ejemplo, uno de los integrantes comentaba: *"A mí lo más fuerte que me está pareciendo es que ahora mismo que el negocio del futuro son las empresas que están con el ADN sacando diferentes tipos de ADN y que los están registrando "...Porque cuando se descubran todos los tipos de genes que hay eso va a ser un canteo, va a hacer la gente lo que le salga de las narices. Porque hace años que se ha visto lo de la ovejita Dolly, pero es que ya se ha experimentado con humanos".* Las teorías sociológicas y los relatos coinciden, por otra parte, en señalar este stress generado tanto por la complejidad como por esta velocidad de los cambios y la aceleración de los mismos (*"todo lo que parecía ciencia ficción hace unos pocos años lo estamos viendo ahora").*

Lo expresaba con mucha claridad uno de los participantes en el grupo 5, de activos laboralmente del sector industrial que participaron en los grupos de discusión del CIS: *"Pero antes, por ejemplo, las cosas cambiaban más despacio, una persona, a lo mejor en cincuenta años las cosas daban pequeños cambios, cambios muy asumibles, cambios muy pequeños, pero ahora las cosas cambian muy deprisa, o sea, el ritmo de evolución o de involución como lo quieras llamar da igual... es muy rápido, a veces creemos que evolucionamos e involucionamos y vamos para atrás entonces claro esos cambios bum, bum, bum". "Eso es el estrés",* confirmaba otra participante en el grupo. *"Eso genera el estrés-* insistía un tercero - *y genera otras cosas también, y generará más, entonces, claro, tu a lo mejor en diez años o en cinco años de vida has experimentado los cambios que no ha vivido una persona mayor en toda su vida, y sobre todo en el tema de las tecnologías y cosas de estas el cambio que ha habido ha sido ¡brutal!". Yo noto más falta de tiempo, falta tiempo para hacer-* afirmaba una participante en el grupo de jóvenes profesionales- *Hay tanta oferta de cosas, tantas cosas que hacer. Queremos abarcar muchas cosas y entonces también por eso cambias un poco el estilo de vida".*

Una mujer del grupo 5 de discusión del CIS se explicaba así: *"Lo estamos viviendo, pero es que ahora tenemos, considero yo, una edad y un nivel cultural que nuestros mayores no han tenido, en muchos casos, ellos se han quedado obsoletos, pero es que a la velocidad que cambian las nuevas tecnologías va a llegar un momento yo creo que nos vamos a quedar obsoletos nosotros también...es que cambian las cosas demasiado rápido para, por lo menos lo digo por mi".* *"No, pero da igual,* - intervenía otro participante defendiendo el punto de vista de que la generación actual está ya más preparada para el ritmo creciente de cambios- *el problema es que ellos pasaron como aquel que dice de estar con la cabra o con la vaca en el campo a hacerse por ordenador; el salto es demasiado grande y no llegan a entenderlo, en cambio, nosotros no tenemos problemas que en vez de un ordenador tengas teclas, que sea una pantallita que tengas que tocar en el aire... pero, ya estás acostumbrado a esa tecnología".* *"Pero no podemos saber lo que nos viene* -insistía el anterior- *"es que tampoco podemos decir –* argumentaba- *que a lo mejor mañana descubren una teoría totalmente impensable".*

La ignorancia es, como muestran estos comentarios, el resultado de esas *cosas impensables*, pero ahora posibles; del ritmo impresionante de estos cambios continuos, convertidos en ideología; del desasosiego de nuestros contemporáneos ante la transformación continua de valores y saberes fluidos. Precisamente, por ello, por la aceleración de estos cambios y del movimiento de los elementos que la componen, creo que podemos hablar de nuestra época también como de *una modernidad ignorante,* una estructura que es más difícil describir y predecir.

VI

# LA FRAGMENTACIÓN DEL CONOCIMIENTO: CONFIANZA EN EL SISTEMA, EN LOS EXPERTOS Y EN LA GENTE

La *súper especialización* sería, a juzgar tanto por los análisis de la teoría sociológica como de la *sociología laica*, la gran culpable- no la única- de la creación de los nuevos e intensos campos de ignorancia de nuestro tiempo. El conocimiento se ha fragmentado hasta tal punto que están en riesgo de desaparición los marcos tradicionales de referencia colectiva que contribuyen a la configuración de lo que podríamos llamar el *sentido común*. DeNicola ha puesto de manifiesto que "el ideal democrático del ciudadano bien informado se basa en el concepto de *conocimiento común*. Pero hoy en día parece imposible en la práctica lograr un consenso sobre qué contenido debe incluir el conocimiento público básico" (DeNicola, 2017, pág. 1765). Todo es *especial*.

No solo tienden a desaparecer las referencias comunes, sino que, como ha señalado Gonçal Mayos (2009, pág. 58), "la sociedad del conocimiento, ultra especializada y a lomos de las TIC, amenaza a sus ciudadanos con la obsolescencia en todos los campos en los que no sean expertos profesionales". Will Rogers lo ha resumido diciendo que hoy "todo el mundo es ignorante, sólo que en diferentes temas" (citado por Smithson, 1989). "En la actualidad no importa si jamás nadie llega a interesarse por algunos aspectos concretos y, por supuesto, si es imposible que ningún individuo pueda conocer la totalidad del conocimiento creado colectivamente y nadie pueda hacerse cargo de la estructura del conjunto" (Gonçal Mayos ,2009, pág. 59). Eso es parte de lo que Antoni Brey (2009) llama *sociedad de la ignorancia,* Daniel Innerarity (2009) *sociedad del desconocimiento* y Mayos (2009) *sociedad de la incultura* o ,en virtud de la época donde se evidencia, *alienación postmoderna.*

### La 'alienación postmoderna' del 'hombre masa'

Esta *alienación postmoderna* es una de las claves del funcionamiento del sistema global, que se ha construido en nuestros días y cuyo nacimiento incipiente ya detectó Ortega y Gasset (1966e) en *La rebelión de las Masas.* En opinión de Ortega (1966 e, pág. 216) la técnica-junto con la democracia liberal-ha engendrado al *hombre-masa* en el sentido cuantitativo de esta expresión, pero tambíen es responsable de la su existencia en el sentido cualitativo y peyorativo del término, la que se refiere a ese animal meta-ignorante que puebla hoy nuestra civilización, *'el homo ignorans'.*

Parto del hecho, subrayado por Ortega y Gasset (1964 b, pág. 116), de que "es palmario que un ser inteligente que no entiende por qué es inteligente no es inteligente: su inteligencia es sólo presunta". Ortega nos recuerda a este respecto que Platón ya consideraba al ser humano como un *animal ignorante,* pues "ni Dios ni la bestia ignoran - aquél, porque posee todo el saber, y ésta, porque no lo ha menester" (Ortega y Gasset J., 1964 b, pág. 91). La ignorancia es nuestra seña de identidad, tanto ayer como hoy. Desde un punto de vista social, podemos hablar, de que esta ignorancia consustancial de la especie toma forma en la modernidad en dos sujetos arquetípicos, el *hombre-masa* -el *individuo-medio*-y el *experto.* Se trata de sujetos que, dada la súper-especialización y la multiplicidad de campos de experiencia, tienden a coincidir en las mismas *personas.* Estamos en una sociedad de *sabios ignorantes* (la expresión de Ortega), de *expertos ignorantes;* somos personas corrientes o legos para todo lo que no constituya nuestro campo de especialización.

Las personas corrientes, el ciudadano de la calle, el individuo-medio de hoy, el *hombre-masa,* en la terminología de Ortega y Gasset (1964 b) -el agente *lego* de los sociólogos-, en tanto que sujeto ignorante, se enfrenta a una complejidad descontrolada – *la segunda naturaleza*- que se suma al mundo natural ante el que, en primer lugar, se sintió desnudo y desprotegido; es decir, ignorante. Esta nueva ignorancia sobrevenida es una de las causas de que *la civilización* se haya vuelto en cierto modo *ingobernable;* de que el mundo se haya desbocado en palabras de Giddens (2007), ya que como señala Ortega y Gasset (1964 b) "el simple proceso de mantener la civilización actual es superlativamente complejo y requiere sutilezas incalculables. Mal puede gobernarlo este hombre- medio que ha aprendido a usar muchos aparatos de civilización, pero que se caracteriza por ignorar de raíz los principios mismos de la civilización".

Un resultado colateral de este proceso es el incremento de las ignorancias de la Sociología (Galán Machío, 2020). "La complejidad-

ha señalado Lamo de Espinosa (2018,pág 365)- explica que el enfoque de la etnosociología (suficiente para conocer la realidad social en sociedades pequeñas, cerradas y de reproducción simple que, por lo tanto, sufren escaso cambio social) no lo sea para enfrentarse al análisis de las sociedades actuales"; una reflexión, que no creo incompatible con el enfoque etnosociológico que, en parte, utilizo en este ensayo en que pongo en relación percepciones de la gente y teorías sociológicas para analizar la modernidad; pues lo que intento mostrar es como el habla de los *nativos* -otro de los apelativos que como el de *legos* aparece en la literatura sociológica para hablar de la gente común-coincide con el de los sociólogos. "El 'salvaje' – escribe Lamo de Espinosa (2018) sabe infinitamente más de las condiciones económicas y sociales de su propia existencia que el 'civilizado', en el sentido corriente del término, de las suyas". Es verdad, por tanto, que las percepciones de la gente de la modernidad, del *homo ignorans,* no explican lo que le sucede a la sociedad en la que esa gente vive, o lo hace en menor grado que en las sociedades primitivas, pero creo que los relatos si dan suficientemente cuenta del grado de ignorancia de la gente, del nivel de su desconocimiento, de su incertidumbre, de su ansiedad.

*Grupos expertos y sabios ignorantes*

En páginas anteriores me he referido a como la proliferación de los llamados *grupos expertos* constituye una de las características esenciales de nuestro tiempo; una característica, que guarda una estrecha relación con los nuevos procesos de producción de ignorancia. Por sistemas expertos Giddens (1990) entiende "sistemas de realización técnica o experiencia profesional, que organizan grandes áreas de los entornos materiales y sociales en los que vivimos hoy en día". No se trata solo de *profesionales* como los abogados, arquitectos, o médicos, a los que consultamos habitualmente sino de otros *sistemas* que constituyen la base de nuestra vida y de nuestra actividad en la sociedad postmoderna. Vivo en una casa diseñada por un arquitecto, según una normativa que ignoro, y en cuya solidez debo confiar, aunque no tenga ni idea de arquitectura. Conduzco un coche por las carreteras, sin conocer el funcionamiento mecánico del vehículo ni poder estar seguro de la consistencia técnica de la carretera. Igual podríamos decir de un avión o de cualquier otro artefacto moderno. No necesitamos presenciar ni en el tiempo ni en el espacio como se diseñó y se construyó nuestra casa, pues tenemos confianza de que en su momento se hizo adecuadamente. Hoy sustituimos continuamente nuestra ignorancia por confianza.

Los sistemas expertos y la complejidad de los sistemas y subsistemas abstractos e institucionalizados nos han expulsado del panel de mando de la sociedad. El *demos* se ha *tecnificado-*. Es más, resulta incluso problemático, siguiendo las propuestas del Juggernaut (Giddens ,2007), pensar en términos de que exista hoy tal *panel de mandos*. "El mundo - ha escrito Bauman (2002) - parece consistir en *cajas negras* herméticamente selladas que jamás deberán ser abiertas por los usuarios, manipuladas ni, menos aún, reparadas una vez que se descomponen". "Los mecánicos de hoy en día no son entrenados para reparar motores rotos o dañados, sino simplemente para extraer y deshacerse de las partes gastadas o defectuosas y reemplazarlas por otras ya prefabricadas y selladas que toman de los estantes de sus depósitos. No tienen la menor idea de la estructura interna de los 'repuestos' -expresión que ya lo dice todo-, ni del misterioso mecanismo que los hace funcionar; tampoco consideran que ese conocimiento y las habilidades que le son propias sean de su incumbencia o responsabilidad. Lo que sucede en un garaje de mecánico sucede en la vida en general: cada 'parte' es un 'repuesto' reemplazable y más vale que lo sea" (Bauman ,2002, pág. 172).

La ignorancia ha crecido como resultado de esa complejidad y superespecialización. Lo más grave, sin embargo, es lo que subraya Ortega y Gasset (1964 b), pues mientras la persona-ignorante de la antigüedad enfrentada a la naturaleza se refugiaba en el asombro y en las creencias, la actual piensa, en cambio, que sabe. Junto a esta expulsión del conocimiento especializado, el *hombre-masa* de la modernidad - cree (a pesar de su manifiesta ignorancia) que sabe; y, en consecuencia, "está tentado a opinar de todo". Es un animal ignorante que no es consciente de su ignorancia y "se muestra resuelto a imponer sus opiniones. He aquí lo nuevo: el derecho a no tener razón, la razón de la sinrazón" (1964 b)".

"Al nuevo Adán, -subraya Ortega (1964 b, pág. 189)- no se le ocurre dudar de su propia plenitud. Su confianza en sí es, como la de Adán, paradisiaca. "El hermetismo nato de su alma le impide lo que sería condición previa para descubrir su insuficiencia: compararse con otros seres". Sigue "siendo el eterno cura de aldea que rebate triunfante al maniqueo, sin haberse ocupado antes de averiguar lo que piensa el maniqueo". No puede *observar su ignorancia*; es un *meta-ignorante* o un *ignorante al cuadrado* (Ravetz, 1993).

De acuerdo con Giddens (1990), por un lado, el estudio de la vida cotidiana de estas personas comunes (las personas corrientes, la gente de la calle) es parte esencial del análisis de la reproducción de prácticas institucionalizadas. Por otro lado, este mismo *hombre-masa*, volviendo a la terminología de Ortega (1966e), pretende ser él mismo *un agente entendido*, alguien que sabe mucho sobre las condiciones y consecuencias de lo que hace en su vida cotidiana; donde, además, se siente capaz de explicar discursivamente sus acciones y las razones de las mismas, con frecuencia, *tomando prestados* y *deformando* los conceptos de las ciencias sociales y de las ciencias en general en una doble hermenéutica, que dificulta cualquier prospectiva social. No existe mecanismo de organización social o de reproducción social investigada por analistas sociales que los actores legos, las personas corrientes, *los hombres- masa*, no pueda llegar a conocer también y a incorporar en lo que hacen. Pero lo que entienden *los actores humanos corrientes* está siempre acotado, en parte, por lo inconsistente, por ideas ajenas y complicadas de las que se apropian sin un propio razonamiento intelectual y, en parte, por las propias condiciones inadvertidas y las consecuencias no buscadas de sus propias acciones. *Yo opino una opinión de otro*, se decía textualmente, de manera muy significativa, en uno de los relatos.

¿Tenemos que buscar entonces al sabio, al ser humano que conoce y controla auténticamente el proceso de las sociedades actuales en la figura del experto? Nada más alejado de la realidad. Como ha señalado Smithson (2008, pág. 215), "la especialización es una disposición de la ignorancia social". El experto es un nuevo tipo de persona ignorante. "Para progresar-escribe Ortega y Gasset (1966 e, pág. 217), la ciencia necesitaba que los hombres de ciencia se especializasen. Los hombres de ciencia, no ella misma. La ciencia no es especialista. Ipso facto dejaría de ser verdadera. Ni siquiera la ciencia empírica, tomada en su integridad, es verdadera si se la separa de la matemática, de la lógica, de la Filosofía. Pero el trabajo en ella sí tiene-irremisiblemente-que ser especializado".

Por una parte, los especialistas -los *sabios ignorantes*- no son los poseedores inobjetables del *conocimiento*, pero, por otro lado, el ideal del intelectual renacentista no es posible en las condiciones de la *modernidad ignorante*. Ni los científicos más expertos ni los intelectuales más versados, ni los eruditos más universales tienen capacidad para integrar la información disponible. "En la práctica-escribe Antoni Brey (2009) - la información disponible y el saber acumulado se han vuelto completamente inaprensibles para una mente humana que, al fin y al cabo, sigue constreñida por sus limitaciones biológicas originales".

El Leonardo Da Vinci de nuestros días es un *sistema experto* o una *base de datos* y su horizonte de conocimiento, siendo especializado, es, además, necesariamente limitado. Los especialistas y los expertos conocen hoy cada vez más tan solo parcelas concretas de su propio campo de conocimiento, pero son *hombre-masa* respecto a todas los demás, con un añadido, actúan- como subrayaba Ortega y Gasset-con una conciencia reforzada de *saber más que el resto*; dan por seguras sus opiniones en todos los ámbitos, se creen Leonardo Da Vinci sin serlo. "Debido a que la cantidad de información disponible ha crecido exponencialmente más rápido que la capacidad de los individuos para aprenderla, somos racionalmente ignorantes acerca de muchas más cosas que nuestros ancestros" (Somin, 2015, pág. 276).

El especialista "no es un sabio, -escribe Ortega (1966 e, pág. 218) porque ignora formalmente cuanto no entra en su especialidad; pero tampoco es un ignorante, porque es *un hombre de ciencia* y conoce muy bien su porciúncula de universo. Habremos de decir que es un sabio-ignorante, cosa sobremanera grave, pues significa que es un señor el cual se comportará en todas las cuestiones que ignora, no como un ignorante, sino con toda la petulancia de quien en su cuestión especial es un sabio". "Resulta que el hombre de ciencia actual -añade Ortega (1966 e, pág. 216)- es el prototipo del *hombre-masa*. Y no por casualidad, ni por defecto unipersonal de cada hombre de ciencia, sino porque la ciencia misma -raíz de la civilización-lo convierte automáticamente en hombre-masa; es decir, hace de él un primitivo, un bárbaro moderno".

Antony Brey (2009, pág. 32) lo ha resumido así: "El experto, gran especialista en una franja cada vez más estrecha del saber es, lógicamente, cada vez más ignorante en el saber de otros campos…Cuando el experto cierra la puerta de su despacho y se va a casa se convierte en uno más. Fuera de su especialidad, pasa a formar parte de la siguiente categoría: la masa... Todos somos una mezcla dinámica y cambiante de sabio, experto y masa". Esta mezcla dinámica de la que habla Antony Brey (2009) es el *sujeto* de los cambios en la *modernidad ignorante,* pero se trata de un sujeto descarnado, desalmado-como diría Ortega y Gasset (1966e)- pues no reside en el cuerpo y el alma de un hombre concreto sino en todos y en ninguno; se trata de un sujeto difuso, de *un tipo ideal,* del *homo ignorans* que, al mismo tiempo, produce, observa y padece la ignorancia.

"La suma del conocimiento de los expertos forma el extenso saber de nuestro tiempo, unos expertos, eso sí, cada vez más *híper-especializados* (Brey, 2009, pág. 30); pero ¿donde se encuentra depositada esa suma? ¿cómo funciona la dinámica entre el sabio, el experto y la masa? "Consecuencia directa de la mercantilización del conocimiento y de la profesionalización del experto-escribe Antoni Brey (2009, pág. 31)- es la disgregación del saber en áreas cada vez más desconectadas las unas de las otras y, especialmente, del resto de la sociedad". La fragmentación del conocimiento, a la vez que un gran activo, comienza a ser un gran problema.

Estamos asistiendo en este contexto, a una multiplicación de las *comunidades epistémicas*, encerradas dentro de los muros de su propio lenguaje y de su parcela de *conocimiento*. "Las comunidades epistémicas se superponen y se anidan entre sí. Todos nosotros somos activos en muchas de ellas, desde las más grandes y más generales hasta las más pequeñas y estrechamente especializadas. "La ciencia constituye una comunidad, al igual que las familias, los vecindarios, los grupos religiosos, las profesiones, las corporaciones, los cuerpos legislativos, los profesionales y sus clientes, las disciplinas académicas y muchos otros". (DeNicola, 2017, pág. 1360). Estas *comunidades epistémicas* tienden a *retroalimentarse* con su propia información-opinión de carácter endogámico constituyéndose en *islas* o *fortalezas* inimpugnables, en los *castillos* que se divisan desde los amplios *campos de ignorancia* de la red de Internet.

Las redes sociales están hoy llenas de *grupos* unidos por *creencias, aficiones, conocimientos, sentimientos* no compartidos e impermeables a la *crítica* o el *juicio* exterior. Estas nuevas *tribus* de la llamada postmodernidad tienden a competir por un *espacio relevante* en la distribución de los recursos sociales y públicos. Libran, como las antiguas *tribus* de la antigüedad, sus batallas; pero ahora en lugar de conquistar otras tierras, luchan por los *territorios virtuales* del pastel de la *publicidad* o de la *atención mediática.*

*Ignorancia, desvinculación, sistemas expertos, sistemas abstractos y fichas 'simbólicas'*

Los fenómenos de desplazamiento y desvinculación generados por la *técnica* – la superespecialización, la desvinculación y la impersonalidad de las acciones sociales- llevan aparejados la utilización en nuestro tiempo de lo que Giddens (1990) ha llamado *fichas simbólicas* (symbolic tokens) *sistemas abstractos y sistemas expertos,* propuestas teóricas que se encuentran estrechamente relacionadas con el *factor ignorancia,* con el desconocimiento por parte de la gente de lo que se encuentra tras las grandes organizaciones e instituciones de la modernidad y los *saberes* especializados .

Junto a la *fragmentación del conocimiento,* productora de nuevos *campos de ignorancia* y de *confianza,* otro fenómeno asociado al *factor ignorancia*, es precisamente este de la desvinculación espacio-temporal de los individuos en las sociedades actuales (1990, pág. 441 de 2506), que tiene como consecuencia el uso de las llamadas *fichas simbólicas* (como el dinero o las informaciones de un telediario), que se intercambian globalmente y disponen de sus propias *redes.*

En la definición de Giddens (1990, pág. 413 de 2506) todos los mecanismos de desvinculación, tanto las *fichas simbólicas* como los sistemas expertos dependen de la confianza. La confianza, por lo tanto, ya lo he señalado antes, "participa de manera fundamental de las instituciones de la modernidad; confianza en el valor del dinero, confianza en la veracidad de las noticias que recibimos en casa, confianza en los programas y los candidatos políticos; pero todas ellas, lógicamente, se basan en que esa confianza es el sustitutivo de la *correspondiente ignorancia.* Aceptamos dar una mercancía real a cambio de un billete o de una transferencia on line, votamos a un líder político o utilizamos una información que hemos obtenido de un telediario porque confiamos en estos medios, en estas *señales-simbólicas".* Sustituimos nuestra ignorancia por nuestra confianza. Se trata de una confianza en las fuentes que emiten la información, el dinero o la actuación política como han señalado autores que van desde Keynes a Simmel (1906).

En la relación que se produce entre las instituciones -*los grupos de expertos*- con las personas de carne y hueso, que habitan los entornos locales, Giddens (1990) ha distinguido entre el grupo de las que se producen mediante *compromisos cara a cara* (*facework*), que exigen la presencia física, y el grupo de las que constituyen *compromisos sin rostro,* las relaciones anónimas e impersonales, que se realizan mediante *sistemas abstractos* de referencia. Los que dan la cara por las organizaciones son los agentes de relaciones públicas, los oficinistas que trabajan *de cara al público,* los teleoperadores que, tras una larga cadena de referencias automáticas de contestadores sin alma, nos atienden finalmente para ver si pueden resolver nuestro problema.

Giddens (1990) sugiere que en las condiciones de las sociedades actuales se ha producido una socialización global de los individuos que interactúan conforme a nuevas reglas de confianza-creencia en entornos desvinculados de su vida cotidiana, pero entrelazados estrechamente con vínculos inter-personales y experiencias cercanas. Así, por ejemplo, las empresas se introducen en el mercado gracias a la confianza en la valoración que hacen millones de consumidores, que dejan sus señas de identidad y sus comentarios en las páginas web de estas compañías. Leemos los comentarios y sacamos nuestras conclusiones sobre aquellos que las han emitido, igual que antes nos fiábamos de los consejos de unos vecinos y no de lo que otros nos recomendaban. *"También soy consciente de que no tienes que ser un buenazo y creerte que el Trivago, y que lo que te dice Trivago va a misa* - confesaba uno de los entrevistados- *pues no, lo que te dice Trivago no va a misa, o lo que dice Trip Advisor, donde yo suelo poner mis..., pero bueno, te orienta mucho, yo lo veo como una gran facilidad"* (Entrevistado n 6).

La desvinculación y la re-vinculación funciona de una manera estructural y sometida a nuevas reglas que es necesario dominar. La confianza en el sistema se basa aquí en que los comentarios sobre los productos y servicios que se venden o se ofrecen son verdaderos y no están manipulados por la compañía. El uso masivo y el funcionamiento correcto de esta nueva experiencia colectiva garantiza esa confianza. Estamos encontrando fórmulas para trasladar nuestras antiguas creencias a los marcos de confianza en sistemas abstractos, para transitar de un *mundo creyente* a uno *confiado.* Ello implica una gestión social de lo que ignoramos y de lo que sabemos sobre esos sistemas. Giddens (1990, pág. 1539 de 2506) y Beck (1988), entre otros, señalan en este sentido -que hay una conexión directa (aunque dialéctica) entre las tendencias globalizadoras de la modernidad y *la transformación de la intimidad* en contextos de la vida del día a día.

Junto a esta transformación de la intimidad, ha surgido un complejo de ideas abstractas, de conceptos que se refieren a sistemas que el *homo ignorans* maneja en su vida cotidiana, aunque se refieran a realidades de las que lo desconoce casi todo. La gente vive en un mundo lleno de complejidad y de abstracciones, rodeada de sistemas y subsistemas con los que tiene que convivir; vive bombardeada por un creciente volumen de flujos de información que es incapaz de asimilar.

Tras salir de la etapa pre-moderna de las *religiones* y de las *ideologías* de la primera *modernidad* se ve atrapada por una intrincada maraña de estructuras y relaciones; y, de nuevo, por un complejo *sistema de ideas abstractas,* presentes en el complejo militar-industrial, el sistema financiero internacional, el sistema de relaciones internacionales, el medio ambiente. Sobre todo, ello debe forjarse una opinión, y, como señala Ortega (1964 b), resulta que "todas esas ideas llamémoslas así, en torno a las cuales se habla, se combate, se discute y se trucida son grotescamente confusas y superlativamente vagas". Se combate y se discute, en consecuencia, por *abstracciones.*

Desde que Ortega escribiera estas reflexiones *las ideologías,* que condujeron a dos guerras mundiales y a la guerra fría, parecen haber perdido virulencia, pero las abstracciones siguen dominando la vida de la gente. Las *ideas confusas y superlativamente vagas,* como dice Ortega (1964 b), adoptan hoy la forma de juicios sobre sistemas de los que opinamos *sin conocimiento de causa,* porque se trata a la vez de campos reservados para el conocimiento experto: el calentamiento del planeta, la estructura financiera mundial, el funcionamiento de las instituciones internacionales, el sistema de producción y distribución de energía, el sistema global de comunicaciones y de telefonía móvil, la propia *globalización.*

Vivimos en un *mundo abstracto,* en el que lo que dominan no son reyezuelos locales o mandamases de carne y hueso, sino esos *sistemas* anónimos e intrincados, que en la terminología de los relatos de la gente se convierten en un indeterminado *ellos.* Vivimos en un mundo en el que la responsabilidad tiende a diluirse. La percepción generalizada es la de que nadie en particular es responsable de lo que pasa -*de lo que nos pasa*- aunque todos vivamos instalados en la *confianza* en el sistema, porque no hay alternativa.

Nuestra vida está organizada mediante sistemas dominados por grupos de expertos, cuya actividad nos resulta tan desconocida, como a los primeros seres humanos le resultaba ese disco rojo y redondo que llamaban con los distintos nombres del *sol;* y que cada día se levanta sobre el horizonte para terminar apagándose de forma incomprensible. Y de la misma manera que aquel ser humano confiaba en que ese disco no faltaría a su cita diaria (aunque no tuviera ninguna seguridad de que fuera así), hoy no nos queda más remedio que confiar en que estos *sistemas abstractos* en los que estamos inmersos continúen proporcionando los servicios que la experiencia nos dice que se reproducirán al día siguiente.

## Confianza vs desconfianza

Albert Ogien (2015, pág. 194) ha puntualizado que "confiar es una acción que requiere tomar dos decisiones rápidas y simultáneas: (1) otorgar a la persona encargada un poder discrecional limitado; y (2) suspender la búsqueda de cualquier información adicional que reduzca la incertidumbre sobre la finalización exitosa de la transacción". Cada vez un mayor número de personas toman esas dos decisiones sobre aspectos más amplios de su vida en sociedad; viven en circunstancias en las que instituciones que vinculan las prácticas locales con las relaciones sociales globalizadas y los grupos expertos organizan aspectos principales de la vida del día a día de los individuos. Partiendo de la ignorancia sobre aspectos muy importantes del funcionamiento de estas instituciones, la confianza en ellas genera también la posibilidad de que la misma sea traicionada; y, en consecuencia, la aparición de nuevos riesgos, peligros e inseguridades, de forma que los tres términos, ignorancia, confianza, incertidumbre y riesgo se encuentran estrechamente interrelacionados.

Hay, sin embargo, diferencias entre ellos. "La disciplina bien desarrollada del análisis de la decisión prescribe cómo tomar decisiones cuando nos enfrentamos a un riesgo o incertidumbre. Una de sus prescripciones centrales es comenzar asignando probabilidades —objetivas si es riesgo, subjetivas si es incertidumbre— a los estados futuros alternativos del mundo. Pero con la ignorancia, donde esos estados ni siquiera se identifican, atribuir probabilidades es claramente imposible" (Devjani & Richard , 2015, pág. 61). Así que, paradójicamente, es el conocimiento, el creer saber de forma segura que ignoramos absolutamente algo lo que distingue la incertidumbre de la ignorancia. Pero más allá de estas diferencias el asunto central aquí es que la ausencia de conocimiento directo y de control (la ignorancia y la incertidumbre) se sustituyen por confianza, y la confianza traicionada conduce a la sensación de riesgo.

Los peligros creados por el propio ser humano, los riesgos que comporta su acción tecnológica sobre el medio ambiente, constituyen hoy una expresión de la ignorancia. Las transformaciones de los ámbitos de gestión de nuestra *ignorancia* y de *construcción* de nuestra ciencia están teniendo lugar en el contexto de una modernización epistémica, en el contexto de la globalización de la ciencia y de la diversificación de las fuerzas de trabajo (la especialización), que están alterado la composición social de los campos de investigación y abriéndolos a nuevas perspectivas, muchas veces controvertidas.

En este proceso de modernización epistémica se produce una creciente interacción directa de los científicos con sus públicos. Los científicos a veces se unen a movimientos sociales o brindan el apoyo de sus investigaciones a movimientos que han identificado riesgos ambientales, de salud y otros, pero que no han podido convencer a los responsables de formular políticas para que respondan a ellos con una mejor regulación. El conocimiento científico – señala David J. Hess-se vuelve, en consecuencia, más politizado; se encuentra más atrapado en el fuego cruzado de los conflictos sociales lo que tiene efectos ambivalentes, pero contribuye también a la identificación y al mejoramiento del problema de la que se ha dado en llamar *ciencia perdida* o *ciencia por hacer,* la *ciencia ignorada"* (J. Hess , 2015, pág. 141). Cada vez es mayor el interés por analizar el contexto social en que se produce la ciencia como ponen de relieve estudios como los emprendidos por López Ruiz (2018) sobre colectivos científicos.

La llamada *ciencia varonil,* por ejemplo, puede crear saberes perjudiciales para las mujeres o para otros grupos sociales emprendiendo investigaciones sesgadas, como las citadas por Kourany (2015) en el campo de las afecciones cardiacas y la mujer. La prohibición de determinadas investigaciones o la realización de otras en terrenos controvertidos y antisociales son también muestras de esta tendencia.

El concepto de la llamada ciencia *no hecha -undone science-* (David J. Hess, 2015), nos habla de los retos a los que se enfrenta nuestra civilización, y nos plantea como la ignorancia se produce en la economía política del campo científico, en el que se emprenden unas investigaciones, se postergan otras, e incluso se prohíben algunas como peligrosas; de forma que, como señala Joana Kempner (2015), estos *conocimientos prohibidos* que afectan a la *investigación científica* se convierten en "categorías dinámicas, cuyos contenidos cambian según la cultura", hasta tal punto que el conocimiento transgresor, el conocimiento que amenaza el orden social existente, puede tener también un efecto transformador positivo y la investigación aparentemente benigna puede ser objeto de uso malicioso.

El concepto de *ciencia por hacer* o *ciencia no hecha* (*undone science*) surge en relación con campos científicos relacionados con aplicaciones industriales (por ejemplo, en biotecnología, en tecnologías de la información, en nanotecnología), que suscitan dudas sobre lo poco que se sabe sobre sus posibles implicaciones ambientales, de salud, de seguridad o sociales. "Los académicos han introducido estos conceptos de *imaginarios tecnocientíficos* y *ciencia no hecha*, que son similares al concepto de ignorancia selectiva "en la medida en que resaltan las formas en que se puede canalizar la atención de los científicos por caminos particulares, estimulando así algunas trayectorias de investigación e inhibiendo otras" (Elliott, 2015, pág. 166).

El término '*ciencia por hacer*' se refiere a una situación de poder desigual que se asocia con el conocimiento ausente y que implica un conflicto entre reformadores, como los líderes de movimientos sociales y las elites industriales y políticas. "Por ejemplo, la *ciencia no hecha* toma la forma del siguiente lamento: si solo tuviéramos más investigación sobre X, entonces estaríamos en una mejor posición para saber cuánto riesgo implica un enfoque de laissez-faire para la regulación de X" (J. Hess , 2015, pág. 142). "La barrera de la ciencia *no hecha* puede ser en parte técnica y financiera, y, en consecuencia, es potencialmente superable a largo plazo. El reconocimiento de la ciencia no solo la *no hecha* o *por hacer*, sino la que *no puede hacerse* tiene implicaciones políticas para el despliegue de razones de precaución en el campo regulatorio, porque transforma una política preventiva de un estado temporal (una moratoria hasta que se realiza más investigación) en un estado permanente" (J. Hess , 2015, pág. 143).

Otro ejemplo muy significativo de la relación del riesgo con la ignorancia es el que sugiere la propuesta de Devjani Roy y Richard Zeckhause -los llamados CAD (Consequential Amazing Devolpment)- desarrollos sorprendentes de las consecuencias de nuestras acciones. Se trata de consecuencias como las que se produjeron con la quiebra de Lehman Brothers y la crisis económica, la elección de Trump, el Brexit, la primavera árabe, o el secesionismo catalán. Con frecuencia en las sociedades actuales son motivo de 'disputa política' las consecuencias de este tipo de sucesos 'inesperados', de catástrofes, o tragedias, que nos 'toman radicalmente por sorpresa' y nos 'golpean desprevenidos', revelando nuestra 'vulnerabilidad' (Kuhlicke, 2015, pág. 239).

El análisis de la *vulnerabilidad* de determinados colectivos sociales es otro de los campos de aplicación de la perspectiva de la Sociología de la Ignorancia -Agnotología-. " Cuando lo inesperado se materializa en destrucción imprevisible, trauma y muerte, el escrutinio público sobre los fracasos y la negligencia suele ser una consecuencia: alguien o algo debe hacerse responsable y rendir cuentas. ¿Las consecuencias drásticas no fueron previsibles o ni siquiera fueron informadas en previsión? ¿Por qué no se hicieron públicas las advertencias o se tomaron medidas para prevenir los impactos más graves? ¿Quién es realmente responsable de este lío?". (Kuhlicke, 2015)

Christian Kuhlicke (2015) ha puesto de relieve que, aunque la ignorancia haya sido un tema poco considerado en los estudios de vulnerabilidad "su estudio es vital para los esfuerzos por identificar vulnerabilidades". "En su interpretación menos explícita y más productiva- afirma (2015, pág. 245) la ignorancia está profundamente entrelazada con los procesos cotidianos que resultan en la producción sistemática de puntos ciegos; es decir, en el olvido del conocimiento, en su negligencia o en la opresión colectiva"; de forma que la ignorancia y la vulnerabilidad se cruzan de muchas maneras".

*Representación técnica*

Por otra parte, en las sociedades actuales la naturaleza y el alcance de *la representación* habría pasado de ser, esencialmente *política* y directa ( en el ámbito nacional, ciudadano, familiar o del grupo local de amistades y conocimientos directos) a ser, cada vez en más aspectos de nuestra vida, *técnica* e indirecta. Los ingenieros que construyen nuestros puentes, los pilotos que guían los aviones en los que viajamos, los arquitectos que construyen nuestras casas, los fabricantes que ponen en las grandes superficies una variedad interminable de productos manufacturados, son *individuos,* que, en cierta medida, nos *representan.* Hacen *por nosotros* lo que cada uno no podríamos jamás realizar. Son gente en la que necesariamente tenemos que confiar. La representación política conviviría hoy, por tanto, con esta red de representaciones *técnicas.* Las sociedades desarrolladas actuales se basan en la confianza en el *sistema,* en la confianza en que el mismo dispone de mecanismos que nos garantizan que las decisiones adoptadas por estos *expertos* y los *especialistas* se adoptan por individuos que persiguen el mismo fin que nosotros, que buscan en nuestro nombre nuestra utilidad y felicidad.

Los automatismos derivados de esta representación técnica en la toma de decisiones estarían, de acuerdo con esta lectura, transmitiendo a los ciudadanos la idea de que aumenta su capacidad de decidir sobre más aspectos de su vida particular, de tener *más control*; sin embargo, esta sensación de *control* se da al mismo tiempo que disminuye la confianza interpersonal. La *vida cotidiana,* la *vida personal,* se resiente en las sociedades actuales.

Entre las consecuencias no queridas de esta situación de híper-representación técnica en la que se desenvuelve hoy nuestra vida, se encuentra la de que las sociedades modernas están hoy más expuestas a los efectos de actuaciones de sujetos que desconocemos; y, en concreto, a los efectos destructores de la mentira y de la ignorancia creada deliberadamente. No sabemos si nuestros interlocutores nos dicen la verdad o nos mienten sobre la bondad de una multiplicidad creciente de productos y de objetos que nos rodean. Legislaciones muy estrictas respecto a los *falsos testimonios* como la de EE.UU. o legislaciones comerciales muy desarrolladas de control de la calidad de los productos como las de la Unión Europea son ejemplos de los mecanismos sociales que se han desarrollado para acompañar el necesario crecimiento de la confianza en los otros. Otra consecuencia de esta complejidad es el triunfo, ya comentado, del *hombre masa, el señorito-* en otra expresión acuñada por Ortega y Gasset (1966e) a principios del siglo XX-, un sujeto que nace en un mundo que da por natural, cuyas claves ignora y sobre cuyo mantenimiento se siente insolidario; en un sistema que *consume* pero que *no produce,* no *controla,* y del que no se siente responsable.

### La confianza en el sistema

Vivimos en la confianza moderna de que el sistema y sus subsistemas e instituciones funcionan, pero cada uno de nosotros seríamos incapaces de reproducir el funcionamiento de las cajas negras de las que habla Bauman (2003) en condiciones de aislamiento. Vivimos rodeados de campos de ignorancia, sobre las instituciones, los grupos expertos y los sistemas abstractos.

Una fuente primaria de los riesgos que comportan estos sistemas en los que confiamos es el requisito de que el que confía permanece parcialmente ignorante acerca del fiduciario. Tenemos únicamente, utilizando las palabras que Ortega y Gasset (1964 b) ideas *"grotescamente confusas y superlativamente vagas"* sobre el funcionamiento del entramado de grupos expertos que configuran la estructura social. Vivimos permanentemente pendientes de esos *fiduciarios;* y podemos aventurar ideas sobre su funcionamiento, e incluso ideas muy críticas, pero, al mismo tiempo, debemos convivir con los especialistas, con nuestra ignorancia sobre los saberes de los mismos.

El común de los mortales debe desarrollar dosis importantes de tolerancia ante la ignorancia que estos sistemas producen sobre su propio funcionamiento, y negociar diariamente la relación con esos ámbitos de incertidumbre no deseada, si quiere poder beneficiarse de las oportunidades que ofrecen; sin las cuales, por otra parte, sería prácticamente impensable la vida cotidiana; tan difícil como la de un ser humano primitivo que se negara a comer los frutos de los árboles porque no entendía como llegaban a producirse. No podemos vivir al margen de los sistemas *abstractos* ni de los sistemas *expertos.*

Se tiene que producir, en consecuencia, una cierta negociación con ellos que determina, dentro de la necesaria aceptación de los mismos, ciertos márgenes para conductas diversas. "El respeto de los conocimientos técnicos-escribe Giddens (1990, pág. 1228 de 2506)- por lo general existe en conjunción con una actitud pragmática hacia los sistemas abstractos, basada en actitudes de escepticismo o de reserva. Muchas personas, por decirlo así, hacen un *'pacto con la modernidad'* en términos de la confianza que confieren a los sistemas expertos".

El *homo ignorans* -nuestro arquetipo- se ve obligado a vivir entre estos nuevos campos de ignorancia e incertidumbre; a aceptarlos, a confiar en los expertos que presuntamente conocen lo que él ignora. Se trata de un pacto de aceptación consciente de la ignorancia sobre esos sistemas con el que pueden coexistir muchas orientaciones posibles; algunas de ellas ambivalentes, y que incluyen actitudes que van desde la resignación a la búsqueda de alternativas a los mismos. Como ha señalado Bauman (2005c, pág. 12) "experimentamos *ambivalencia* cuando nos debatimos en medio de impulsos contradictorios. Algo, al mismo tiempo, nos atrae y repele; deseamos un objeto con la misma fuerza que lo tememos, ansiamos su posesión tanto como sentimos miedo de poseerlo"; pero no se trata sólo de la cuestión sobre la incapacidad de decidirse; "con mayor frecuencia sentimos ambivalencia porque ese *algo* respecto al cual somos ambivalentes es ambiguo- a la vez malo y bueno, amenazante y prometedor". Ese es el caso de la *superespecialización* de la vida moderna.

Por otra parte, el crecimiento de la complejidad de la estructura social es tal que la desconexión del sistema global es hoy más difícil de lo que pudo serlo en cualquier otra época. No hay un rincón en el planeta en el que podamos ejercer de Robinson Crusoe o de eremita; en el que podamos desprendernos del mundo artificial creado por el ser humano (la *segunda naturaleza),* y decir *aquí solo vivo yo.* Hemos dado un salto hacia la complejidad y la abstracción que nos resulta irreversible y del que no podemos escapar.

Podemos decir, siguiendo una imagen sugerida por Beck (1988), que el destino del *individuo* 'de las sociedades actuales es tan inalterable como el de los miembros de los estamentos medievales. Nuestra *seguridad ontológica* ya no depende tanto de nuestra relación con ese disco rojo que sube y baja cada día en el horizonte determinando nuestra vida cotidiana; ni tampoco de nuestra relación con el cultivo de alimentos o con la protección que nos ofrece una vivienda rudimentaria o nuestros vínculos con la familia, el artesano, el jefe de la tribu, el *mandamás* local, sino con sistemas complejos a los que no siempre podemos ponerles cara. Hemos pasado de la confianza entre personas con las que pueden darse relaciones de reciprocidad e intercambios de *intimidad* a la confianza respecto a sistemas con los que no es posible.

En el caso de los sistemas abstractos, al contrario de lo que sucedía con las religiones, la confianza presupone la fe en los principios impersonales que *nos devuelven una respuesta* sólo de manera estadística cuando no entregan los resultados que el individuo busca. Giddens (1990, pág. 1548 de 2506) subraya a este respecto que esta es una de las razones principales por la que las personas en los puntos de acceso normalmente hacen grandes esfuerzos para demostrar que son dignos de confianza: "proporcionan el enlace entre la confianza personal y el sistema"; y plantea con ello que, con el desarrollo de los sistemas abstractos, la confianza en los principios impersonales, así como en otros anónimos, se convierte en indispensable para la existencia social.

Esto no quiere decir, sin embargo, "que los sistemas abstractos se manifiesten y se relacionen con los individuos -escribe Giddens (1990)- como si los mismos fueran seres espirituales o ángeles alados". Puede suceder que la confianza en los sistemas abstractos tenga que construirse sin la mediación de ningún encuentro en absoluto con los individuos o grupos que son de alguna manera *responsables* de ellos; o que dicha relación se encuentre *automatizada* (si tiene un problema con x marque 1, si tiene un problema con z, marque 2), pero suele ser más habitual que los puntos de contacto entre los sistemas abstractos y las personas, lo que Giddens (1990) llama *"puntos de acceso"*, tengan nombre y apellidos y un rostro definido que genera "compromisos cara a cara en los que se buscan indicadores de la integridad de los demás (dentro de ámbitos dados de acción)".

En esos puntos de acceso los sistemas pueden reforzar o debilitar la credibilidad que suscitan, aunque las dosis de ignorancia sobre sus contenidos y su funcionamiento se mantengan; y las relaciones con los mismos se produzcan de acuerdo con la dinámica de *los usos sociales* a los que hacía referencia Ortega y Gasset (1964 b); es decir, mediante prácticas de *desatención civil* que suponen un *ruido de fondo tranquilizador* respecto a la confianza que merece el sistema. El ser humano moderno se haya también acompañado y mecido por la costumbre, por la seguridad que otorga la colectividad y su funcionamiento regular. En consecuencia, la fe en los sistemas abstractos se sustenta, paradójicamente, en un conocimiento del que la persona común es, en gran parte, ignorante; y, por ello, cualquier fallo en los puntos de acceso a estos sistemas abstractos puede ser fatal para la continuidad de esa confianza.

En la aceptación de las relaciones que se establecen, no estamos en presencia de la *adhesión* incondicional que representaban en el siglo pasado las adscripciones a las ideologías en boga, sino de una admisión, en parte pasiva y en parte activa, como lo es toda actitud pragmática. Se trata de una resignación crítica respecto a la complejidad de la sociedad postmoderna y a los problemas que nos plantea. "Civilización avanzada -escribía Ortega y Gasset (1966 e, pág. 203) - es una y misma cosa con problemas arduos. De aquí que cuanto mayor sea el progreso, más en peligro está. La vida es cada vez mejor; pero, bien entendido, cada vez más complicada. Claro es que al complicarse los problemas se van perfeccionando también los medios para resolverlos. Pero es menester que cada nueva generación se haga dueña de esos medios adelantados".

La gestión de la complejidad y de los campos de ignorancia y de incertidumbre que la misma lleva aparejada es, por tanto, el signo de nuestro tiempo. Estamos condenados a vivir en sistemas complejos y abstractos cuyos niveles de problematicidad se han disparado. Mayos (2009, pág. 7) ha subrayado que "la hiperconexión que se produce como consecuencia de la socialización de la revolución científico-técnica nos hace incrementar la complejidad en los procesos de relación social de especie, como nunca antes se había producido. La complejidad que ha emergido es un producto evolutivo y no se puede gestionar, en contra de lo que algunos especímenes humanos piensan; lo único que podemos hacer como Homo sapiens, para enfrentarnos al futuro, es trabajar para poder manejar la incertidumbre planteando escenarios hipotéticos y aplicando modelos que, en cualquier caso, deberán contrastarse empíricamente". En su opinión es la evolución exponencial de nuestros procesos de regulación energética, la aplicación técnica de los mismos, así como el crecimiento demográfico los que están produciendo esta situación de incertidumbre sobre nuestro futuro en el planeta.

*La confianza en los especialistas*

La arquitectura de las ciudades y los entornos habitacionales actuales en el marco de la globalización se constituyen como la organización racional de la ignorancia mutua (de la utilización de *máscaras* previamente acordadas) basada en la ignorancia sobre los *otros* (convertidos en *extranjeros*). Esta *ignorancia mutua* convive, al mismo tiempo, con la necesidad que tenemos todos de confiar en otras personas de las que desconocemos el *quién,* pero conocemos el *qué,* su campo de especialización y su función social; no sabemos *quienes son,* pero sabemos *lo que hacen* y confiamos en la legitimidad y la profesionalidad de las tareas que desempeñan. Son los especialistas.

Se está produciendo un desplazamiento del campo de la política al de una *zona gris del corporativismo* y de la *sub-política tecnológica* regida por *la clase profesional* ,el paradigma de Bell (1994, pág. 31) y las burocracias de las grandes instituciones nacionales e internacionales obligadas *por ley* a garantizar *la seguridad;* lo que está dando lugar a la proliferación de estudios relacionados con la adopción de decisiones basadas en criterios como el principio de precaución (Magnus, 2008), la aceptación pragmática del riesgo y la complejidad del escenario. Estas tendencias son otra manifestación más de la necesidad de confiar en *los especialistas.*

Smithson (2008, pág. 216) ha señalado en este sentido que "la especialización y la privacidad organizada, junto con otros arreglos sociales y consensuados de ignorancia, se entrelazan con esta necesaria confianza de forma que, efectivamente, "el funcionamiento de un campo de experiencia requiere que los no expertos confíen en los expertos para justificar el conocimiento que poseen y que éstos no falsifiquen pruebas o conclusiones en el ámbito de sus competencias". Estas son las reglas de un juego, que inevitablemente ha incrementado la vulnerabilidad y la exposición a sus potenciales peligros de los que no tienen más remedio que participar en el mismo, pues- como ha señalado Smithson (2008, pág. 216)- "a pesar de los debates de larga duración sobre la naturaleza de la confianza, hay un acuerdo muy extendido entre los estudiosos que creen que ésta *implica un estado de vulnerabilidad o riesgo percibido".*

A nadie se le ocurre destripar el ordenador con el que está escribiendo o leyendo un libro porque no funciona y enfrascarse en el análisis de sus mecanismos internos— cualquiera entiende que esa conducta entraña el riesgo de meter la pata y tener luego que ir a la tienda a recurrir al informático de turno-. La gente y también los políticos conviven con esa ignorancia respecto al experto que diseña y produce tanto un computador como una política económica. Vivimos cómodamente sentados sobre el conocimiento, la tecnología, las instituciones y los *procedimientos* que otros seres humanos ponen a nuestra disposición. El análisis de la gestión social de la confianza y de la ignorancia constituye, por tanto, una aproximación necesaria al hecho social. Y este enfoque no es, por otra parte, ninguna novedad, pues como señala el Ramos Torre (2014, págs. 17-36.) la Sociología funcionalista ha insistido desde hace más de cincuenta años en este tema.

La tecnificación de la naturaleza estaría creciendo de forma paralela a la ignorancia sobre el sistema y a la sensación de descontrol. El crecimiento exponencial de la segunda naturaleza estaría provocando que ignoremos como se hacen las cosas, lo que supone que el binomio confianza-desconfianza estaría más presente en el contexto social. La superespecialización, junto con el crecimiento exponencial de la información, estarían generando nuevas ignorancias. La aceleración de los cambios sociales y tecnológicos, la multiplicación de los objetos y de las informaciones, sería paralela a estos procesos de producción de la ignorancia; la imprevisión estaría cambiando el carácter de las personas, en un contexto de multiplicación de mercancías y objetos, que estaría haciendo disminuir también nuestro grado de conocimiento sobre los mismos. Al mismo tiempo, la intimidad se estaría transformado y las relaciones personales se estarían volviendo menos previsibles, mas materialistas y más individualizadas. Este es el panorama.

Por otra parte, asistimos al protagonismo de nuevas elites profesionales, y a procesos como la burocratización de la ciencia (Bell,1994); y con ella la nueva centralidad de la universidad y, en general, de los centros vinculados a la educación superior y la investigación como los think tanks. Fuera de esos ámbitos está creciendo la *ignorancia* de los *no iniciados*. En suma, que el conocimiento se desarrolla de forma fragmentada (Scott Frickel y Abby Kinchy 2015), lo que da lugar a que se pueda hablar de una geografía de "la ignorancia en la ciencia y en los estudios tecnológicos", es decir, de ciertas ubicaciones geográficas que se convierten en *puntos de verdad* que dan credibilidad a las aseveraciones que se hacen desde los mismos.

*La desconfianza en 'los otros'*

En la vida social muchas personas, la mayor parte del tiempo, interactúan con otros a los que no conocen personalmente, de forma que, como ha señalado Simmel (citado en Giddens, 1990, pág. 1103 de 2506), el significado del término *extranjero* ha *cambiado* con la llegada de la modernidad. Nos relacionamos con gente de la que lo ignoramos prácticamente todo. El extranjero ya no es alguien que viene de un exterior desconocido y es inmediatamente identificado como alguien sospechoso, una persona de la que se ignora casi todo. Hoy la gente interactúa de forma continua, aunque fugaz, con *vecinos* a los que o bien nunca han visto antes o bien no conocen en lo absoluto. La ignorancia sobre ese otro desconocido se ha instalado en nuestra vida cotidiana; y, paradójicamente, convive con la necesidad de confiar en el otro-experto (en el profesional, en el especialista, en la cara visible de los sistemas-expertos y abstractos con los que nos relacionamos).

En estas relaciones *de la gente con la gente* aparece lo que Goffman (2005) ha llamado *la falta de atención civil,* que no es *la indiferencia* sino un tipo de relación estereotipada, que en la terminología de Ortega y Gasset ( 1964 b) es un reflejo inmediato, precisamente, del *hecho social* autentico; de la aparición de *la gente*, del surgimiento de una relación que ya no es inter-individual sino genuinamente social.

Según la definición clásica de Richard Sennett, citada por Bauman (2003, pág. 103), una ciudad es 'un asentamiento humano en el que los extraños tienen probabilidades de conocerse'; esto significa "que los extraños tienen probabilidades de encontrarse en su calidad de extraños, y que posiblemente seguirán siendo extraños tras el ocasional encuentro que termina de modo tan abrupto como comenzó". Nos relacionamos con el guardia de tráfico, le obedecemos, y al hacerlo -sin tener ninguna relación inter-individual con el sujeto en cuestión- estamos actuando de manera social. Este encuentro entre extraños-subraya Bauman (2003, pág. 104)- "es un acontecimiento sin pasado. Con frecuencia es también un acontecimiento sin futuro (se supone y se espera que esté libre de un futuro); una historia que, sin dudas, *no continuará,* una oportunidad única, que debe ser consumada plenamente mientras dura y en el acto, sin demora y sin postergaciones para otra ocasión".

En el encuentro más trivial y repetitivo de dos desconocidos en cualquier calle de nuestras ciudades se reproduce esa *falta de atención,* que es habitual en el funcionamiento de las sociedades actuales; pues la misma está perfectamente reglada y monitorizada conforme a reglas de comportamiento y de cortesía. En el sentido que le daría Ortega (1964 b) se puede decir que tal relación se ha *socializado* completamente. Se trata de un tipo de relación en el que nuestro campo de ignorancia sobre el otro se ha modificado. En este sentido Bauman (2003, pág. 10) ha señalado que "la vida urbana exige un tipo de habilidad bastante especial y sofisticada; toda una familia de habilidades que Sennett consignó bajo el rótulo de *civilidad*; es decir, la actividad que protege mutuamente a las personas y que no obstante les permite disfrutar de su mutua compañía. Usar una máscara es la esencia de civilidad. Las máscaras permiten una sociabilidad pura, ajena a las circunstancias del poder, el malestar y los sentimientos privados de todos los que las llevan. El propósito de la civilidad es proteger a los demás de la carga de uno mismo". Dicho en los términos que usaría la Agnotología *la civilización sería la organización racional de la ignorancia mutua,* de la utilización de *máscaras* previamente acordadas (Sennett, 2001).

Ahora no conocemos en profundidad a la persona que tenemos en frente, pero creemos conocer qué es lo que representa para nosotros. Si es amigable u hostil, si nos va prestar un determinado servicio y en qué condiciones debe hacerlo. Ignoramos quién sea el otro, pero no ignoramos *qué* es (un guardia de circulación, un dependiente de un comercio, un profesor de universidad). La relación con ese otro del que ignoramos el *quien,* pero no el *qué,* es ya genuinamente social y no interindividual. No vemos a la persona sino a la función. En las sociedades desarrolladas actuales ya no miramos fijamente a nadie; eso es de *mala educación,* nuestras madres nos han enseñado desde pequeños que está feo señalar con el dedo a otras personas.

A medida que las dos personas se acercan entre sí -escribe Giddens (1990, pág. 114 de 2506)-cada una escanea rápidamente el rostro de la otra, mirando a otro lado a medida que pasan de largo-lo que Goffman llama un mutuo *dar las luces;* ese vistazo concuerda un reconocimiento del otro como agente y como un conocido potencial.

"Sostener la mirada del otro sólo brevemente y a continuación, mirar hacia adelante a medida que cada uno pasa de largo del otro se iguala a una actitud de tranquilidad implícita, de ausencia de intención hostil". El mantenimiento de la falta de atención pública parece ser una presuposición muy general de la confianza presunta en los encuentros regulares con desconocidos en lugares públicos. "Esta falta de atención civil es-según Giddens (1990)- el tipo más básico de compromiso cara a cara *(facework)* involucrado en los encuentros con extraños en las circunstancias de las sociedades desarrolladas actuales, lo que también Goffman (2005) llama *interacción fuera de foco*; es decir, encuentros en los que interactuamos sin fijar la mirada en el otro; sin hacer del otro un conocido, sin querer saber su *quien* sino solo su *qué,* tratándole como un *agente de lo social.*

El *qué* de la otra persona queda definido por su función social; y, especialmente, -como ha señalado Beck (1988)- por su profesión, es decir, por su valor como agente de lo social, como encarnación del *hecho social* (Ortega ,1964 b) o del *sistema abstracto* (Giddens,1990). Ignoramos el *quien* (el extraño con el que nos relacionamos cada día) pero conocemos y confiamos en el *qué,* en su función social, al mismo tiempo que sabemos que esa confianza en el *sistema experto* en la que se desarrolla puede ser traicionada; lo que constituye una nueva fuente de incertidumbres y *peligros.*

Simmel (1906) ha subrayado como, precisamente esta evolución del conocimiento directo de las cosas y de los otros seres humanos hacia un saber mediatizado e indirecto se encuentra en el centro de la socialización moderna en una sociedad en la que "la vida descansa sobre un millar de presupuestos que el individuo nunca puede rastrear de nuevo hasta llegar a sus orígenes y verificar; pero que tiene que aceptar mediante la fe y la creencia.

La extensión de esta dependencia de las instituciones, de los grupos expertos, de los *profesionales* hace que en el mundo globalizado en el que vivimos la prevaricación y la mentira puedan ser aún más dañinas; y que todo lo relacionado con la transparencia y la opacidad, el conocimiento contrastado y la producción de ignorancia cobre un papel primordial. No resulta extraño que sociedades capitalistas avanzadas como la de EE.UU. hayan buscado en sus normas de conducta (con poco éxito a juzgar por los últimos acontecimientos) el respeto a *la verdad.*

Las sociedades actuales parecen estar más expuestas hoy a los efectos nocivos de las ignorancias conscientemente provocadas por individuos o grupos sociales. La llamada *postverdad* se ha instalado en el ámbito de la política y de las redes sociales. Hoy se considera cierto tan solo lo que tiene eco. El triunfo de políticas basadas en *verdades* o *ignorancias* construidas socialmente, como las que han llevado a Trump a la presidencia de EE.UU. serían la constatación del éxito de estas tendencias en el corazón de una sociedad calvinista que había condenado hasta ahora a la *mentira* como un cáncer social. Resulta que, de acuerdo con algunos estudios, las *mentiras* se extienden en el mundo globalizado más rápidamente que las *noticias verdaderas*. Las informaciones falsas reciben un 70% más re tuits que las veraces, es decir, que los usuarios las comparten mucho más entre sus seguidores, ayudando a multiplicar su difusión. En un análisis pormenorizado de 126.000 afirmaciones difundidas en Twitter entre 2006 y 2017 los investigadores descubrieron que las mentiras triunfan porque suelen provocar respuestas de temor, indignación y sorpresa. (País, 2018) No es de extrañar, por tanto, que la confianza en *los otros* esté disminuyendo.

En este contexto la complejidad creciente de lo social, la digitalización y la red de internet ha abierto las puertas a la actuación de los nuevos gurús mediáticos *(bloggistas, influencers,* nuevos *brujos* de la tribu), que tienen sus *públicos* y sus *creyentes.* Igual que en las sociedades primitivas los *magos* se atrevían a lanzar sus *verdades* sobre la naturaleza del fuego, del sol o de la lluvia, en la seguridad de que nadie les podría rebatir, hoy los diversos *líderes de opinión* (a izquierda y derecha del espectro político) arrojan sus promesas, sus *postverdades* y sus recetas simplificadas y falsas en las *redes sociales;* y lo hacen con el mismo desparpajo de los brujos de la antigüedad; conscientes de que la *complejidad de lo social* les garantiza la impunidad.

LO QUE DICE LA GENTE

*Confío en el sistema, porque no hay otro*

Con el sistema pasa como con los especialistas, no lo podemos sustituir a tiempo para arreglar lo que precisamos utilizar de manera inmediata. Así que la gente tiende a expresar la confianza obligatoria a la que se refiere la teoría sociológica. *"yo diría que no me queda más remedio que confiar"; "es práctico, y es necesario; vamos, a sensu contrario ¿y si desaparecen los especialistas qué hacemos?".* Se trata de una percepción que reconoce, al mismo tiempo, que hay muchos aspectos en que no se puede controlar nada: *"Hombre, confianza sí, pero, o sea, sí confío, en principio; en la práctica yo creo que hay muchos aspectos en los que el ciudadano no tiene control sobre decisiones que son tomadas contra él o sobre él; y él no puede discutirlas, no puede recurrirlas, o sea, el sistema jurídico, el sistema de reclamaciones, es un sistema complejo; lo ves, por ejemplo, con la informática ¿cómo puede un ciudadano si es difamado en Internet, Facebook, Twitter o lo que sea, como puede defenderse? No creo que haya en este momento las instituciones suficientemente ágiles, prácticas, rápidas que protejan, y eso está pasando mucho, es decir, confío en el sistema, porque no... no hay otro, digamos, en el que se pueda confiar más, pero dista mucho de ser el ideal de la confianza; es lo que nos termina pasando a muchos, qué ya no te crees nada ¿no?, la gente no se lo cree, no se lo cree, porque cuando han tenido que protegerla no la han protegido, cuando la han desahuciado, la han desahuciado sin más ni más"* (Entrevistado n7).

Los comentarios apuntan también a que se ha incrementado la desconfianza, en cierta manera paradójica, en el sistema, porque se tiende a ser más exigente. *"Yo creo que ha aumentado la desconfianza, pero no porque las instituciones sean peores sino porque la gente es más exigente también; o sea, antes decíamos que hay más conocimiento, y tal, pero es verdad que sí, eso ha contribuido a que la gente sabe, por lo menos sabe que tiene más derechos; y, entonces, exigen más, y yo creo que las instituciones no están a la altura; es decir, ni en rapidez, ni en garantías, ni en accesibilidad"* (Entrevistado n7).También influye en esta desconfianza la ausencia de explicaciones necesarias por los que tendrían que darlas. *"Yo tengo confianza, pero doy por hecho que no saben explicar las cosas, de ahí esa percepción negativa, pero que lo hacen por el bien de todos no tengo dudas"* (Entrevistado n8).

La percepción de la baja calidad de la democracia estatal y de la representación *("las decisiones, al final, las mueven los poderes económicos" )* es, en cualquier caso, ambivalente, y está acompañada de esa idea de que hoy la gente está más informada y es más exigente , así como de una cierta confianza obligatoria en la cultura democrática y en los técnicos de que disponen las instituciones y los gobiernos. Este hecho, junto con la idea de *descontrol* sobre lo *que nos sucede*, no solo por parte de los gobernados sino también de los gobernantes (*"hay un déficit, un déficit de conocimiento importante en los decisores políticos"*), se complementa con la existencia de una idea moral de que el proceso podría ser gobernado con buen sentido por esos dirigentes si *quisieran*, ya que se trata tan solo de *una cuestión de voluntad*, de una cuestión de lo que sería, en palabras de Giddens, *realismo utópico*. (*"Yo creo que es una cuestión de voluntad, de carácter", "tener valentía, de los que están al frente de estas instituciones"* eran, de hecho, algunas de las expresiones de los entrevistados sobre este tema).

En los relatos se detectan también niveles diversificados de confianza en las instituciones y su *gobernanza* (Arts & Halman, 2004). Se tiende a pensar –como señala la teoría sociológica- que los hilos de la globalización son manejados por las instituciones internacionales, las multinacionales (*"tienen más información y más conocimiento que los propios Estados*) y, en último lugar, por los gobiernos nacionales. Se desconfía más de las instituciones internacionales de carácter económico y de los Estados, lo que va acompañado de una percepción de la baja calidad de la democracia y de la representación (*"gente desengañada con la política…";"mentira, mentira, mentira"),* que viene, paradójicamente, acompañada de esa idea de que hoy la gente está más informada y es más exigente (*"la gente es más exigente también"*); y de una cierta confianza, aunque no en la democracia como institución, si en la cultura democrática y en los técnicos de que disponen las instituciones y los gobiernos (*"tiendo a confiar a nivel colectivo ¿sabes?"),* lo que es compatible con la existencia de actitudes de escepticismo o de reserva y con sensaciones de impotencia, decepción y desengaño frente a una estructura que se nos impone (*"tontos, que no pintamos nada"; "no podemos hacer nada por cambiarlo"; "el mundo es una especie de inercia... tal vez porque... carecemos de políticos carismáticos, con talento").*

La idea de la confianza en los expertos, pero no en la gente se ve también reforzada en los relatos (*"la gente es muy materialista";" la gente cada día es más falsa").* Hemos pasado de la confianza entre personas con las que pueden darse relaciones de reciprocidad e intercambios de *intimidad* a la confianza obligatoria respecto a sistemas con los que esa *intimidad* no es posible (*"siempre confío en que dentro de todas las instituciones o de la mayoría de las instituciones hay una base de profesionalidad"* ; *"para empezar, es práctico, y es necesario; vamos, a sensu contrario ¿y si desaparecen los especialistas qué hacemos?)* . Así es, ¿qué hacemos?

VII

## INFOXICACION: CRECIMIENTO EXPONENCIAL DE LA INFORMACIÓN Y DE LA IGNORANCIA

La globalización es política, tecnológica y cultural, además de económica, pero se ha visto influida, sobre todo, por cambios en los sistemas de comunicación que datan únicamente de finales de los años sesenta. Ortega y Gasset (1966 e) ya ponía de manifiesto en la primera mitad del siglo pasado, el proceso *estrechamiento del mundo*; sociólogos como Bell (1994) han destacado el papel fundamental en las sociedades actuales de la *tecnología intelectual,* que se encuentra en la base de la globalización; y en obras como las de Giddens (1990) o Berman (1988) se ha subrayado la emergencia de un *espacio-tiempo* compartido como característica esencial de las sociedades actuales.

En opinión de Lamo de Espinosa ( 2018, pág. 288) "la tensión emergente entre información, conocimiento y sabiduría" y la existencia de "un stock de conocimientos que crece con rapidez pero que no sabemos bien cómo utilizar ha venido a reforzar "las viejas teorías del progreso y del cambio social, alrededor de una tesis central, a saber, que el stock de conocimientos es probablemente la variable más relevante a la hora de entender el cambio social y la misma historia", que es producto, más que de cambios morales o institucionales, de cambios cognitivos en nuestra capacidad de controlar el entorno.

Cualquier transformación en el desarrollo de nuestras tecnologías (de *nuestras fuerzas productivas*, que diría un marxista) ha estado asociada siempre a la de nuestros conocimientos y a cambios simultáneos en nuestras habilidades de comunicación; pero el protagonismo de estas *destrezas de comunicación* es ahora esencial. Son este tipo de tecnologías las que, como expresión del desarrollo de la sociedad postindustrial, han condicionado nuestro propio sentido de vivir en *un solo mundo*. Con el surgimiento de una nueva tecnología intelectual y el incremento exponencial de la velocidad de los intercambios sociales, que se ha producido gracias a las tecnologías del transporte y la comunicación, "el tamaño del mundo-como ya hace un siglo señalaba Ortega (1966 e)-súbitamente se ha contraído, se ha reducido"- Hoy mucho más que cien años atrás; las instituciones de la modernidad serían imposibles sin esta red de comunicación y si no fuera por la puesta en común de conocimientos, pero también de *prejuicios, ignorancias* y *desconocimientos* que están representados por la *noticia*. Vivir en un mismo espacio-tiempo, y que ello sea determinante para una sociedad, no sería, sin embargo, lo nuevo, sino la impresionante dimensión global y exponencial que esta perspectiva ha adoptado en las últimas décadas.

Hoy el tema crucial, más que la propiedad de las *mercancías* o de los *medios de producción materiales,* es, efectivamente, el de la *propiedad de los datos* (incluidos los *personales)*; lo que abarca no solo el conocimiento científico sino aspectos esenciales relacionados con la intimidad y la identidad de las personas, la *organización* social del conocimiento y la ignorancia.

### La sociedad del 'conocimiento'

Aunque el término *sociedad del conocimiento*, acuñado por un experto en management empresarial, Peter Drucker, en 1969 (y adoptado por organizaciones como la UE, la OCDE, o la UNESCO) sea el tema de nuestro tiempo, tiene una larga historia en el pensamiento occidental (Brey, 2009, pág. 18). La literatura sociológica ha sido prolífica en el análisis de estos fenómenos y del desplazamiento desde una sociedad moderna, que giraba fundamentalmente alrededor del modelo industrial hacia la denominada sociedad de la información o la sociedad del conocimiento en la que predominan las *tecnologías intelectuales*.

En *El advenimiento de la sociedad post-industrial* Daniel Bell (1994) advertía ya de un cambio histórico de la transición hacia un modelo basado en la información y el conocimiento; cuyas consecuencias afectan a las relaciones de poder, la estratificación social y los sistemas de valores políticos, sociales y culturales. En su opinión paradigmas como la lucha de clases ya no explican el movimiento histórico, las fuerzas de transformación e innovación hay que buscarlas en el conocimiento, la información, la educación y el capital humano, ámbito al que se habrían desplazado las tensiones que se derivan de la lucha por el poder en toda sociedad, mediante la jerarquización del conocimiento a través de la meritocracia. A la misma conclusión han llegado, desde otra perspectiva, sociólogos como Beck (2009), que ven el Estado de Bienestar de la modernidad reflexiva como un lugar de disolución de las clases sociales, en un proceso de recreación de las relaciones entre el individuo y la sociedad, al que ha llamado *individuación*.

El problema social se plantea como la búsqueda de un modelo que acierte a gestionar la *cantidad de la información* disponible por cada uno de los individuos y su distribución, mediante un equilibrio social y cultural. La consecuencia de esta revolución comunicacional es la competencia por la *propiedad de los datos*, lo que abarca no solo el conocimiento científico sino aspectos esenciales relacionados con la intimidad y la identidad de las personas.

Mediante el uso de algoritmos y la apropiación automática (a través de procesos digitales de informaciones, que son propiedad de los consumidores o de los electores, nos encontramos ante la posibilidad de la construcción tecnológica de distopías como las recreadas en los mundos de Orwell. Los *grandes hermanos* tecnológicos, económicos, financieros, políticos, geopolíticos pueden hoy influir de manera decisiva en procesos de todo tipo, desde la elección del presidente de EE. UU a la secesión de una región como Cataluña del resto del país o el éxito de una marca comercial. El tema de nuestro tiempo más que la regulación de la propiedad de *los medios de producción* es este de la regulación de la *propiedad de los datos*. Se hace necesario determinar quién debe conocerlos y quien ignorarlos.

Daniel Bell (1994, pág. 9) ha definido la sociedad postindustrial como una sociedad en la que el principio axial es la centralidad del crecimiento teórico como fuente de innovación; "la fuente más importante de cambio estructural en la sociedad —el cambio en los modos de innovación, en la relación de la ciencia con la tecnología y en la política pública— lo constituye el cambio en el carácter del conocimiento: el crecimiento exponencial y la especialización de la ciencia, el surgimiento de una nueva tecnología intelectual".

El papel del individuo y de la sociedad habría cambiado, igual que la significación de las relaciones entre conocimiento e ignorancia. Como señala Firestein (2015, pág. 96) "en la era de Google y Wikipedia, y lo que vendrá después, los hechos están a nuestra disposición como nunca antes. Las escuelas, y en particular las universidades, tendrán que cambiar su modelo de negocio, vigente desde hace un millar de años. Ya no podemos traficar en hechos.

Debemos aprender a enseñar a apreciar lo que está más allá de los hechos, la duda, la incertidumbre y sobre todo la ignorancia. Aquí es donde se encuentra nuestra oportunidad".

"La regla es, por así decirlo, que todas las reglas deben revisarse-escribe Lamo de Espinosa (2018,326) que nada es sagrado ni seguro, que todo está sometido a crítica, a reforma, a cambio. Lo que no es sino la generalización a toda la cultura de la cartesiana «duda metódica» de la ciencia, la sistemática puesta en entredicho de todo saber que lleva al Plus Ultra siempre; Sapere aude , siempre. La modernidad —señala Giddens recordando a Popper— institucionaliza el principio de la duda radical e insiste en que todo conocimiento toma la forma de hipótesis".

Antoni Brey (2009) ha sostenido también que la revolución de la información tiene un status claramente diferenciado respecto a otros cambios en el desarrollo de las tecnologías. Brey diferencia entre dos facultades fundamentales del primate evolucionado que es el ser humano; las que tienen que ver con la manipulación del entorno y las relacionadas con nuestra capacidad para comunicarnos de forma simbólica con otros miembros de la especie. La globalización y el surgimiento de la sociedad del conocimiento o de la sociedad de la información tendrían que ver así con una *revolución* radical (que se diferenciaría sustancialmente de las anteriores) en esta segunda *capacidad* del ser humano. Es esa tecnología comunicacional la que, entre otros factores, ha precipitado el fenómeno de una *individuación global*.

La realidad es que en las sociedades actuales se están mezclando, en un *tótum* todo tipo de *cambios* que afectan a nuestra visión del mundo y del universo (revoluciones científicas como la teoría de la relatividad, hallazgos de la física cuántica, descubrimientos de la astrofísica), transformaciones que influyen en la estructuración de las sociedades (industrialización de la producción, alteraciones demográficas que separan a millones de personas de su hábitat, un crecimiento urbano, rápido y caótico, el desarrollo de los Estados nacionales y de burocracias cada vez más poderosas, nuevos movimientos sociales y de masas, un mercado capitalista mundial en expansión). Son cambios que pueden transformar incluso la propia identidad del ser humano (biotecnología) y crear importantes *traumas* y *disrupciones* en determinadas culturas.

Como ha señalado Giddens (2007, pág. 5)"en este mundo

globalizado, donde se transmiten rutinariamente información e imágenes a lo largo del planeta, todos estamos en contacto regular con otros que piensan diferente y viven de forma distinta que nosotros. Los cosmopolitas aceptan y abrazan esta complejidad cultural. Los fundamentalistas la encuentran perturbadora y peligrosa". Las informaciones, pero también las sensaciones se han multiplicado exponencialmente y circulan libremente por el planeta.

### La nueva experiencia del espacio tiempo

Lo que ha hecho este proceso imparable es el incremento exponencial de la velocidad de los intercambios sociales que se ha producido gracias a las tecnologías del transporte y la comunicación y que solo parecen tener el límite de la velocidad de la luz. Anthony Giddens (1990) ha creído encontrar el hilo conductor de todos los cambios en esta misma idea del surgimiento de una transformación radical en la experiencia del espacio-tiempo del ciudadano de nuestros días; de forma que los modos de conexión entre diferentes contextos sociales o regiones se traducen en una red a través de la superficie de la tierra como un todo.

Sin "la aparición de las tecnologías de la información y su drástica influencia en la globalización y en la reflexividad de la modernidad no podríamos explicar ninguno de estos cambios". "De pronto y de verdad, -escribía Ortega y Gasset ya en 1929 (1966 e, pág. 302) en estos últimos años recibe cada pueblo, a la hora y al minuto, tal cantidad de noticias y tan recientes sobre lo que pasa en los otros, que ha provocado en él la ilusión de que, en efecto, está en los otros pueblos o en su absoluta inmediatez. Dicho en otra forma: para los efectos de la vida pública universal, el tamaño del mundo súbitamente se ha contraído, se ha reducido. Los pueblos se han encontrado de improviso dinámicamente más próximos". Lo nuevo es que esta tendencia a la globalización de la información, que ya veía Ortega y Gasset en el siglo pasado, ha resultado hoy exponencial. La aparición y desarrollo de la TV por satélite, internet y la telefonía móvil, la estructuración del mundo *en red*, es el resultado de esas tendencias.

El punto aquí -subraya Giddens (1990, pág. 1085 de 2506) – "no es que la gente sea contingentemente consciente de muchos eventos, en todas partes del mundo, de los que previamente habrían permanecido ignorantes, sino que la extensión mundial de las instituciones de la modernidad sería imposible si no fuera por la puesta en común de conocimientos que están representados por la *noticia"*. Eso es cierto tanto en la cultura como en la economía (con el funcionamiento de los mercados monetarios globales) y tiene, como todo en esta vida, efectos positivos y negativos. El conocimiento y la ignorancia de los otros, de sus vidas, de sus ideas, de sus logros, de sus fracasos, es un elemento esencial de la estructura de la globalización, que administra los saberes y los no saberes de acuerdo con tendencias que ya no controlamos; y que, como señalaba Ortega y Gasset (1966 e), nos sitúan ante nuevos riesgos y peligros derivados, de esta *interconexión planetaria* y de una cercanía que invade nuestra *esfera personal*.

En el mundo virtual de hoy esa invasión de la intimidad ocurre de forma cotidiana con las redes sociales. Si en el periodo entreguerras, en el que escribió Ortega, el alejamiento moral entre los pueblos europeos produjo efectos devastadores, hoy factores como la aviación civil masiva, que permite una circulación diaria de millones de personas, la de los grandes buques con miles de contenedores que llevan las mercancías sin dificultad de un lugar a otro del planeta y la comunicación en red, han llegado para lo bueno, pero también para lo malo. Para el incremento del bienestar y del turismo mundial y para la posible extensión de pandemias de nuevo tipo, para las amenazas del fundamentalismo islámico o para la multiplicación de los efectos devastadores de las crisis económicas. Este es el signo de nuestro tiempo.

Berman ha señalado (1988, pág. 1) que "hay una forma de experiencia vital -la experiencia del tiempo y el espacio, de uno mismo y de los demás, de las posibilidades y los peligros de la vida- que comparten hoy los hombres y mujeres de todo el mundo de hoy. Llamaré a este conjunto de experiencias- escribe- la «modernidad». Ser modernos es encontrarnos en un entorno que nos promete aventuras, poder, alegría, crecimiento, transformación de nosotros y del mundo y que, al mismo tiempo, amenaza con destruir todo lo que tenemos, todo lo que sabemos, todo lo que somos". Lo nuevo es la dimensión que esta perspectiva y las incertidumbres que conlleva ha llegado a tener en un mundo cuyo espacio es la red, en el que "el poder puede moverse con la velocidad de la señal electrónica"

(Bauman, 2003).

*El crecimiento exponencial de la información*

Esta revolución comunicacional nos ha llevado a lo que Cornella (2000) llama *infoxicación*, un término que ha surgido para referirse, en la época de la comunicación humana *de todos con todos*, al exceso de información con efectos nocivos, que se traduce en una dificultad creciente en las sociedades desarrolladas actuales para discriminar lo importante de lo superfluo; y para seleccionar fuentes fiables y que, en consecuencia, conduce a una extensión de la ignorancia. *"No quiero saber tanto como se me ofrece"* confesaba uno de los entrevistados.

Frickel y Abby Kinchy (2015, pág. 178)han puesto de manifiesto que todo el bombo que recientemente se le está dando al *big data* parece sugerir que más datos es mejor que menos, que tener más datos mejora nuestra capacidad para generar más conocimiento, mientras que tener menos datos crea condiciones de ignorancia. Pero la ignorancia –afirman con razón estos autores –"no solo se genera a partir de la ausencia de evidencia; también puede surgir de condiciones de riqueza probatoria. Podemos ver esto más claramente al considerar las formas en que se puede producir la ignorancia al agregar o desagregar datos de manera que enmascaren la evidencia de los patrones existentes".

Estamos asistiendo a un crecimiento exponencial de la información en tales cantidades que resulta, efectivamente, inasumible para cualquier ser humano. De acuerdo con datos citados por Du Sautoy (2016) en 2014 la revista científica Nature informaba que el número de artículos científicos publicados había estado doblándose cada nueve años desde el fin de la segunda guerra mundial. "Los computadores también se están desarrollando a un ritmo exponencial. La Ley de Moore hace la observación de que la capacidad de procesamiento de los computadores parece doblarse cada dos años. El ingeniero Ray Kurzweil cree que lo mismo puede decirse del progreso tecnológico: que el ritmo de cambio tecnológico en los próximos cien años será comparable a lo que hemos experimentado en los últimos veinte mil años" (Du Sautoy, 2016).

El resultado neto de esta sobrecarga de información- ha escrito Lamo de Espinosa (2018, pág. 321) es "que se ha acentuado la diferencia entre información y conocimiento, haciendo que éste sea más valioso y aquélla menos. El problema es, crecientemente, no acceder a la información, que está disponible casi para cualquiera, sino saber discriminar la información relevante de la que no lo es, separar la información del ruido, lo importante de lo trivial…Necesitamos información sobre la información; y más tarde información sobre la información sobre la información. Y así sucesivamente… Y a medida que la información vale menos y su acceso se democratiza, el valor del conocimiento crece. Por ello las nuestras son, y de modo creciente, sociedades del conocimiento y no tanto de la información".

La ignorancia en las sociedades actuales sería también, por tanto, la otra cara de esta moneda; un producto de una falta de atención derivada de esa indiscriminada explosión de la *información,* que ha tenido como consecuencia una cierta *implosión* de su contenido y de su significado.

Paradójicamente, los mismos factores que contribuyen en el espacio-tiempo común de la globalización a la *reflexividad* y a la *transparencia* lo hacen, en la misma medida, a la *opacidad y* la *ignorancia;* de forma que con las nuevas tecnologías el saber de una persona se puede convertir en el de millones, pero también su ignorancia puede llegar a ser universal. La *información* como ha sugerido Lamo de Espinosa (2018, pág. 321) es equivalente a lo que fue la *energía* para la sociedad industrial, una energía que tiene sus *propietarios* y su *fabricas* de elaboración. El carácter exponencial del proceso (Gonçal Mayos,2009) de crecimiento de la información y la desigual distribución de la misma y de la capacidad de procesamiento ha llevado a la inevitabilidad del fraccionamiento en redes del conocimiento y que se hable de una *sociedad de la ignorancia, del desconocimiento* o de *la incultura-.*( Mayos, Brey, Innerarity , 2009).

Castells (2005), entre otros, se ha referido también a la emergencia de esta *sociedad red* en el primero de los tres volúmenes que componen su obra *La era de la información: economía, sociedad y cultura* en el que traza la historia de la revolución tecnológica y subraya la importancia de las redes digitales en la formación de una nueva estructura social y de comunicación que, sin embargo, no ha puesto fin a la influencia de los procesos políticos, las estrategias empresariales y las singularidades de cada cultura. La actual *sociedad red* genera una progresión geométrica de enlaces, informaciones y conocimientos de forma que "estaríamos ante la inevitabilidad del fraccionamiento en redes del conocimiento". Estas redes – escribe Castells (2009, págs. 24 -25)- posibilitan la aparición de lo que él llama "*autocomunicación* de masas que incrementa de forma decisiva la autonomía de los sujetos comunicantes respecto a las empresas de comunicación en la medida en que los usuarios se convierten, al mismo tiempo, en emisores y receptores de mensajes". Pero la organización en redes no es solo propia del *poder* sino de las organizaciones que se oponen al mismo". Nuevos movimientos sociales e iniciativas surgen gracias a la red en busca de *nuevas esperanza*s (Castells, 2012). Se trata, sin embargo, de movimientos que también nacen fraccionados, que tienden a *aislarse* en el interior de sus fronteras *ideológicas*.

Smithson (2015, pág. 391) ha señalado al respecto que"hay formas en que nuestras propias preferencias e inclinaciones sociales se combinan inadvertidamente con las de los demás a nuestro alrededor para generar ignorancia y meta-ignorancia colectiva, implícita, colectiva. Este tipo de construcción de ignorancia implícita procede en dos pasos. Primero, nuestras preferencias generan hábitos que limitan nuestras experiencias y, por lo tanto, el alcance de nuestro conocimiento. En segundo lugar, tendemos a asociarnos con otras personas cuyas preferencias, hábitos y experiencias son similares a las nuestras; por lo que es poco probable que nuestros amigos, compañeros de trabajo y familiares transformen fundamentalmente nuestra base de conocimiento. Y así, nosotros, junto con nuestros asociados y familias, quedamos encerrados en una célula de ignorancia auto-reforzada".

Por otra parte, el camino hacia la *tecnificación* del conocimiento y de los procesos informativos supone, como señala Lyotard (1987), que "las funciones de regulación y de reproducción se les quitan y se les quitarán más y más a los administradores y serán confiadas a autómatas", lo que ya estamos viendo con los *buscadores* de google o Wikipedia y el papel creciente de los algoritmos. Se trata, además, de un proceso en el que se multiplican y se fragmentan las *redes de opinión* que en muchos casos actúan como compartimentos estancos.

Los más interesados en la política, por ejemplo, de acuerdo con los estudios sociológicos que se han hecho al respecto, "también tienen una fuerte tendencia a discutir temas políticos solo con quienes tienen puntos de vista similares, y siguen las noticias políticas solo en medios con ideas similares ignorando el resto. Las nuevas *tribus virtuales* hacen vidas aparte. John Stuart Mill, citado por Somin (20015) puso de manifiesto que un buscador racional de la verdad debería hacer un esfuerzo especial para consultar fuentes de información con puntos de vista diferentes a los suyos. Pero, como subraya Somin (2015) estos comportamientos "tienen mucho sentido si el objetivo no es la búsqueda de la verdad, sino el entretenimiento, la validación de los puntos de vista preexistentes o el sentido de la camaradería con otros seguidores políticos", tendencias que lamentablemente acompañan a la fragmentación del *conocimiento* en las democracias de los países desarrollados.

La complejidad de las conexiones y su multiplicación a nivel global es otra de las características que contribuyen a hacer de esta explosión de información una implosión de su contenido y de su significado, es decir, una explosión también de ignorancia; pues si sumamos esa característica a la velocidad a la cual está teniendo lugar todo este proceso y a los costes crecientes de obtener, en un tiempo razonable, información pertinente (Bell,1994), vemos que su consecuencia inmediata es un incremento de la *inseguridad* sobre lo que sabemos, la multiplicación de las llamadas *postverdades* y, por tanto, de lo que ignoramos aun creyendo saberlo.

El efecto de estas características de la sociedad de la información (complejidad, velocidad, crecimiento exponencial, tecnificación) nos está conduciendo a un incremento de la riqueza colectiva (a costa de la progresiva desvinculación social de contextos locales), pero también a una creciente distribución desigual del poder, de la riqueza y del conocimiento.

La actual *sociedad en red* genera una progresión geométrica de enlaces, informaciones y conocimientos. "La veloz circulación por sus nodos posibilita una gran interactividad, productividad y creatividad, permitiendo que proliferen exponencialmente las nuevas ideas o informaciones, y que, cada vez más, sean desarrolladas colectivamente y pasen a formar parte, simultáneamente, del patrimonio de todos y de nadie" (Mayos, 2009, pág. 52). La red se convierte así en un mundo-bis, un mundo paralelo en el que navegar como lo hacemos en un mar proceloso en busca de islas del tesoro o zonas de grandes pesquerías; en suma, en un lugar para la aventura intelectual, pero también para la multiplicación de las supersticiones y de los conocimientos superficiales. Igual que el *ancho mar*, la red tiene sus peligros, sus piratas, sus armadas enfrentadas y sus profundidades desconocidas. Como ha señalado Castells (2009, pág. 103) "cualquier cosa que se cuelga en internet, con independencia de la intención del autor, se convierte en una botella lanzada al océano de la comunicación global, un mensaje susceptible de ser recibido y reprocesados de formas imprevistas".

Gonçal Mayos (2009) ha subrayado la exponencialidad de este proceso como una de sus características fundamentales. "A inicios del siglo XXI, estamos inmersos en un inmenso proceso maltlhusiano; es decir, en un crecimiento hiperbólico en la información disponible, que es muy superior, dados los límites biológicos y neuronales de la condición humana, al de la capacidad de los individuos para procesarla. El saber producido colectivamente gracias a las TIC e Internet amenazaría, según Mayos (2009, pág. 51), con superar las capacidades cognitivas de los individuos. Estaríamos en su opinión ante una "creciente desproporción entre la capacidad colectiva para crear saber y la capacidad para asumirlo e integrarlo vitalmente. Estaríamos también ante la inevitabilidad del fraccionamiento en redes del conocimiento.

La segunda característica, junto a este crecimiento exponencial inasumible de la información es la *tecnificación del mismo,* representada por el proceso de *informatización del conocimiento.* Desde ese punto de vista, lo que se anuncia-escribe Lyotard (1987, pág. 95) "no es el fin del saber, al contrario. La Enciclopedia de mañana son los bancos de datos. Éstos exceden la capacidad de cada utilizador. Constituyen la *naturaleza* para el ser humano postmoderno", el cerebro de la *'sociedad inteligente.* La *informatización de la sociedad* lleva inevitablemente, en opinión de Lyotard (1987 pago 21. 22), a plantearse "la cuestión del estatuto del saber" y de "sus efectos sobre los poderes públicos", ya que "la multiplicación de las máquinas de información afecta y afectará a la circulación de los conocimientos tanto como lo ha hecho el desarrollo de los medios de circulación de personas primero (transporte), y de sonidos e imágenes después (media)". La conclusión a la que llega es a la de que "todo lo que en el saber constituido no es traducible de ese modo, al lenguaje-máquina informatizado "será dejado de lado, y que la orientación de las nuevas investigaciones se subordinará a la condición de traducibilidad de los eventuales resultados a un lenguaje de máquina". Esta *tecnificación* del conocimiento supone que "las funciones de regulación y, por tanto, de reproducción, se les quitan y se les quitarán más y más a los administradores y serán confiadas a autómatas".

La tercera característica, junto a este crecimiento exponencial inasumible de la información y a la *tecnificación del mismo*, es el del desarrollo de la complejidad de las conexiones y su multiplicación a nivel global. Vivimos en un mundo híper-conectado globalmente (mediante centenares de millones de conexiones permanentes de alta velocidad y multitud de dispositivos tanto móviles como fijos); en un entramado sin parangón en la historia humana. Brey (2009, pág. 14) señala a este respecto que "ha aparecido una nueva categoría en la clasificación topológica de la comunicación humana, la de todos con todos, asociada a una compleja forma de red. Se trata de un hecho que constituye una verdadera revolución, comparable a la aparición del habla, la escritura o la imprenta, y que está transformando el mundo que nos rodea".

La cuarta característica es la de la velocidad a la cual están teniendo lugar estos procesos. Los cambios se miden hoy en minutos y segundos. Pronto no habrá casi nadie en el planeta que no disponga de un móvil inteligente. Los nuevos contenidos también aparecen a velocidad vertiginosa, enfrentando al ciudadano del mundo a la perplejidad y el asombro que le produce este cambio constante (y, aparentemente sin un sentido conocido) de conceptos y nuevas experiencias de las que sigue desconociendo el para qué. "La velocidad hecha de espacio y tiempo no es menos estúpida que sus ingredientes –afirmaba ya Ortega y Gasset (1966 e, pág. 164)-; pero sirve para anular aquéllos" y, como consecuencia positiva, poder "consumir en menos tiempo vital más tiempo cósmico". El mundo de las experiencias se incrementa. Con todo ello *el tiempo* en el interior de los países desarrollados se vuelve más caro mientras, paradójicamente, el tiempo de trabajo, el valor de la mano de obra mundial se abarata por la competencia de los países subdesarrollados en los que las condiciones socio laborales son pésimas, carecen de regulación o están sometidas a sistemas dictatoriales.

Con la expansión del mundo de los sentidos intercambiamos más llamadas telefónicas, viajamos con más frecuencia, asistimos a más conferencias, encontrarnos a más gente. Pero ¿con qué resultado? -Emile Durkheim, que fue el primero en subrayar las consecuencias de una mayor interacción entre las personas, -subraya al respecto Daniel Bell (1994, pág. 92)- creyó que tal cosa conduciría a una mayor *densidad moral* de la sociedad, que los individuos llegarían a ser más libres e independientes, y que "de esta mayor sociabilidad provendría un mayor desarrollo de la vida psíquica".

Esa es también, en parte, la consecuencia que sugería, hace ya casi un siglo Ortega (1966 e): "consumir en menos tiempo vital más tiempo cósmico", pero esta multiplicación exponencial del número de informaciones disponibles y de la velocidad con la que son transmitidas tiene, por otro lado, un correlato económico; tiene asociados *costes*, que implican una tendencia a la distribución injusta de esas informaciones y está dando lugar a fenómenos como la *reconversión industrial* de las empresas periodísticas, que no pueden asumirlos, poniendo así en peligro uno de los pilares del Estado democrático – la libertad de crítica y de expresión-, y también, claro está, conlleva un peligro de banalización y superficialidad de los mensajes que se intercambian.

Para hacer frente a la multiplicación exponencial de las informaciones cada vez más dependemos de lo que Ungar, (citado por De Nicola, 2017, pág. 1752), denomina *paquetes de conocimiento digeridos previamente:* "resúmenes, sumarios, anuncios, líneas de corte, titulares y artículos que prometen las cinco cosas que necesita saber sobre X". Como ha señalado Daniel Bell (1994, pág. 95), "pensando sobre la escasez en términos de costes, la sociedad postindustrial trae consigo un conjunto completamente nuevo de escaseces para la sociedad. Esquemáticamente son: los costes de información, los costes de coordinación y los costes de tiempo", "cuando la productividad es baja, el tiempo es relativamente barato, cuando la productividad es alta, el tiempo es relativamente caro. En resumen, el crecimiento económico ocasiona un aumento general de la escasez de tiempo".

En opinión de Bell (1994) la sociedad post-industrial es una sociedad de información, igual que la sociedad industrial es una sociedad productora de bienes. Pero la centralidad de la información crea algunos problemas nuevos y distintos a los que la sociedad tendrá que dar solución. Partiendo de la teoría de la utilidad clásica (que suponía que el individuo, como *homo economicus*, poseía una completa información sobre los diferentes bienes que podía alcanzar, calculaba los costes y hacía su elección maximizando sus preferencias) Bell (1994) subraya la existencia de un aumento de los costes para " reunir una información relevante", es decir, de un aumento de la ignorancia debida "a la expansión de los diferentes terrenos –económico, político, social– de atención y de implicación de los hombres"; un aumento motivado también por el hecho de que "más información no significa información completa" sino que, en todo caso, "hace la información cada vez más incompleta" y más "técnica".

"La información- escribe Daniel Bell (1994)- llega a ser, por tanto, más misteriosa, y uno debe estudiar un tema con más intensidad que en cualquier período anterior". En el mundo político, uno debe estar al tanto de las fortunas cambiantes de varias docenas de países y prestar constante atención a las situaciones políticas en media docena de zonas del mundo a un tiempo; en el ámbito internacional implica un conocimiento de la balanza de pagos, de las capacidades de primer y segundo ataque nuclear y de otros temas; para juzgar la política económica sobre el desempleo y la inflación, hay que comprender las intersecciones de la curva de Phillips, la vinculación del sistema monetario a la política fiscal y cosas semejantes.

Existe, además, en opinión de Bell (1994, pág. 91), una mayor necesidad de mediación o traducción periodística: "la noticia ya no se relata, sino que se interpreta" de forma que la especialización y la diferenciación del periodismo se convierten sin remedio en otro coste *creciente* para la sociedad; un coste al que, paradójicamente, no pueden hacer frente los medios de comunicación social asediados por la crisis de su *modelo de negocio*. Este proceso se está volviendo incontrolable.

Castells (2009, pág. 24) ha señalado como la investigación sobre la comunicación ha identificado tres grandes procesos que intervienen en la relación entre los medios de comunicación y las personas durante la emisión y recepción de noticias sobre las que los ciudadanos construyen su imagen del mundo: "el establecimiento de la agenda (agenda setting), la priorización (priming) y el enmarcado (framing)"con las que los actores sociales y políticos intervienen deliberadamente en los medios y otras redes para promover sus intereses. Estos mecanismos llevan implícitas maniobras de *ocultación* de una parte de la realidad y la suplantación de esa *parte* por el *contenido informativo* que se desea promocionar, es decir, procesos de *creación de ignorancia.*

La *producción de ignorancia* es fundamental en estas tareas de establecimiento de las agendas, priorización de las noticias y enmarcado de las mismas. El resultado es que, cada vez más conocemos cada vez menos, que nuestra ignorancia respecto al volumen de conocimientos disponibles se incrementa en un mercado global de informaciones desregulado.

### Una explosión de ignorancia

Nos movemos en un contexto en que los sistemas abstractos y los grupos de expertos producen tal cantidad de datos y de información que la misma resulta completamente inasumible para cualquier ser humano. Nos resulta imposible prestar atención a todos estos flujos para poder encontrar los datos relevantes para nuestro futuro inmediato. "La ignorancia - escribe a este respecto Proctor (2008, pág. 7)- es un producto de la falta de atención, y ya que no podemos estudiar todas las cosas, algunas necesariamente, casi todas, de hecho, debemos dejarlas de lado". De forma que las nuevas tecnologías y la proliferación de los grupos expertos están causando la proliferación de la ignorancia y nos están obligando a hacer cierto tipo de arreglos con la misma para poder convivir con ella.

"El público parece estar despertando - escribe Proctor (2008, pág. 6)-al hecho de que en medio de la explosión de la *información* se ha producido una explosión también de la ignorancia". Un ejemplo paradigmático de esta tendencia, el del analista de Medios de Comunicación-nos propone Proctor- es la historia de cómo Sut Jhally consiguió un titular en 1.991 cuando se enteró de que las personas estaban mal informadas acerca de la Guerra del Golfo, paradójicamente en proporción directa a la cantidad de televisión que habían visto sobre el asunto. Un estudio clásico de John Zaller *The nature and origins of mass opinion. New York Cambridge University Press, 1992,* citado por Castells (2009, pág. 206) descubrió también que la incertidumbre provocaba la atención hacia la información política y aumentaba la probabilidad de que se recordara. Castells comenta a este respecto que cuando la gente busca información empieza con sus valores y después trata de hallar información que los confirme. "Según una encuesta del canal de noticias de la CBS realizada en marzo de 2008 el 28% de los estadounidenses todavía creía que Saddam Hussein estuvo directamente implicado en el 11S" (Castells Olivan, 2009, pág. 254).

El tema central aquí es que en las condiciones actuales hay tres factores que se desarrollan al mismo tiempo; uno es la cantidad de información, otro es la ignorancia, que, paradójicamente, se encuentra asociada a este crecimiento descontrolado de datos, y un tercer factor es la confianza que debe generarse para convivir con esa realidad.

Los mismos factores que contribuyen en este espacio-tiempo común a la *reflexividad* y la *transparencia* lo están haciendo, en la misma medida, a la *opacidad* y la *ignorancia.* "La sociedad del conocimiento - escribe Innerarity (2009, pág. 43) -ha efectuado una radical transformación de la idea de saber, hasta el punto de que cabría denominarla con propiedad la sociedad del desconocimiento, es decir, una sociedad que es cada vez más consciente de su no-saber y que progresa, más que aumentando sus conocimientos, aprendiendo a gestionar el desconocimiento en sus diversas manifestaciones: inseguridad, verosimilitud, riesgo e incertidumbre".

El factor principal que explicaría este proceso de desarrollo de la ignorancia sería el crecimiento exponencial de la información. El término nuevo de *infoxicación* (Cornella, 2000) ha surgido para referirse precisamente a este exceso de información con efectos nocivos que se traduce en "una dificultad creciente para discriminar lo importante de lo superfluo y para seleccionar fuentes fiables de información", en un contexto del aumento de la velocidad de su producción, transmisión y recepción; de la hiperconexión y de la globalización. "Como reacción-señala Brey (2009, pág. 26) - está surgiendo una actitud de renuncia al conocimiento por desmotivación, por rendición, y una tendencia a aceptar de forma tácita la comodidad que nos proporcionan las visiones tópicas prefabricadas. Una falta de capacidad crítica, al fin y al cabo, que no es más que otra cara de nuestra creciente ignorancia". Los efectos de estas tendencias se encontrarían en los procesos de desvinculación social, el incremento de la riqueza colectiva y la distribución desigual del poder.

¿Significa todo esto que tenemos ahora más o menos incertidumbres de las que teníamos en el pasado? Smithson (2008, pág. 208) ha señalado a este respecto - "que las certezas son de aquí y de ahora. Las incertidumbres están más y más lejos. La dilación es incertidumbre. La distancia es incertidumbre". Acontecimientos lejanos de los que ignoramos todo pueden influirnos instantáneamente. La realidad es que las incertidumbres se han transformado y las nuevas tienen que ver hoy con los peligros inherentes al uso de las tecnologías (pandemias provocadas por la investigación biomédica, calentamiento del planeta, catástrofe nuclear, etc..) o con el descontrol de los procesos económicos: la deslocalización de empresas, la invasión de productos provenientes de economías emergentes, la concentración de la actividad en manos de grandes monopolios o el creciente poder de los mercados financieros anónimos. Nuestros *campos de ignorancia* se han modificado, actúan *a distancia* y están relacionados con la *superinflación* de mercancías globales y con la información sobre las mismas.

Todo ello pone patas arriba las primeras visiones optimistas sobre el surgimiento de la sociedad de la información. No está garantizado de ningún modo que la explosión informativa nos convierta en más razonables o más independientes, pero tampoco lo contrario. La red es un conjunto de datos falsos y verdaderos, relevantes e irrelevantes, un lugar donde se encuentra almacenado nuestro conocimiento, pero también nuestra ignorancia, un sitio en el que ambas se pueden multiplicar del mismo modo que lo han hecho los bienes y servicios puestos en circulación. Disponemos, y podemos disponer cada vez, más de *las herramientas* y de los *filtros* para hacer más productivo el *saber humano globalizado* y almacenado en la red, y también para que el *montón de datos* y de chatarra informativa e intelectual que contiene pueda ser adecuadamente discriminado y aislado del resto (igual que diferenciamos en nuestra pequeña ciudad el discurso de un profesor de universidad del de cualquier charlatán de taberna), pero la dinámica de estos filtros funciona en el interior de la multiplicidad de redes y en la competencia entre las mismas. Nuestra *elección* resulta, por tanto, más complicada. De nuevo podemos afirmar que la emergencia de todos estos cambios ha tenido como consecuencia la proliferación y modificación de nuestros campos de ignorancia.

Vivimos, por otra parte, en la época de la obsolescencia programada en la que no solo las maquinas que construimos sino nuestras propias concepciones del mundo parecen tener todas, igual que los yogures fechas de caducidad. Se produce un *efecto exponencial* en cualquier parámetro de medida de la actividad social que consideremos. "Los tiempos hipermodernos también podrían denominarse tiempos exponenciales. Y donde dicho comportamiento es más acusado es, sin duda, en el volumen de datos que producimos, procesamos, transmitimos y almacenamos" (Brey, 2009, pág. 24). En síntesis, vivimos una época de crecimiento exponencial de la información y de las interconexiones, pero también dela ignorancia, y ambos procesos se producen cada día a un ritmo más veloz.

## LO QUE DICE LA GENTE

*Tú opinas una opinión de alguien que se supone que sabe más que tú*

¿Coinciden las percepciones de la gente con estas ideas de la teoría sobre este exceso de información con efectos nocivos y la dificultad creciente para discriminar lo importante de lo superfluo y para seleccionar fuentes fiables? En los relatos se puede comprobar, efectivamente, la existencia de opiniones muy similares. Los *términos* y *frases* utilizadas remiten también a que se está produciendo una modificación de los campos de ignorancia asociada a este crecimiento descontrolado de la información.

Numerosos testimonios apuntan a que con las nuevas tecnologías de la comunicación se ha transformado lo que se sabe y lo que no se sabe, los conocimientos, pero también los *prejuicios,* las ignorancias y los *desconocimientos.* Aunque, en general, se coincide en que hay un volumen mayor de información disponible para todos, se señalan, a la vez, las dificultades para procesarla, la instantaneidad y el aumento de la velocidad con la que se produce, como elementos de superficialidad de los conocimientos que se adquieren. Apenas se puede encontrar un solo comentario que apunte hacía una mayor *profundidad* del conocimiento.

A la pregunta de si la ignorancia, en lo que se refiere a la vida cotidiana, es para la gente, mayor o menor, la respuesta general fue que hay menos cosas que se ignoran, o que se pueden dejar de ignorar sin excesivo esfuerzo; pero esta apreciación se ve compatible con la idea de que el conocimiento tiene un carácter *superficial,* que se tiende a *saber* de más cosas, pero con menos *profundidad.* Prevalece, no obstante, una valoración de los puntos positivos que conlleva el acceso a esa *información,* frente a la preocupación por otros asuntos como los relacionados con la disminución de la protección de la *intimidad,* derivados de los mismos procesos de *hiperinformación.* También se manifiesta un rechazo de la apropiación por terceros de los datos disponibles, y a la posible manipulación de los mismos (la injusta y antidemocrática distribución del conocimiento).

La conclusión parece ser, de acuerdo con los testimonios, que no se trata tanto de que haya más o menos ignorancia en las sociedades actuales que en las anteriores, sino que, efectivamente, se han transformado los campos de conocimiento y de ignorancia. *"Yo creo que ha ido a distinto, no a peor porque es menos profunda* (la ignorancia)*"* afirmaba uno de los entrevistados.

Se señala también que hay un volumen mayor de información disponible para todos, más cosas que despiertan la curiosidad (*"el chorro de información que tenemos ahora"; "buscas un piso tienes cincuenta portales" ,"más abiertos a la comunicación"; "conoces cosas que antes no conocías"; "una revolución enorme en el plano informativo"; "es fácil comunicarse"; "ha cambiado la forma de comunicarse"*), aunque, a la vez, el exceso de información y las dificultades para procesarla, la instantaneidad y el aumento de la velocidad, así como la superficialidad de los conocimientos que se adquieren, se mencionan como aspectos negativos (*"tú opinas una opinión de alguien que se supone que sabe más que tú"; "no sabes si es verdad una cosa o es otra"*).

*Somos menos ignorantes sobre todo lo que nos rodea que antes*

Los relatos muestran también que el incremento de la *superficialidad* y la pobreza de la información se atribuye, en parte, a su carácter *icónico y emocional.* Estaríamos asistiendo a la extensión de una información inabarcable, incontrolable y que se impone al receptor. Junto a la ventaja que ello ofrece -al poder disponer de una mayor cantidad de fuentes de información potencialmente accesibles- los testimonios señalan, coherentemente con lo apuntado por la teoría, que se estaría produciendo también una alarmante *desinformación* por superabundancia. En los *discursos* se encuentra, no obstante, (junto al reconocimiento de la disminución de la capacidad para asimilar las múltiples informaciones debida a la fragmentación del saber), la idea contradictoria de que hoy se es más consciente de lo que sucede; y que, a pesar de que la lejanía fortalece sentimientos de *insensibilidad* ante los sucesos, hay más cosas que despiertan la *curiosidad.* "*Somos menos ignorantes sobre todo lo que nos rodea que antes; pero han cambiado algunos aspectos de nuestra ignorancia, hay nuevas ignorancias* (Entrevistado n9).

A la pregunta directa de si hay más ignorancia o menos en lo que se refiere a la vida cotidiana la respuesta habitual era que hay menos: "*Yo creo que es menor, en general. Yo creo que sí, menor en general, en el ámbito laboral; Yo creo que, pues, la gente, hombre, con carácter general está más preparada; tienes muchísimo más acceso a la información* (Entrevistado n5)".

Esta percepción del incremento de la información supone que el proceso de individuación de la ignorancia no es tan evidente; y, en todo caso, que se opina que ha crecido también la formación y la capacidad de influencia de los ciudadanos: La gente *"es menos ignorante, creo que sabe mucho más, en general; y también influye mucho más con las nuevas tecnologías"*(Entrevistado N8).

Por otra parte, a juzgar, en concreto, por las respuestas de periodistas, diplomáticos y altos funcionarios, se puede observar que, tanto la ignorancia como el conocimiento, *lo que se sabe* y *lo que no se sabe*, han sufrido cambios en el ámbito temporal de las vidas de los entrevistados; cambios que coinciden con la revolución tecnológica de *internet* y con la aceleración de la globalización.

La cantidad y la accesibilidad de la información se ha multiplicado, un proceso en el que los entrevistados ven elementos positivos y negativos. Hay nuevas ignorancias y nuevas formas de conocimiento, pero se coincide en que tenemos un volumen mayor de información disponible: *"Hay distintos tipos de ignorancia y, a lo mejor, en algunas cosas puede ser más, en algunas cosas puede ser mayor* (la ignorancia) *porque, bueno, porque también es verdad que todo el mundo tecnológico, y tal, facilita muchas cosas con lo que, pues bueno, es verdad que te olvidas de otras y dejas muchas más en manos de las tecnologías."* (Entrevistado n5). *"Conoces otras costumbres y otras culturas de otras regiones, conoces cosas que antes no conocías".*

La conclusión, por tanto, es que con las nuevas tecnologías se han transformado los conocimientos, pero también los *prejuicios*, las ignorancias y los *desconocimientos'* ; y que, aunque se coincide en que hay un volumen mayor de información disponible también se señala el exceso de información y las dificultades para procesarla. *("hay más acceso a información, en general, para profesionales* "; *"la gente ha bajado en cantidad, pero ha ganado en calidad"; "las personas son más conscientes de lo que les sucede, y tienen más elementos y más herramientas para protestar; "ahora estamos más abiertos a la comunicación, realmente nos enteramos de las cosas que pasan y podemos juzgar"; "la gente tiene más información, sobre todo"; "ha aumentado mucho la curiosidad"; "ahora tenemos diversidad de canales"; "en internet tenemos la ventaja de poder buscar toda la información").*

Como plantea Firestein (2015) "en la era de Google y Wikipedia, y lo que vendrá después, los hechos están a nuestra disposición como nunca antes", pero, al mismo tiempo, se confirma que la gente es consciente de que con la explosión de la *información* se ha producido esa explosión de la ignorancia de la que habla Proctor (2008). Se cumpliría así la paradoja de que un exceso de información es equivalente a menos información. "Debido a que la cantidad de información disponible ha crecido exponencialmente más rápido que la capacidad de los individuos para aprenderla, somos racionalmente ignorantes acerca de muchas más cosas que nuestros ancestros" (Somin, 2015).

Junto a los efectos negativos de la explosión informativa asociada a la globalización de la información, la gente se refiere a otros resultados positivos como la creciente pluralidad de fuentes de información: *"La ventaja que tenemos es que también ahora estamos más abiertos a la comunicación, realmente nos enteramos de las cosas que pasan y podemos juzgar y juzgamos"; "cuando nosotros éramos más pequeños solo estaba la Primera, ahora tenemos diversidad de canales, dentro de lo que cabe, de comunicación"; "con Internet tenemos la ventaja de poder buscar toda la información que queramos de una manera muy sencilla, esto antes no estaba al alcance de todos"; "internet ha sido una revolución enorme en el plano informativo, ya no sólo te tienes que creer las milongas que te cuentan las dos televisiones partidistas"; "hay más movilidad humana", "conoces otras costumbres y otras culturas de otras regiones... conoces cosas que antes no conocías".* A la valoración de este incremento de las *fuentes de información* se une, además, el de la multiplicación de las posibilidades de comunicarse: *"Ahora estamos mucho más informados", "se lee más"; "han entrado las tecnologías, el teléfono móvil. Hay que saber manejar Internet, tienes que tener el teléfono móvil"; "tenemos Internet, la televisión, el teléfono quien tiene familia en el extranjero es fácil comunicarse; "hoy en día es muy fácil salir por ahí y pedir un teléfono a una chica... o a un chico, lo que sea"; "puedes tener compañeros en clase con los que no hablas demasiado y , sin embargo, luego por el Messenger como que hablas más".*

*No sabes si es verdad una cosa o es otra*

En general, prevalece en los comentarios de la gente ,una valoración de los puntos positivos que conlleva el acceso a la *información* y una menor preocupación por los asuntos relacionados con la disminución de la protección de la *intimidad* que conllevan los procesos de *hiperinformación*, así como la posible manipulación que ,no obstante, no deja de estar presente en los relatos(*"la gente está muy manipulada por los medios"; "la manipulación política que se produce a través de las redes sociales"; "no sabes si es verdad una cosa o es otra"; "mucho más informados, pero mucho más manipulados"; "sabes lo que quieren que sepas"; "tú tenías la información que ellos te querían contar").*

La calidad de la información es puesta en cuestión no solo por la dificultad creciente de discriminar lo verdadero de lo falso, lo bueno de lo malo, sino también por la *sospecha* de que todo ese volumen de información está ya de alguna manera contaminado por una manipulación a la que es ajeno el receptor *("pero es que esa información que tú bajas de Internet viene a lo mejor de la CNN".)*; y también, como ya he subrayado, por su carácter fundamentalmente *icónico ("antes se leía los periódicos, hoy se ve televisión o por Internet... pero es igual. Lo único que puede haber aumentado algo es el morbo de determinadas imágenes").*

En algún comentario se acuñaba el término muy expresivo de *Información desinformalizada* para hablar de todo esto, y se mencionaba que el exceso de información produce *agobio, cansancio, desidia.* En los relatos se repetían frases como *"yo creo que tienen un exceso de información"*, o hablando de la información disponible para los jóvenes: *"Viene la información sin control, entonces reciben tantas imágenes de tantos sitios y tantas cosas completamente distintas y todos quieren probar".*

La ignorancia sería también, a juzgar por los relatos de la gente, el resultado del ritmo impresionante de cambio continuo, convertido en ideología; del desasosiego de nuestros contemporáneos ante la transformación de valores y saberes fluidos y de mercancías con una obsolescencia programada. *La modernidad líquida* (Bauman,2003) sería también, por tanto, -debido a la aceleración de los cambios y del movimiento de los elementos que la componen- una estructura que es más difícil predecir.

En un contexto de *hiperinformación*, imposible de contrastar, surge y florece el mundo de lo que se ha llamado *postverdad*. Ya no importa tanto que los juicios políticos, económicos o morales respondan a *lo real*, sino que se mantengan en el tiempo, se impongan, se compartan. Los relatos determinativos y los prescriptivos, siguiendo la terminología de Lyotard (1987), tienden a confundirse. El Diccionario Oxford entronizó en 2016 este nuevo neologismo como palabra del año y como nueva incorporación enciclopédica. La *post-truth* es un término que denota circunstancias en que los hechos objetivos influyen menos en la formación de la opinión pública que los llamamientos a la emoción y a la creencia personal.

Numerosos relatos asocian la variedad y el crecimiento de las fuentes disponibles de información y opinión con *la manipulación, la inseguridad* y con este desconocimiento de lo que puede ser verdadero o falso, es decir, en nuestros términos, con la ignorancia: *"Ahora lo que pasa es que la gente está muy manipulada por los medios"; "se vota lo que los mass media, valga la expresión que no me gusta, quieren"; "estás manipulado por todos los lados, a la gente le tienes la cabeza así...pones la radio por la mañana, por la otra radio dicen lo contrario y tienen la cabeza que no sabes si es verdad una cosa o es otra"; "hay tal avalancha de información que el ser humano no tiene tiempo para analizarla, para valorarla, para pensarla. No hay sosiego, no se vive con calma". "Es contraproducente" "te vuelves inseguro"; "no sabes a quien hacerle caso, si a uno o a otro, entonces vivimos en una inseguridad".*

Se trata, además, de un incremento de la *información*, que afecta a la vida cotidiana de los individuos, lo que significa que éstos valoren positivamente los cambios que se han operado, pero que no lo hace, en la misma medida, al conocimiento de *las claves* de la gestión de la sociedad; a la información sobre las decisiones políticas o económicas: *"Creo que no hay discusión, en los elementos de la vida cotidiana, me siento más informado sobre dónde puedo adquirir determinadas cosas; me siento mejor informado si llego a una parada de autobús y veo que faltan 3 minutos para que venga el próximo autobús; me siento mejor informado y subo a ese autobús y hay servicio de wifi,¿ cómo no?. Ahora ¿para otros asuntos me siento mejor o peor informado? ¿Sobre el futuro de mi pensión me siento mejor o peor informado?, ¿sobre las decisiones de los políticos?; francamente, me siento igual; es decir, hay una tendencia natural a manifestarse de manera opaca por parte de los controladores del poder"* (Entrevistado n9).

*Internet ha provocado que se fragmenten las audiencias*

Los relatos de la gente muestran que, junto a un claro reconocimiento de la disminución de la capacidad para asimilar las múltiples informaciones (debido, entre otras razones a la fragmentación del conocimiento); se tiende a pensar que se es más consciente de lo que sucede y que, a pesar de que la lejanía fortalece sentimientos de *insensibilidad* ante los sucesos, hoy hay más cosas que despiertan la *curiosidad*.

En las percepciones se confirma que todo se ha vuelto más complicado, más complejo; en buena parte porque han aumentado el número de fuentes informativas (la inundación informativa sin criterios…), pero también porque las audiencias se han fragmentado. De acuerdo con datos muy significativos a este respecto, manejados por Castells (2009, pág. 95), en 1980 una media del 40% de los hogares con televisión estadounidenses sintonizaron uno de los tres principales canales de noticias en una misma noche. En 2006 esta cifra había descendido hasta el 18,2%. Esta tendencia se ha generalizado en todos los países, incluida España.

Todo se ha vuelto más complicado, más complejo. *"No es como antaño en los que había un único oligopolio de la información, ahora todo está mucho más mucho más fragmentado, entonces esto en mi opinión le añade complicación, añade complicación, complica, con lo cual yo creo que se aumenta el nivel de incertidumbre, que es ignorancia al fin al cabo…"* (Entrevistado n4); en buena parte, efectivamente, porque han aumentado el número de fuentes informativas y las audiencias. *"Internet ha provocado que se fragmenten las audiencias, que los blogueros cada uno tiene una serie de seguidores …y entonces hacen que los "influenciadores" se hayan multiplicado"* (EntrevistadoN4); pero también porque se han multiplicado *los actores* que cuentan en todos los campos sociales, especialmente en el ámbito internacional: *"Yo creo que la incertidumbre era menor, puesto que había menos agentes …" estás más pendiente de lo que opinan otros actores que de lo que podías opinar hace, no sé, 20 años ¿no?"* (Entrevistado n 6). *"Sí, o qué se nos escapa más el control, hay más…; sí, a lo mejor hay más fuerzas, claro también como consecuencia de la globalización porque antes, bueno, pues más o menos, hombre… no es que viviéramos en un mundo aislado, pero lo que nos pasaba… a nosotros, pues, bueno, estaba aquí"* (Entrevistado n5).

*La gente tiene más datos, pero no sé si sabe utilizarlos*

Los aspectos negativos de la explosión informativa a los que hace referencia la idea de la *infoxicación* (Cornella, 2000) sobre una información inabarcable, incontrolable, y que se impone al receptor, es también ampliamente comentada. Los discursos de la gente apuntan a que las tendencias a la *desinformación* por superabundancia de datos (*empacho* dice uno de los entrevistados) se imponen a las que señalan la ventaja de disponer de una mayor cantidad de fuentes de información.

Desde la perspectiva de lo que una persona tiene que manejar en su vida personal se afirma que la disminución de la ignorancia tiene que ver con el crecimiento de la sensación de conocer más cosas y tener, por tanto, más opciones y más influencia en lo que sucede; lo que, probablemente, sitúa esta percepción en el terreno de las *apariencias*. La afirmación de que la gente *con carácter general está más preparada* sería compatible con la idea, también compartida, de que el conocimiento es menos profundo, y está más expuesto a la manipulación; y con la tesis de la *individuación de la ignorancia*. La preparación de la que se habla es más *extensiva* que *intensiva*, más *cuantitativa* que *cualitativa*. La idea general vuelve a ser la de que con internet hay más información, pero menos profunda.

En los relatos se repite también junto a esta percepción del incremento de la *superficialidad* y de la pobreza de la información, la idea de que, además, no se está en disposición de digerirla adecuadamente (*"el tener al alcance de la mano el conocimiento, no resuelve el problema de la ignorancia"; "nos sobrepasa este exceso de información, la consideramos trivial";" la gente tiene más datos, pero no sé si sabe utilizarlos; no sé hasta qué punto toda la información que existe la aprovechan; "es menos profundo, digamos el conocimiento de los temas; "es una información que está claro, mucha gente lo piensa, que no necesariamente implica un conocimiento profundo de las cosas"; "hay tal avalancha de información que el ser humano no tiene tiempo para analizarla"; "la información está disponible, la puedes obtener, pero el que la tiene no tiene los elementos, las claves para interpretarla"; "y ahora con más información se siguen equivocando igual"; ahora tienes más opciones, pero tienes que dedicar mucho más tiempo a estudiar*. Esta superficialidad se atribuye al *exceso de información*, pero también a factores como su carácter *icónico*.

A la pregunta de si hay más ignorancia o menos en lo que se refiere a la vida cotidiana la respuesta general es que hay menos; lo que es compatible con la idea de que el conocimiento se ha fragmentado y tiene un carácter *superficial* (*"información hay mucha, hay una información parcial inconexa no estructurada"; "información desinformalizada"; internet ha provocado que se fragmenten las audiencias"; hay mucha información y poca formación"*).

Se señala también que esta explosión informativa está teniendo como consecuencia no deseada un incremento de la *inseguridad* (*"no sabes a quien hacerle caso, si a uno o a otro, entonces vivimos en una inseguridad";" una pantalla tonta te dice todo lo que ha pasado";" lo ha dicho la Televisión"; "está en internet";" el tener al alcance de la mano el conocimiento, no* resuelve el problema de la ignorancia"; "no tenemos elementos para encajar las piezas que nos están dando").

*La instantaneidad de la información y el incremento de la velocidad de procesamiento de la misma*

Otro aspecto negativo asociado a la multiplicación exponencial de la información y que también aparece en las entrevistas es el de *la velocidad* con la que circulan las informaciones y los datos, que tiene un correlato en la percepción de la falta de *reflexió*n y en *la aceleración* del tiempo en que se toman las decisiones: "*Yo creo que algunas generaciones de los que nos pilló Internet ya trabajando, y tal, nos sobrepasa este exceso de información, la consideramos trivial; y, en vez de aceptarla, tener la rapidez de asimilarla, quizás en eso no estamos tan entrenados como los jóvenes; pues lo que hacemos es cortar 'no de esto no me quiero ni enterar', en vez de meternos y decir 'ya me he enterado, no me interesa*" (Entrevistado n3,); "*es un valor decidir rápido, es un valor; es preferible equivocarte que tardar en decidir; está mal percibido socialmente, sí, sí esta es otra de las pautas de nuestro tiempo*" (Entrevistado n3). Esta instantaneidad es vista como una fuente de producción de ignorancia (*hay tal avalancha de información que el ser humano no tiene tiempo para analizarla*";" *lo que no tengo son ganas, tiempo disposición de estar consultando todas las páginas web y portales*").

*Al final es todo como si fuera una película*

En los relatos se manifiesta también la existencia tanto de una perdida de intimidad como de incremento de la insensibilidad ante los acontecimientos (*"te insensibilizas un poco, verdad; "al final con tanta información te insensibilizas"; "se ha achicado, pero estamos muy insensibles"; "y tú piensas que a ti no te ha pasado, cada uno piensa en su vida y no piensa en los demás"; "embrutecimiento"; "esto de comer con muertos, con fracasos, con catástrofes, con la violencia doméstica, creo que es algo negativo de la instantaneidad"; "cuando hay catástrofes dicen enseguida, 'pero no había ningún español'; "lo que ocurre en Francia o en Holanda, países culturalmente cercanos a nosotros, yo creo que lo sientes más*).

La idea de que se trata, además, de una información más icónica que conceptual se ve claramente respaldada: "*nos invaden con tantas imágenes que a veces hay que hacer el esfuerzo de preocuparte por esas imágenes*";"

*la gente tiene más información, sobre todo el morbo de determinadas imágenes...";""al final es todo como si fuera una película";" la instantaneidad con la que se servían las imágenes, te enseñaban en la televisión cuando iban a bombardear"* (Entrevistado n7).

La percepción es que gran parte de la información se ve como algo lejano que no nos afecta. Surge también la idea de que se reciben más informaciones de más *sitios* y que el receptor de esa información no tiene ya capacidad para valorarlas (*"pones un telediario hablan más del extranjero que de tu propia tierra"*). Da la impresión de que una parte considerable de la población entiende la información recibida como *un todo*, que le llega por la pantalla de la televisión o del ordenador (*"ahora te vas al ordenador y en una pantalla tonta te dice todo lo que ha pasado"*); de forma que el relato de una información inabarcable, incontrolable y que se impone al receptor está bastante generalizada. De hecho, cuando se pregunta sobre donde se ha enterado la gente de un hecho no es extraño que se diga *"lo ha dicho la Televisión"* o *"está en internet"*.

Existe, asimismo, una percepción de que gran parte de las informaciones se refieren a acontecimientos lejanos, que no nos afectan, una lejanía que fortalece esa *insensibilidad* ante los sucesos (*"tanta información te insensibiliza";" hablan más del extranjero que de tu propia tierra"*) en un proceso que lleva a la pérdida de *calidad humana* en la comunicación como consecuencia de su *artificialidad* y de su carácter no presencial. Se coincide, además, en que la mayor intercomunicación personal, facilitada por las nuevas tecnologías, conlleva también aspectos negativos: *"vamos tan deprisa nos vamos encerrando en nosotros mismos también mucho". "Estamos en la época de la comunicación y todo esto lo que genera es más incomunicación, "sentado uno al lado del otro, en lugar de charlar entre ellos se envían...".*

*Ahora con más información se siguen equivocando igual*

Los relatos ponen de manifiesto, por último, que el flujo mayor de información se ha producido en el ámbito de los profesionales y de los especialistas – nuestros *sabios ignorantes*-. *"Yo creo que hay más acceso a información, en general, para profesionales. yo recuerdo qué, bueno, pues tenías que esperar a que te llevarán la suscripción del Aranzadi para enterarte de las últimas sentencias; ahora mismo das a un botón y tienes todo actualizado al momento"* (Entrevistado N3). No obstante, son varios los que subrayan que este incremento del volumen de información se ha producido de forma paralela a una transformación de los *niveles de formación y preparación* que, en muchos aspectos, han disminuido.", *busco en internet tal cosa, miro no sé qué, entonces siempre ...que es más...; o sea, que tienes que preocuparte menos de tener una formación más adecuada"* (Entrevistado n5).

En las percepciones se aprecia la doble faceta de un incremento de la preparación (*"la gente está más preparada también, de cara a los trabajos"*) y la necesidad de una *formación continua* a la que obliga el cambio tecnológico continuado que se une a una sensación de que nadie sabe realmente acerca de los componentes de un proceso fragmentado (*"cuando acabas la carrera tienes que ir estudiando siempre algo", "en formación continua"*).Se pone de relieve también que *la educación*, la *formación*, cobra incluso mayor importancia para atender al crecimiento de la información y que ésta no tenga un efecto negativo sobre el conocimiento. *"Solamente la educación da criterios para distinguir entre lo que está al alcance; y solamente la educación y la formación y tener estándares o tener exigencias y criterios es lo que permite avanzar en términos de ignorancia y de conocimiento"* (Entrevistado n9).

Se pone de manifiesto, asimismo, que hoy los dirigentes se siguen equivocando (*"no se ha sobrepasado el nivel de ignorancia de hace 30 o 40 años; a lo mejor la gente no tenía tanta información y tal, pero tampoco se equivocaban tanto, y ahora con más información se siguen equivocando igual"*)y también que la información necesita ser procesada y que, en cierto sentido, ha disminuido la capacidad de hacerlo al mismo tiempo que la sensación de estar en disposición de *opinar* de todo: *"Es curioso porque, por un lado, te encuentras con que la información está disponible, la puedes obtener, pero el que la tiene no tiene los elementos, las claves para interpretarla; y eso nos está pasando, no solo al ciudadano normal, al que está viendo la televisión y se está hablando de cualquier acontecimiento, no sé, en Eurasia, y no sabe dónde está Kazajstán, pero él opina, y puede luego opinar, aunque no sepa ni siquiera dónde está Kazajstán; pero es que lo malo no es que le pase a esa persona, es que le pasa a dirigentes, es decir, el dirigente tampoco lo sabe"*(Entrevistado n7).

A juzgar por las respuestas, se da, en suma, una percepción compartida de que ni siquiera los dirigentes, aunque se encuentren en la cúspide de la sociedad, son los protagonistas de la historia, que tampoco ellos son conscientes de los procesos en los que se hayan en envueltos *("hay un déficit, un déficit de conocimiento importante en los decisores políticos").*

# VIII

## SUPER-COSIFICACIÓN: MULTIPLICACIÓN DE MERCANCÍAS E IGNORANCIAS

El crecimiento de la riqueza colectiva y del número de las mercancías y servicios que se producen en el contexto de la globalización lleva aparejados procesos de creación de nuevas desigualdades en la distribución del poder, del conocimiento y de la riqueza, así como la aparición de nuevos *campos de ignorancia* debidos a la multiplicación de los objetos y las mercancías de las que se desconoce cada vez mas -su funcionamiento, su origen, su sentido-. Las características de la sociedad post-industrial, teorizada por Daniel Bell (1994),el giro de la industria a los servicios; las nuevas industrias basadas en la tecnología y la ciencia, el crecimiento de nuevas élites técnicas, contribuyen también al surgimiento de estos nuevos *campos de ignorancia*, tanto de la gente común como de los *expertos*.

La capacidad integradora del *sistema capitalista* (Marcuse, 1993) y la extensión de *la sociedad de consumo*, ejemplificada en lo que Beck (1988) ha calificado como *efecto ascensor* (una sociedad de la abundancia en la que las clases inferiores han sido transportadas a un piso superior lleno de *objetos*), ha dado lugar a la aparición del arquetipo del *hombre-masa* (Ortega y Gasset ,1966e), del *heredero*, del *niño mimado* e instalado en un mundo sobrado, repleto de cosas de las que disfruta, pero de las que lo ignora casi todo, y sobre las que no se siente responsable.

### *El crecimiento sustantivo del 'mundo'*

Se ha producido un impresionante crecimiento de la riqueza colectiva, se ha incrementado el valor del Producto Bruto Mundial en comparación con la población mundial y se ha multiplicado exponencialmente el número de las mercancías que se producen. "El crecimiento sustantivo del mundo -escribía a este respecto Ortega y Gasset (1966 e, pág. 164)-no consiste en sus mayores dimensiones, sino en que incluya más cosas". "Cada cosa -tómese la palabra en su más amplio sentido - es algo que se puede desear, intentar, hacer, deshacer, encontrar, gozar o repeler; nombres todos que significan actividades vitales. Tómese una cualquiera de nuestras actividades; por ejemplo, comprar. Imagínense dos hombres, uno del presente y otro del siglo XVIII, que posean fortuna igual, proporcionalmente al valor del dinero en ambas épocas, y compárese el repertorio de cosas en venta que -se ofrece a uno y a otro. La diferencia es casi fabulosa" (Ortega y Gasset, d, pág. 164).Las clases medias de los países desarrollados viven hoy en muchos aspectos mejor que los príncipes o reyes medievales.

Junto a estos dos efectos -el incremento de la riqueza colectiva y del número de bienes- hay también consecuencias no deseadas, entre ellas -además del crecimiento de la ignorancia sobre este mundo repleto de *millones de cosas*-, el aumento de la desigualdad en la distribución del poder, del conocimiento y de la riqueza. "La globalización, que es un proceso de desarrollo desigual que se fragmenta en la medida en que se coordina, introduce nuevas formas de interdependencia mundial y de desigualdades (Giddens, 1990, pág. 2314 de 2506).

Se ha producido además una pérdida de autonomía por parte del Estado-Nación, y, consecuentemente, del control democrático de los ciudadanos respecto a la globalización, así como una disminución del impacto efectivo en términos de igualdad y desarrollo de las políticas económicas keynesianas; lo que ha puesto en peligro la continuidad del Estado del Bienestar. Los ciudadanos tienen menores posibilidades de influir en las poderosas multinacionales o en los burocráticos organismos internacionales que en sus propios gobiernos nacionales (Giddens, 1990, pág. 1059 de 2506). Daniel Bell ha descrito este proceso al decir que la nación se hace no sólo demasiado pequeña para solucionar los grandes problemas, sino también demasiado grande para arreglar los pequeños (Citado en Giddens, 2007, pág. 9). Los nacionalismos locales han rebrotado también como respuesta a tendencias globalizadoras, a medida que el peso de los Estados-nación más antiguos ha disminuido (Quebec, Escocia, Cataluña, el País Vasco) (Giddens, 2007, pág. 9). De alguna forma-como subraya Giddens (2007, pág. 11) "tras el fin de la guerra fría muchas naciones no tienen enemigos", se han disuelto en una identidad global que actúa en defensa no de identidades locales sino de seguridades geopolíticas globales (Kosovo, Afganistán, Siria, Libia).

El Estado no tiene ya la última palabra, y cobran un nuevo protagonismo instituciones como las comunidades científicas organizadas, los expertos multinacionales, los *think tanks*, las organizaciones no gubernamentales, las organizaciones de trabajadores, las instituciones internacionales y sus grupos de expertos. Todas estas instituciones negocian sus ignorancias y compiten por la asignación del saber.

En resumen, que los efectos inmediatos de la sociedad de la información y de la globalización han supuesto, además de la progresiva desvinculación social de contextos locales, un incremento tanto de la riqueza como de su desigual distribución, junto a un cambio significativo de las relaciones interpersonales y de la esfera de la intimidad y un aumento de la *individuación*. Pero, ¿Cómo afecta todo este entramado a la producción social de ignorancia?

Para contestar a esta pregunta conviene recordar la definición de Bell (1994)de la sociedad post-industrial como un *tipo ideal*, una construcción conceptual en la que se destaca la presencia de tres componentes principales: en el sector económico, un giro de la industria a los servicios; en la tecnología, la centralidad de las nuevas industrias basadas en la ciencia; en el terreno sociológico, el crecimiento de nuevas élites técnicas y la introducción de un nuevo principio de estratificación; el paso de una sociedad productora de bienes a una sociedad de información o de conocimiento; y, en los modelos del conocimiento, un cambio del eje de abstracción desde el empirismo a la teoría y a la codificación del conocimiento teórico para dirigir la innovación. Todos estos procesos llevan aparejados el surgimiento de nuevos *campos de ignorancia*. Se trata de ignorancias asociadas a la superespecialización, al surgimiento de las nuevas elites que gestionan el *saber* y *el no saber* desde los circuitos del conocimiento (universidades, empresas tecnológicas, administraciones tecnificadas) y a la expansión del universo de las *mercancías* .

*'Consumo' e 'ignorancia'*

En estos procesos lo que subyace es que, el crecimiento económico, propiciado por el desarrollo de la *técnica,* lleva, paradójicamente, al aumento del *desconocimiento*.

La capacidad integradora del *sistema capitalista*, que ya veía

Marcuse (1993),se ha multiplicado a finales del siglo XX y principios del XXI. Se ha producido lo que Ulrich Beck (1988) ha calificado como *efecto ascensor*, que se ha hecho notar tanto en la duración de la vida como en la jornada laboral y la renta del trabajo, y también en la *multiplicidad de objetos manufacturados* a disposición de todos los individuos, lo que ha derivado en la extensión de *la sociedad de consumo* ,pero también de *la sociedad del conocimiento,* en la que ,como señala Lamo de Espinosa (2018, pág. 326) " lo que más se aprecia y valora no es el espíritu conservador sino el innovador, no el respeto a la tradición sino su crítica", en la que la "regla es la de cambiar de reglas", de forma que "se diría que el espíritu del 68, el triunfo de la imaginación crítica, la imaginación al poder, ha acabado ganando, pero paradójicamente no contra el capitalismo sino gracias a él".

Han cambiado las condiciones de vida de la población y, sin embargo, las relaciones de la desigualdad social han permanecido constantes, y también lo ha hecho la inseguridad social. El éxito del movimiento obrero ha puesto en peligro al propio movimiento obrero en tanto que *obrero*, llevándolo un piso más arriba. Beck (1988).La sociedad de consumo actual es esa sociedad de la abundancia transportada a un piso superior, que tiene como consecuencia el *desclasamiento* y la individualización, pero también el surgimiento del carácter del *hombre-masa* ( Ortega y Gasset ,1966e). La prosperidad ha conducido al tipo de heredero, al *niño mimado*, instalado "en un mundo sobrado, repleto de cosas, del cual percibe sólo la superabundancia de medios, pero no las angustias", un mundo que en el fondo desconoce y del que *se despreocupa*. "Vaya esto tan sólo -explicaba Ortega y Gasset (1966 d, pág. 209)- para contrarrestar nuestra ingenua tendencia a creer que la sobra de medios favorece la vida. Todo lo contrario. Un mundo sobrado de posibilidades produce, automáticamente, graves deformaciones y viciosos tipos de existencia humana - los que se pueden reunir en la clase general «hombre-heredero,» de que el «aristócrata» no es sino un caso particular, y otro, el niño mimado, y otro, mucho más amplio y radical, el hombre-masa de nuestro tiempo. "La forma más contradictoria de la vida humana que puede aparecer en la vida humana es el «señorito satisfecho». Por eso, cuando se hace figura predominante, es preciso dar la voz de alarma y anunciar que la vida se halla amenazada de degeneración, es decir, de relativa muerte". (Ortega y Gasset, 1966 d, pág. 210).

*La sociedad de la abundancia* se convierte así en una *sociedad de la ignorancia.* Se multiplican los objetos y las mercancías; se centuplican las informaciones y los datos, de forma que una selección inteligible se hace cada vez más difícil; se rodea a los individuos de una *abundancia* de la que no se sienten *corresponsable*s, cuya dinámica desconoce, de cuya producción se sienten ajenos.

Asistimos a lo que podríamos llamar la *súper-cosificación global* de la vida cotidiana. En el ser humano del siglo XXI- hay que subrayar esta característica- predomina el carácter de consumidor más que el de productor. En las condiciones de la superespecialización el experto, gracias a su condición de *productor,* sabe al menos lo que se tiene entre manos, conoce mejor su producto. El consumidor, en cambio, puede consumir sin saber. En cierta forma el concepto marxista de la alienación del trabajo o el del fetichismo de la mercancía se hace sentir hoy con más intensidad en el lado del consumidor que en el del trabajador. El problema vital hoy ya no es el de la escasez de productos o alimentos sino su ineficaz e injusta distribución social y la propia pertinencia de ese consumo.

## LO QUE DICE LA GENTE

*Nos crean un poco necesidades que tampoco son tan necesarias.*

¿Qué opina la gente sobre estos nuevos *'campos de ignorancia'*, el funcionamiento, el origen, los canales de distribución, las características de los productos que consumen? Por lo pronto, los relatos ponen de manifiesto que no solo las informaciones y los datos se *han disparado,* también lo han hecho el número de las *cosas.* Hay una percepción generalizada del impacto que estaría teniendo el incremento de los objetos de consumo -la multiplicación del número y la variedad de las mercancías-. Esto se valora positivamente, de un lado, como aparición de oportunidades nuevas de vida, pero de otro, se entiende que aumentan las *ignorancias* sobre las características de estos objetos y servicios, y se pone en duda su propia utilidad y, sobre todo, su *necesidad ("la globalización lo que ha hecho es traer más productos"; "buscas un piso tienes cincuenta portales, "siempre busca algo diferente"; "nos hemos dejado llevar por lo que ha llegado nuevo", "hay muchos más productos y nosotros nos hacemos más dependientes de ellos", "lo que pasa es que ahora tenemos más necesidades"; "nos crean un poco necesidades que tampoco son tan necesarias" ;"yo antes no necesitaba tantas cosas para ser feliz, "está generando una ansiedad, un estrés el tener que decidir cada micra de tu vida"; "tienes que dedicar mucho más tiempo a estudiar las distintas opciones que tienes").* Se aprecia también, junto a la producción, distribución y consumo de esta multiplicidad de *cosas* la proliferación de conductas más individualistas y materialistas y de una mayor *falsedad* en las relaciones humanas *(" lo que das en la invitación es el número de cuenta para que te ingresen el dinero");* aunque todo esto se vea más como algo que acompaña a la mayor facilidad de la vida moderna y como una oportunidad más que como un problema.

Cuando se pregunta que cambios ha notado la gente en la vida cotidiana en los últimos diez o quince años se contestaba *"que todos nos hemos vuelto más individuales, mas individualistas".* Esta afirmación era seguida de otras que añadían *"consumismo, más competencia", "marketing", "más comodidades a la hora de estar en casa, por ejemplo", "yo más en materialismo*; es decir, que los comentarios de la gente reproducían gran parte de los componentes del relato de la teoría sobre la modernidad: individualismo, materialismo, consumismo, competencia, bienestar material. Se afirmaba también que estos cambios '*se notan*' '*en los medios*', en que "*viajar ya no es un lujo; en realidad, es una cosa que está al alcance de todos*", en que "*hay millones de marcas, desde cinco euros hasta quinientos euros para comprarte un jersey; por ejemplo, antes era mucho más limitado el surtido…Este mes está todo abierto, fines de semana, siempre. Es como, la gente en plan aquí vienes está todo abierto, creo que vas a comprar (*risa*). Es como una cosa que gusta*" ;"*constantemente están saliendo cosas nuevas*",. "*que gastas más, mucho más*", "*te acostumbras, por ejemplo, a comer fuera*"," *vas al cine, vas de compras, vas de no sé qué…está todo tan cerca y te lo ponen tan fácil*", "*ahora por televisión, tiendas, Internet. Es consumismo puro 100%. Te meten todo por los ojos. Hay un consumismo muy grande*".

*Tiene que ser todo así rápido y pronto*

El incremento de los objetos de consumo es una percepción generalizada ("*la compra del supermercado, que lo puedes hacer por internet*";. "*La globalización lo que ha hecho es traer más productos*"; "*que han mejorado la competencia y han bajado los precios*"), lo que , en opinión de la gente, lleva acarreado, al mismo tiempo, nuevas oportunidades de vida, pero también *ignorancias* sobre las características de estos objetos y servicios, sobre su utilidad y *su necesidad* ("*quizá no es bueno tenerlo todo*"; "*nos crean un poco necesidades, que tampoco son tan necesarias*"), y la generalización de conductas más individualistas y materialistas a las que me he referido con anterioridad ("*el valor del sacrificio para conseguir cosas se ha ido empequeñeciendo, y el valor de la satisfacción inmediata ha ido creciendo*") en un contexto que se coincide en adjetivar como *injusto* ( en el que ganan *los grandes* y pierden siempre los *pequeños*).

Aunque haya crecido la insatisfacción, tanto por poseer las nuevas *cosas* como por no poder disponer de ellas y por la dificultad de poder evaluar las diferencias entre las ofertas, los comentarios coinciden en señalar, por otro lado, la multiplicación exponencial de las informaciones y de las posibilidades (*vacaciones yo creo que la gente ha bajado en cantidad, pero ha ganado en calidad*"; "*todo el mundo tecnológico, y tal, facilita muchas cosas*";" *en los elementos de la vida cotidiana, me siento más informado*"; "*hay mucha más facilidad*"; "*buscar un piso tienes cincuenta portales*"). Esta abundancia se ve más como una facilidad de la vida moderna y una oportunidad que como un problema. *("se come bastante mejor que antes" ;" nos mejora la vida… ")*. Se señala, no obstante, que este proceso implica, a su vez, un aumento de la superficialidad y del uso del tiempo de ocio como *evasión* y una mayor *falsedad* en las relaciones humanas. (*"tienes que dedicar mucho más tiempo a estudiar las distintas opciones que tienes" ;" todo esto lo que genera es más incomunicación"*).

La multiplicación sin fin de los objetos aparece, una y otra vez, en los relatos, unida a la idea de que este crecimiento del *bienestar material* no se traduce necesariamente en un bienestar real, que los deseos exceden a las necesidades. *"De que nos crean un poco necesidades que tampoco son tan necesarias. Un poco esto". "Es que constantemente están saliendo cosas nuevas". "Son cosas tecnológicas, diseño" "en la ropa, en la arquitectura", "en muebles, en cosas muy, buscas algo diferente, entonces el consumismo siempre busca algo diferente", "en la alimentación". "Sí- se* subrayaba - *hemos perdido nuestros orígenes y raíces un poco; nos hemos dejado llevar por lo que ha llegado nuevo , estrenan una película y la tienen que ver el día del estreno; o sea, no se pueden esperar diez días, ¡no!, tiene que ser todo así rápido y pronto".*

*Quizá no es bueno tenerlo todo*

Este crecimiento del consumo y de las nuevas necesidades creadas se asocia a la incorporación de la mujer al mercado de trabajo y a la ruptura de las formas tradicionales de la vida en familia. *"Antiguamente, las madres no trabajaban como ahora, ahora todas las mujeres ya trabajamos; antes los críos se criaban con las madres ahora se crían con los abuelos o si no tienen que hacer actividades extra-escolares, y están todo el día fuera de casa, pero los niños ahora no son niños; yo ya no los veo como antes".* Consumismo, materialismo e individualismo son los valores dominantes en la percepción de la gente ( *hay mucho egoísmo cada uno va a lo suyo", "es que somos de la generación de tanto tienes tanto vales y nuestros padres eran más por lo que han vivido de quiero darles a mis hijos lo que yo no he podido tener", "quizá no es bueno tenerlo todo".*

La percepción general es también la de que los jóvenes lo tienen todo a mano y se dejan llevar por la publicidad (*"el que la ropa, por ejemplo, la tienen ya. Barata y encima y en el momento. Quieren una determinada marca, aunque valga lo que valga le da lo mismo, la quieren ya", "que te obligan a comprar las cosas, te las meten por los ojos", "pones la tele y es compra, compra…" ,"yo antes no necesitaba tantas cosas para ser feliz, ahora lo quiero todo", "si te quitan el móvil es como si te quitan un ojo"," a mí me quitan el coche y me quitan las piernas" , "ahora te obligan a comprar las cosas ya…".*

En los relatos subsiste, no obstante, un cierto sentido crítico respecto al consumo de tipo compulsivo e innecesario: *"nuestros hijos, que tienen muchas cosas, que yo he tenido muchísimas menos vamos acostumbrados a todo con poco esfuerzo"; "ahora con tanta libertad, con tanta apertura de mercado dices dónde voy ¿a un sirio, a un japonés, a un egipcio, a un mejicano? te está generando una ansiedad, un estrés el tener que decidir cada micra de tu vida…","va a llegar un momento en que consumimos, consumimos y no va a quedar nada", "que eso conlleva una sociedad de bienestar, la sociedad de consumo, el que tengas artículos, que vivimos mejor, sí, efectivamente, nos rodean de miles de artículos, que nos lo hacen hacer necesarios...y hoy; yo vivo, tengo un DVD, tengo un no sé qué...tengo de todo, vivo muy bien, pero ¿a qué precio?".* Los testimonios son prolijos en cuanto a la enumeración de los objetos que nos inundan: *"Los móviles"* decían varios. *"Internet"* sugería otro. *"El microondas"* recordaba un tercero al que seguían comentarios como *"cierta tecnología en los coches", "la cocina inteligente, con programas que te hacen todo";* y uno que mencionaba *"mi cuñada, que hace 15 años no era mi cuñada...* (risas*)".*

IX

## LOS VALORES DEL HOMBRE MASA, EL HOMBRE UNIDIMENSIONAL Y LA GESTIÓN DE LA IGNORANCIA EN RED

La pugna entre la sociedad del conocimiento y la sociedad de la ignorancia está teniendo lugar, en gran medida, en la red de internet, el espacio natural del *hombre masa* del que habla Ortega y Gasset en su obra *La Rebelión de las masas*. Las preguntas que suscita esta reaparición a lo grande del personaje central del libro de Ortega son evidentes: ¿Qué prevalecerá en la red mundial la opinión tabernaria o el discurso reflexivo e intelectual? ¿La ignorancia o la sabiduría? ¿Vamos hacia una sociedad de la ignorancia en red? ¿Sobrevivirá el liberalismo político a escala mundial? ¿Nos espera un régimen demagógico global?

*El hombre masa de Ortega : minorías y masas en la red*

La interacción entre elites y masas se produce hoy en *una red de redes* con una dinámica, en principio, desbocada en cuyo análisis es pertinente la diferenciación realizada por Ortega entre las minorías especialmente cualificadas y el hombre masa. Toda sociedad tiene sus elites: "La sociedad -escribe Ortega (1966 , pág. 145 )- es siempre una unidad dinámica de dos factores: minorías y masas. Las minorías son individuos o grupos de individuos especialmente cualificados. La masa es el conjunto de personas no especialmente cualificadas. No se entienda, pues, por masas sólo ni principalmente *las masas obreras*. Masa es *el hombre medio*. De este modo se convierte lo que era meramente cantidad —la muchedumbre— en una determinación cualitativa: es la cualidad común, es lo mostrenco social, es el hombre en cuanto no se diferencia de otros hombres, sino que repite en sí un tipo genérico". ¿No recuerdan estas líneas a los sujetos autores de los comentarios recurrentes en las redes sociales? La red es el paraíso del hombre-masa, donde éste actúa identificándose sin reflexión con las corrientes en boga, pero anónimamente; sin *identificarse*, pero es también el instrumento de los individuos más inteligentes y emprendedores, de las nuevas elites, para construir nuevos espacios de influencia.

"No se nos dice, por tanto, -añade Ortega (1966 , pág. 146)que deban o no existir elites, sino que es un hecho que en toda sociedad humana existen tales élites; y que dicha existencia se debe, junto a factores sociales como la herencia o la pertenencia a un grupo, a las diferencias en las cualidades que la naturaleza atribuye a los diferentes miembros de la especie tales como la agresividad, la ambición, la fortaleza física, o los diferentes grados de inteligencia. Hay una componente individual siempre en la conformación de las élites; una cuestión de *carácter*, que es más una producción biológica y psicológica que una producción social". Para ser justos la posición de Ortega y Gasset a este respecto es exactamente esta, la de que la división de la sociedad en masas y minorías excelentes no es "una división en clases sociales, sino en *clases de hombres*, y no puede coincidir con la jerarquización en clases superiores e inferiores."

Se trata-según Ortega (1966 , pág. 150)- de la división "en dos clases de criaturas: las que se exigen mucho y acumulan sobre sí mismas dificultades y deberes y las que no se exigen nada especial, sino que para ellas vivir es ser en cada instante lo que ya son, sin esfuerzo de perfección sobre sí mismas, boyas que van a la deriva". Se trata de una división *psicológica* y no *sociológica,* que se reproduce ahora en la red de internet. Ortega habla, por tanto, de la sociedad de los individuos no de su conformación en Estado: "Yo no he dicho nunca -aclara (1966 , pág. 150)- que la sociedad humana deba ser aristocrática, sino mucho más que eso. He dicho, y sigo creyendo, cada día con más enérgica convicción, que la sociedad humana es aristocrática siempre, quiera o no, por su esencia misma, hasta el punto de que es sociedad en medida en que sea aristocrática, y deja de serlo en la medida en que se desaristocratice. Bien entendido que hablo de la sociedad y no del Estado".

Ningún régimen político o social nos hará jamás a todos igual de listos. Si la evolución no ha conducido a seres humanos más inteligentes tal vez se deba, precisamente -como ha sugerido Rescher (2009, pág. 425), a que *"un exceso de inteligencia* individual heredable podría ser contraproducente para la propia especie, ya que podría generar *clases permanentes* de seres humanos, la raza superior que perseguía el nazismo y que la naturaleza rechaza como un camino seguro hacia el desastre".

El hombre- masa, cuyo nacimiento detecta Ortega, ha encontrado en las condiciones de la red un campo abonado para multiplicarse, para que prospere, en lugar del *hombre excelente* (el que se exige mucho), el hombre vulgar ("el que no se exige nada, sino que se contenta con lo que es y está encantado consigo"). "Nunca el hombre-masa -escribe Ortega (1966 , pág. 181)- hubiera apelado a nada fuera de él si la circunstancia no le hubiese forzado violentamente a ello. Como ahora la circunstancia no le obliga, el eterno hombre-masa, consecuente con su índole, deja de apelar y se siente soberano de su vida. En cambio, el hombre selecto o excelente está constituido por una íntima necesidad de apelar de sí mismo a una norma más allá de él, superior a él, a cuyo servicio libremente se pone". El primer tipo de hombre, en palabras de Machado, es el que "desprecia cuanto ignora" y vive tan encantado con haberse conocido, replicándose en los otros, dando lugar el hombre-medio, al hombre "como se tiene que ser", un hombre que surge gracias a la existencia de una cultura del bienestar que, como una segunda naturaleza, se interpone entre el individuo y el exterior, y que se tiende a ver como si hubiera *caído del cielo.*

Su rebelión consistiría en esa pulsión presuntamente irresistible que trata de imponer los estereotipos y los lugares comunes, de lo *políticamente correcto,* dejando poco espacio para la *inteligencia, la elite,* la disidencia, tanto desde el punto de vista social, como político, económico, artístico, o moral. Son esas tendencias del *carácter* la que parece promover las estructuras de la segunda modernidad y, en gran medida, la red de internet. "Conviene que se evite dar, desde luego,- escribe Ortega (1966 , pág. 143 )- a las palabras *rebelión, masas, poderío social,* etc., un significado exclusiva o primariamente político. La vida pública no es sólo política, sino a la par y aun antes, intelectual, moral, económica, religiosa; comprende los usos todos colectivos e incluye el modo de vestir y el modo de gozar".

Este hombre masa que nos pinta Ortega se ha enseñoreado hoy de la red de internet, donde la dialéctica con el "hombre excelente" resulta mucho más complicada para este segundo. Hoy como ayer este hombre masa posee: "1.- una impresión nativa y radical de que la vida es fácil, sobrada, sin limitaciones trágicas; por tanto, cada individuo medio encuentra en sí una sensación de dominio y triunfo que 2.- le invita a afirmarse a sí mismo tal cual es, a dar por bueno y completo su haber moral e intelectual. Este contentamiento consigo le lleva a cerrarse para toda instancia exterior, a no escuchar, a no poner en tela de juicio sus opiniones y a no contar con los demás. Su sensación íntima de dominio le incita constantemente a ejercer predominio. Actuará, pues, como si sólo él y sus congéneres existieran en el mundo; por tanto, 3.- intervendrá en todo imponiendo su vulgar opinión, sin miramientos, contemplaciones, trámites ni reservas, es decir, según un régimen de «acción directa»" (Ortega y Gasset J. , 1966 , pág. 207).

Basta echar una ojeada a los comentarios de las redes sociales para comprobar la actualidad de este diagnostico y la medida en que las nuevas tecnologías de la comunicación favorecen conductas y psicologías de este tipo, que no tienen nada que ver con niveles educativos o pertenencias de clase, de grupo, o de nación.

La red está dominada por *la moda, lo mayoritario*, por las *trending topics* (temas del momento, tendencias o temas de tendencia). La *red* es el lugar ideal ,el hábitat soñado, para ese ser que describe Ortega, un individuo que se cree, por el mero hecho de haber nacido en esta era de la globalización, *pleno de derechos* y con capacidad de exigirlos a los otros, de criticarlo todo, pero ,a la vez carente de deberes y de compromisos; alguien que no ha contribuido al surgimiento de esos derechos, que no los ha conquistado, que no ha inventado nada, pero que se encuentra con *su sociedad en red*, como el buen salvaje se topa con los frutos de la naturaleza; un individuo que no comprende que sin soporte y cuidado un día todo eso pueda venirse abajo; un ser cuyo bagaje moral e intelectual es el de creerse en la cima del desarrollo humano con todos los derechos humanos posibles e imaginables y ,por tanto, el de no necesitar de más opiniones que las de su grupo; un individuo que actúa irreflexivamente (la acción directa a la que se refiere Ortega) siguiendo la corriente general, *que hace clic* con ligereza y cada vez con mayor rapidez y opina de todo; un ser que replica sin dificultad su propia conducta y que vive y se reproduce en este flujo irreflexivo de las *trending topics*.

De forma que como plantea Brey (2009, pág. 37 ) "la expectativa de una Sociedad del Conocimiento, surgida del desconcierto posmoderno gracias al poder de la tecnología, ha resultado ser en la práctica ,gracias en parte a esta invasión del hombre masa y a las posibilidades que le ofrece la red de internet, una Sociedad de la Ignorancia, "compuesta por sabios impotentes, expertos productivos encerrados en sus torres de marfil y masas fascinadas y sumidas en la inmediatez compulsiva de un consumismo alienante", hasta tal punto que "tal vez deberíamos detenernos a pensar si mientras seguimos creyendo que avanzamos por la senda del humanismo hacía una Sociedad del Conocimiento no nos estamos encaminando, en realidad, hacia una Sociedad de la Ignorancia que plantea, en última instancia, una disolución del individuo y el fin de la parte más singular del sueño occidental" (Brey, 2009, pág. 41).

En la red aparece aún más claramente el dominio de *la masa*, la opinión inmediata e irreflexiva, la acción directa. De nuevo el manoseado aforismo de *el medio es el mensaje* de MacLuhan (1988) se ve respaldado por la realidad de este nuevo medio. La Televisión supuso el triunfo del *entretenimiento* frente a la *reflexión* representada por la prensa escrita, la victoria del homo videns sugerido por Giovanni Sartori *(2002),* alguien que mira pero que no piensa, que ve pero que no entiende. Esa criatura tiene ahora entre las manos otro juguete, la red mundial, que refuerza la dispersión del conocimiento y que reúne en sí, características, como las subrayadas por Brey: "una capacidad de relación de todos con todos, antes inimaginable; un mundo vicario y virtual, en el que ya la presencia física no resulta necesaria para comprar, para amar, para opinar; y un cierto tipo de vida privada a costa de la vida pública puesto que en la red se gestiona la privacidad y la intimidad y se negocia con ellas" (Brey, 2009, pág. 36).

La masa -escribe Ortega (1966 , pág. 148 )- "arrolla todo lo diferente, egregio, individual, calificado y selecto. Quien no sea como todo el mundo, quien no piense como todo el mundo corre riesgo de ser eliminado. Y claro está que ese *todo el mundo* no es «todo el mundo». *Todo el mundo* era, normalmente, la unidad compleja de masa y minorías discrepantes, especiales. Ahora todo el mundo es sólo la masa". Una masa identificada con la sociedad como un todo, con los hábitos y las formas de conducta aceptadas socialmente, con una idea prefijada de la felicidad y de la libertad, con un mundo de bienes de consumo que se impone unidimensionalmente sobre el individuo creándole una *falsa conciencia*-como diría Marcuse(1993), cuya teoría del hombre unidimensional opera en la *misma dimensión* ,valga la redundancia, de esta idea orteguiana del *hombre masa* ,y como ella ha sido sometida a crítica y tachada de *antidemocrática*.

La teoría orteguiana de la *rebelión de las masas* ha sido, efectivamente, objeto de duras críticas desde posiciones ideológicas que la ha situado como un producto intelectual *de derechas*. "En las ideas y gestos intelectuales de Ortega, Spengler, Maurras, T. S. Eliot y Alien Tate, -escribe, por ejemplo, Berman (1988, pág. 16)-vemos cómo la perspectiva neo olímpica de Weber ha sido usurpada, distorsionada y magnificada por los modernos mandarines y aspirantes a aristócratas de la derecha del siglo XX.". Se acusa a Ortega de hablar de que " esas masas pululantes que nos apretujan en las calles y en el Estado, no tienen una sensibilidad, una espiritualidad o una dignidad como la nuestra", una perspectiva que, en opinión de Berman ( y de buena parte de la izquierda actual), prosperó "entre los demócratas de la Nueva Izquierda y en paradigmas como los del hombre unidemensional de Marcuse ,que llevaron a un relato de lo social alejado de Marx y Freud. Una perspectiva que no se encuentra en lo absoluto -es necesario subrayarlo- ni en las ideas de Ortega ni en las de Marcuse, como se puede comprobar por los párrafos precedentes.

Descalificar no es argumentar; tanto el concepto de hombre masa como el de hombre unidemensional me parece que tienen una gran actualidad para el análisis de la ignorancia en red. No es difícil, por tanto, coincidir con Lamo de Espinosa (2010, pág. 66) cuando este afirma que Ortega y Gasset es ,sin duda, "el pensador de mayor talento del siglo xx (y probablemente de los últimos siglos de pensamiento español), y que ,"aunque fue estigmatizado igualmente como «liberal elitista», rechazado por la derecha por liberal y por la izquierda por elitista", su obra fue de relevancia sociológica.

La llamativa coincidencia de ambos en ser objeto de esta crítica de Berman es una circunstancia propicia para que podamos reflexionar sobre el alcance de las propuestas de Marcuse y de las que se encuentran detrás del arquetipo orteguiano del *hombre masa*. El concepto marxista de alienación planea ,en efecto, por encima tanto de este concepto orteguiano como de la crítica de Marcuse al hombre unidimensional, rendido y dominado por la sociedad de consumo creada por el capitalismo en los años sesenta del siglo XX. Pero ni Marx despreció al proletariado al analizar el fetichismo de la mercancía o la alienación del trabajo asalariado, ni Marcuse al hombre común al hablar del hombre unidemensional, postrado ante el mundo del consumo, ni Ortega y Gasset pretendió descalificar a las clases populares al establecer el arquetipo del *hombre masa.*

*El regreso del hombre unidemensional*

Veámoslo con más detenimiento, primero en el caso de Marcuse. La Teoría Crítica, de Marcuse, vinculada con un compromiso social emancipatorio de las estructuras establecidas en la sociedad moderna se fundamentaba en una visión de la sociedad y del hombre como sujetos a "la irracionalidad creciente de la totalidad, la necesidad de expansión agresiva, la constante amenaza de guerra, la explotación intensificada, la deshumanización". (Marcuse, 1993, pág. 281) y en la posibilidad de una alternativa histórica a estos males: "la utilización planificada de los recursos para la satisfacción de las necesidades vitales con un mínimo de esfuerzo, la transformación del ocio en tiempo libre, la pacificación de la lucha por la existencia" (Marcuse, 1993, pág. 282).

Tal posibilidad estaba respaldada "por la presencia de fuerzas reales (objetivas y subjetivas) en la sociedad establecida en la que se movía (o podía ser guiada para que se moviera) hacia instituciones más racionales y libres mediante la abolición de las existentes, que habían llegado a ser obstáculos para el progreso. Estas eran las bases empíricas sobre las que se levantó la teoría, y de estas bases empíricas se derivó la idea de la liberación de posibilidades inherentes" (Marcuse, 1993, pág. 283). En otras palabras, sin los movimientos sociales pacifistas, feministas, ecologistas en los que surgió la teoría crítica ésta no hubiera podido darse.

En gran medida, se trataba de un movimiento *negativo* de *rechazo* a una sociedad en decadencia , el capitalismo de los años sesenta, que no daba respuestas a las demandas de las nuevas generaciones, que sí creían tener *sus propuestas.* ¿Alguna similitud con las corrientes antiglobalización, los movimientos pacifistas y ecologistas, el movimiento gay, los nuevos movimientos políticos surgidos, por ejemplo, en España a raíz del 15 M o con el movimientos de ONGs?

El movimiento representado en el slogan "otro mundo es posible" parece, efectivamente, un calco de lo que representó en su día la Nueva Izquierda y de los movimientos contestatarios de los años sesenta que vinieron a sustituir el gran sujeto de la historia que la teoría marxista había hecho recaer sobre las espaldas del proletariado. "La teoría crítica de la sociedad- terminaba su ensayo Marcuse (1993, pág. 286) -no posee conceptos que puedan tender un puente sobre el abismo entre el presente y su futuro: sin sostener ninguna promesa, ni tener ningún éxito, sigue siendo negativa. Así, quiere permanecer leal a aquellos que, sin esperanza, han dado y dan su vida al Gran Rechazo". Hoy nuevos movimientos sociales e iniciativas surgen gracias a la red (Castells, 2012) y se expresan, a través de ella, en una versión actualizada de ese mismo "Gran Rechazo", ahora contra la globalización liberal y capitalista.

Marcuse proponía una liberación que venía de la interpretación del verdadero significado de la cultura como la esencia de la libertad del individuo, enfrentado a las pautas impuestas socialmente tanto en la cultura más elevada como en la más popular. Partía de la base de que "la belleza, la serenidad, el descanso, la armonía, son necesidades orgánicas del hombre cuya represión y administración mutilan el organismo y activan la agresión" y de que, en consecuencia, "es preciso despertar y organizar la solidaridad en tanto que necesidad biológica de mantenerse unidos contra la brutalidad y la explotación inhumanas". (Marcuse, 1993, pág. 13). Pero su teoría crítica no dejaba de ser- en un movimiento circular- más que la expresión ideológica, precisamente, del *alma* de esos movimientos contestatarios de la época, de esa voluntad en acción y no de un sujeto histórico definido por su posición material en el sistema de producción, que había sido el caso del proletariado en la teoría marxista.

Precisamente otra crítica ,esta vez más argumentaba, que hace Berman (1988, pág. 17 )- a la Nueva Izquierda de los años sesenta y , en concreto, a Marcuse es la de haberse inventado este nuevo sujeto histórico capaz de sobreponerse a la alienación de la sociedad de consumo o de la sociedad de masas, "una vanguardia que estuviera totalmente *fuera* de la sociedad moderna («el substrato de los marginales y desclasados, los explotados y perseguidos de otras razas y otros colores, los parados y los inservibles») y no darse cuenta de que tal búsqueda estaba condenada a la futilidad; de que " no hay nadie que esté o pueda estar *fuera* del mundo contemporáneo".

La teoría , muy ideologizada, de Marcuse y de la Nueva Izquierda se construye ,en gran parte, sobre y contra un marxismo en el que "las condiciones objetivas" ,"las estructuras" económicas y de relaciones de producción, la base material de la existencia determinaba de manera exagerada la conciencia sobre la misma. Es una reacción idealista a esa visión determinista y materialista. Marcuse y su generación sueñan con una renuncia a las necesidades artificiales creadas por la sociedad de consumo y reproducen la ilusión del buen salvaje de Rousseau.

Para usar un ejemplo ("por desgracia fantástico", puntualiza) sugiere uno que también nos puede resultar hoy ilustrativo para comparar las épocas. Marcuse nos plantea como la mera supresión de todo tipo de anuncios y de todos los medios adoctrinadores de información y diversión (un buen día sin televisión) sumergiría al individuo en un vacío traumático en el que tendría la oportunidad de sorprenderse y de pensar, de conocerse a sí mismo y a su sociedad. "Privado de sus falsos padres, guías, amigos y representantes, tendría que aprender su abecedario otra vez. Pero las palabras y frases que formaría podrían resultar muy diferentes y lo mismo sucedería con sus aspiraciones y temores". (Marcuse, 1993, pág. 274).

¿Se podría proponer hoy -ni tan siquiera como fantasía- lo mismo respecto a un día mundial sin la utilización de la red? ¿Ve alguien a la joven generación sin su i-phone en el bolsillo? ¿Sería útil? ¿sería liberador? ¿Tiene el mismo efecto pernicioso internet que los medios de comunicación de masas y la publicidad de los años sesenta? Inmediatamente se percibe que la situación es ahora diferente. La red mundial se ofrece hoy como instrumento de *organización* de los nuevos movimientos sociales y no solo como un elemento de *alienación* y *reificación*, sino también de *liberación*; como un lugar donde actúa *el hombre masa*, pero también el *hombre excelente*. La red es el lugar en el que se multiplica nuestro conocimiento y nuestra ignorancia, pero también es la plaza pública de los movimientos contestatarios del siglo XXI.

"La autodeterminación será real- escribía Marcuse (1993, pág. 281) - en la medida en que las masas hayan sido disueltas en individuos liberados de toda propaganda, adoctrinamiento o manipulación; individuos que sean capaces de conocer y comprender los hechos y de evaluar las alternativas. En otras palabras, la sociedad será racional y libre en la medida en que esté organizada, sostenida y reproducida por un Sujeto histórico esencialmente nuevo", que debe superar la falsa conciencia que el sistema crea en él, rechazándolo. La sociedad unidemensional de los años sesenta se cierra en opinión de Marcuse sobre la conciencia individual impidiéndole salir de esa falsa conciencia. Todo un alegato idealista de superación del capitalismo, que visto con la distancia del Siglo XXI nos debe hacer reflexionar tanto sobre la necesidad como sobre la ausencia de cientificidad de nuevas propuestas como las del realismo utópico (Giddens).

En opinión de Marcuse la gente se reconoce en sus mercancías; encuentra su alma en su automóvil, en su aparato de alta fidelidad, su casa, su equipo de cocina"(Marcuse, 1993, pág. 39). "Con el capital, los ordenadores y el saber-vivir, -puntualiza Marcuse (1993, pág. 8) llegan los restantes *valores*: relaciones libidinosas con la mercancía, con los artefactos motorizados agresivos, con la estética falsa del súper-mercado. Lo que es falso no es el materialismo de esta forma de vida, sino la falta de libertad y la represión que encubre: reificación total en el fetichismo total de la mercancía".

¿No describen estas palabras el mundo de las compras on line de Amazon.com, de los videojuegos, del último modelo de i-phone, de la banalidad de las conversaciones y de su simplificación en los mensajes obligatoriamente cortos de los whatsapp? ¿No son lo mismo que una vez más, podemos encontrar, mucho después, en todos los relatos de la gente que he venido incluyendo a lo largo de los capítulos anteriores?

El capitalismo de los años sesenta era para Marcuse un modelo perfectamente integrador, "capaz de contener el cambio social, un cambio cualitativo que establecería instituciones esencialmente diferentes, una nueva dirección del proceso productivo, nuevas formas de existencia humana". Esta contención de cambio social era en su opinión el logro más singular de la sociedad industrial avanzada (Marcuse, 1993, pág. 22)

¿Podemos decir hoy lo mismo de la sociedad de la información, de la sociedad en red? "Los que hacen la política y sus proveedores de información de masas -escribía entonces Marcuse- promueven sistemáticamente el pensamiento unidimensional. Su universo del discurso estaba poblado de hipótesis que se auto validaban y que, repetidas incesante y monopolísticamente, "se tornaban en definiciones hipnóticas o dictados", pero ¿contribuye hoy la red mundial a una *unidad de discurso* de este tipo?

Lo que sucede parece ser más bien lo contrario, que el mundo de Orwell no es posible en el contexto de la red mundial como lo demuestran las censuras en China, Corea, Cuba, Turquía, y la contribución de la red a las causas de movilización democrática internacional (Castells, 2012). El escenario ha cambiado, aunque se hayan muy extendidas, tanto la hiper-cosificación representada por la multiplicación exponencial de las mercancías como un cierto materialismo e individualismo, la red da cobijo, en un proceso contradictorio, tanto a la producción de ignorancias como de nuevos conocimientos.

### La gestión de la ignorancia en red

Podemos preguntarnos, sin embargo, ¿quién -si es que lo hace alguien-gobierna o dirige este proceso? ¿Hay alguien al mando? ¿Han desaparecido las élites en la red de internet? Ortega y Gasset (1966 , págs. 232-233 ) ha señalado que "el mando es el ejercicio normal de la autoridad. El cual se funda siempre en la opinión pública; siempre, hoy como hace diez mil años, entre los ingleses como entre los botocudos". La verdad -escribe Ortega-es que no se manda con los jenízaros. Así, Talleyrand a Napoleón: "Con las bayonetas, sire, se puede hacer todo menos una cosa: sentarse sobre ellas". Y mandar no es gesto de arrebatar el poder, sino tranquilo ejercicio de él. En suma: mandar es sentarse".

Siempre ha habido una opinión pública, "una prepotencia de una opinión; por tanto, de un espíritu" un *mando* que -escribe Ortega (1966 , pág. 33 )- "no es, a la postre, otra cosa que poder espiritual.". ¿Pero quién manda entonces en la red? ¿Cómo se construye el régimen democrático de la opinión pública en las condiciones de la posmodernidad? ¿Dónde está el sistema de *check and balance*s? ¿Cómo se estructura la influencia de las élites en la red? ¿Sigue siendo ésta posible o su destino es el de ser irremediablemente arrastrada por la rebelión de las masas y las *trending topics*? En gran medida la respuesta nos la da Castells (2006) al concluir que "la dinámica social se ha transformado en una dinámica en el interior de las redes y entre redes." La presencia o ausencia en la red y la dinámica de cada una frente al resto son fuentes cruciales de dominio y cambio en nuestra sociedad. Es en *las redes* y no en la *red* en singular donde se encuentran las respuestas a nuestras preguntas sobre una dialéctica virtuosa entre elites y masas.

La acumulación exponencial de información en unas condiciones de inmediatez y la construcción de filtros por las élites políticas, económicas, culturales, artísticas, son dos dinámicas opuestas que la red está experimentando. El derecho y las regulaciones legales van detrás. El espíritu tabernario y la excelencia intelectual conviven. Los dos se encuentran a un clic del consumidor final de los contenidos informativos. Cierto inevitable pesimismo lleva a algunos a pensar- como hace Brey (2009, pág. 57)- que en plena *sociedad del conocimiento*, una amenazante *alienación postmoderna* se cierne –paradójicamente- sobre la sociedad humana con mayor tasa de crecimiento cognoscitivo y en la circulación de las informaciones, provocando una paralela y hasta ahora inapreciada *sociedad de la incultura*.

En todo el mundo una creciente crisis de legitimidad caracteriza la relación entre los ciudadanos y las instituciones que afectan a sus vidas. "Tanto en el norte como en el sur - escribe John Gaventa, editor de la colección Science and Citizens sobre las relaciones entre la ciudadanía y la ciencia de nuestro tiempo -los ciudadanos hablan de una creciente desilusión con el gobierno, debido a las preocupaciones sobre la corrupción, la falta de respuesta a las necesidades de los pobres, y la ausencia de un sentido de conexión con los representantes y burócratas elegidos". (Leach, Melissa; Scoones, Ian; Wynne, Brian; 2005). Esto sucede a medida también de que los actores sociales comprenden el desconocimiento y la ausencia de control que tienen sobre lo que está sucediendo en las sociedades de la globalización.

La globalización está cambiando la naturaleza de la ciencia y de la tecnología y está siendo moldeada por sus propios desarrollos, es decir, alterando la intensidad de la innovación y de los flujos resultantes de conocimientos y experiencias, así como el carácter y el alcance de los riesgos y las incertidumbres asociadas a las mismas. Riesgo, ignorancia y globalización se unen así como objeto del análisis de la Sociología. Se pone de relieve que "la globalización también está implicada en la naturaleza y los contextos cambiantes de la ciudadanía: internacionalizando la gobernanza y las redes a través de las cuales las personas pueden presentar reclamaciones y forjando nuevas solidaridades y formas de conexión entre grupos locales cada vez más dispares" (Leach, Melissa; Scoones, Ian; Wynne, Brian; 2005)y, paradójicamente, gracias a la globalización, cada vez más fragmentados. Los *poderes* están en un proceso de *disolución-difusión* , en cierta medida, incontrolada.

El monopolio del conocimiento y del poder es una aspiración más bien antigua, pero en la red de redes de la globalización se vuelve una tarea endiabladamente complicada. La respuesta a los desafíos que tenemos delante para que la ciudadanía pueda controlar la ciencia y ,en general, el conocimiento, dependerá -como siempre ha ocurrido - de la medida en que seamos capaces de regular estas tendencias e intervenir activamente en las mismas; de como seamos capaces de garantizar el acceso a la información relevante, de que las élites se impongan al dominio asfixiante del hombre-masa en las diferentes redes y en su interacción, de que las trending-topic puedan ser interpretadas y sometidas a crítica en la red o fuera de ella, y también de cómo seamos capaces de gestionar socialmente la producción de nuestros saberes y de nuestras ignorancias.

Igual que en una pequeña villa también en la red podemos frecuentar el parloteo tabernario o el discurso intelectual y reflexivo. Ambos están ahí; en esa plaza pública que es hoy el planeta, pero la fragmentación de la red permite tanto la actuación en ella del hombre excelente como del hombre masa, tanto del hombre unidimensional como del liberado de toda propaganda.

*Sociedad del conocimiento vs sociedad de la ignorancia*

Trataré, por último, de recapitular e intentar resumir *el argumento* existente detrás de *la modernidad ignorante*. Giddens (1990, pág. 1068 de 2506 ) ha subrayado que "el industrialismo ha condicionado decisivamente nuestro propio sentido de vivir en *un solo mundo* debido a que "uno de los efectos más importantes de la industrialización ha sido la transformación de las tecnologías de la comunicación". Antoni Brey (2009) diferencia entre dos facultades fundamentales del primate evolucionado que es el hombre, las que tienen que ver con la manipulación del entorno y las relacionadas con nuestra capacidad para comunicarnos de forma simbólica con otros miembros de la especie.

La globalización y el surgimiento de la sociedad del conocimiento o de la sociedad de la información tendrían que ver así con una *revolución* radical en esta segunda *capacidad* del ser humano (la capacidad comunicativa), por lo que se diferenciaría sustancialmente de las anteriores. "El dominio de la fuerza, del movimiento y de la energía -escribe Brey (2009, pág. 27)- representaron la superación de las limitaciones que nos impone la parte de nuestra naturaleza que compartimos con los otros animales. En cambio, la extensión de nuestras facultades cognitivas y comunicativas, adquirida gracias al nuevo universo de microprocesadores, memorias de silicio y conexiones en red que nos rodea, incumbe directamente a nuestra singularidad humana".

En las condiciones actuales, como he tratado de mostrar, se están mezclando en un *tótum revolútum* todo tipo de *cambios radicales*, que afectan a nuestra visión del mundo y del universo. Anthony Giddens ha tratado de encontrar el hilo conductor de todos estas transformaciones en la idea del surgimiento de una radical ,la de la experiencia del espacio-tiempo del hombre de nuestros días; de forma que los modos de conexión entre diferentes contextos sociales o regiones se traducen en una red a través de la superficie de la tierra como un todo. Lo nuevo en esta tendencia, que ya veía Ortega y Gasset, es el hecho de que la globalización de la información ha resultado hoy exponencial. La aparición y desarrollo de la TV por satélite, internet y la telefonía móvil, la estructuración del mundo *en red* es el resultado exponencial tecnológico y social de tales modificaciones. Giddens (1990, pág. 1085 de 2506 ) subraya que el punto aquí no es que la gente sea contingentemente consciente de muchos eventos, en todas partes del mundo, de los que previamente habrían permanecido ignorantes, sino que la extensión mundial de las instituciones de la modernidad sería imposible si no fuera por la puesta en común de conocimientos que están representados por la "noticia".

Paradójicamente, -lo he reiterado a lo largo de este texto porque, tal vez, sea su idea fundamental- los mismos factores que contribuyen en este espacio-tiempo común a la *reflexividad* y la *transparencia* lo hacen a la *opacidad* y la *ignorancia*. Con las nuevas tecnologías el saber de una persona se puede convertir en el de millones, pero también su ignorancia puede llegar a ser universal. Los factores que explicarían este proceso de desarrollo de la ignorancia serían el crecimiento exponencial de la información (definida por el término nuevo, *infoxicación* (Cornella, 2000), el exceso de información con efectos nocivos que se traduce en "una dificultad creciente para discriminar lo importante de lo superfluo y para seleccionar fuentes fiables de información"); el aumento de la velocidad de su producción, transmisión y recepción; su hiperconexión y la globalización. Los efectos se encontrarían en los procesos de desvinculación social, el incremento de la riqueza colectiva y la distribución desigual del poder y de la propia riqueza.

Acontecimientos lejanos de los que ignoramos todo pueden influirnos instantáneamente. Las nuevas incertidumbres- lo hemos podido comprobar en los relatos de la gente- tienen que ver hoy con los peligros inherentes al uso de las tecnologías (pandemias provocadas por la investigación biomédica, calentamiento del planeta, catástrofe nuclear, etc....) o con el descontrol de los procesos económicos: la deslocalización de empresas, la invasión de productos provenientes de economías emergentes, la concentración de la actividad en manos de grandes monopolios o el creciente poder de los mercados financieros anónimos.

Todo ello pone patas arriba las primeras visiones optimistas sobre el surgimiento de la sociedad de la información. En este contexto no está garantizado, de ningún modo, que la explosión informativa nos convierta en más razonables o más independientes, pero tampoco lo contrario. La red es un conjunto de datos falsos y verdaderos, relevantes e irrelevantes; un lugar donde se encuentra almacenado nuestro conocimiento, pero también nuestra ignorancia; un sitio en el que ambas se pueden multiplicar. Disponemos, y podemos disponer cada vez, más de *las herramientas* y de los *filtros* para hacer más productivo *el saber humano globalizado* y almacenado en la red; y también para que el *montón de datos* y de chatarra informativa e intelectual que contiene pueda ser adecuadamente discriminado y aislado del resto, igual que diferenciamos en nuestra pequeña ciudad el discurso de un profesor de universidad del de cualquier charlatán de taberna, pero la dinámica de estos filtros funciona en el interior de una multiplicidad de redes y en la competencia entre las mismas; y nuestra *elección* resulta, por tanto, bastante complicada.

*¿Realismo utópico y tecnologías de la humildad?*

¿Qué podemos hacer entonces ante este mundo descontrolado y ,al mismo tiempo, en *estructuración*? ¿Tiene remedio *esta red desbocada*? . La pregunta es si al reconocer nuestra ignorancia, debemos renunciar al progreso. ¿Tenemos que olvidar cualquier pretensión de guiar nuestras vidas hacia el futuro? ¿Es imposible conducir al Juggernaut? "La respuesta de Giddens, (1990) es que podemos crear modelos de realismo utópico y tratar de seguirlos.

"A pesar de que nosotros mismos la producimos y reproducimos con nuestras acciones"- afirma Giddens (2007)– no podemos "apropiarnos de la *historia* y doblegarla fácilmente para que se ajuste a nuestros propósitos colectivos". La alternativa es la creación de *modelos de realismo utópico*; ya que, "aunque la historia no esté de nuestra parte, no suministre garantías y no haya teleología, la naturaleza, en gran medida hipotética del pensamiento orientado hacia el futuro, nos lleva a poder imaginar futuros alternativos, cuya misma propagación podría ayudar a que fueran realidad" Giddens (2007)–. Algo de este *espíritu idealista* se trasluce también en los testimonios y los relatos de la gente que hemos analizado o en las propias ideas de Marcuse en los ya lejanos *años sesenta* del siglo XX.

Se trata del optimismo *de la voluntad,* presente también en el pensamiento de autores como Gramsci, el propio Berman y Ortega y Gasset; porque la sociedad es verdaderamente autónoma cuando "sabe que no hay significados *seguros*; que vive en la superficie del caos, que ella misma es un caos (Berman, 1988), un agregado repleto de *campos de ignorancia*. De forma que esta nueva antinomia, la de una *utopía realista,* la nueva esperanza de nuestro tiempo, se sustentaría también en la idea de lo ignorado, de lo imprevisible y de la libertad.

"Debemos batallar por el equilibrio precario y dinámico -escribe Berman (1988, pág. 120) -que Antonio Gramsci, uno de los grandes autores y dirigentes comunistas de nuestro siglo, describió como «pesimismo del intelecto, optimismo de la voluntad". Ese *optimismo de la voluntad* es el mismo que ya hace un siglo Ortega y Gasset (1966 e, págs. 264-266)veía detrás de la construcción del Estado y de la Nación, el despliegue de la *voluntad* individual y colectiva: "no lo que fuimos ayer, sino lo que vamos a hacer mañana juntos nos reúne en Estado". "Nos parece deseable un porvenir, en el cual nuestra nación continúe existiendo. Por eso nos movilizamos en su defensa; no por la sangre, ni el idioma, ni el común pasado. Al defender la nación defendemos nuestro mañana, no nuestro ayer. Esto es lo que reverbera en la frase de Renan: la nación como excelente programa para mañana. El plebiscito decide un futuro". (Ortega y Gasset, 1966 d, págs. 264-266) Se trata en el fondo del mismo optimismo a que nos convocaba Marcuse para superar el estado de postración del hombre unidemensional frente a la sociedad de consumo de los años sesenta.

Pero los procesos de conformación y de proyección hacia el futuro de esa voluntad colectiva es, precisamente, el objeto de nuestro desconocimiento, de nuestra ignorancia. En unas recientes declaraciones al diario *El País*, Felipe González, expresidente del Gobierno español durante quince años y figura política internacional, hacía referencia también a la archicitada frase de Gramsci ,sosteniendo que, al contrario que el pensador comunista italiano, él se considera pesimista de la voluntad y optimista del intelecto. Lo razonaba, un tanto contradictoriamente, afirmando, al mismo tiempo, que, en el mundo actual, a pesar de que se conocen perfectamente los problemas, lo que sucede es que nos encontramos en una situación de anomia generalizada; de falta de respeto a las normas que nos imponemos y de ausencia de liderazgo y de voluntad de los líderes políticos. "Desde el punto de vista de la inteligencia, soy optimista. Desde el punto de vista de la voluntad política, soy pesimista. Creo que lo que falla es la voluntad – afirmaba González- y, por tanto, el liderazgo...Me dicen: 'Hombre, es que no sabemos lo que pasa'. Sí, claro que sabemos lo que pasa. En los acuerdos de desarme que se han saltado a la torera este año sabemos lo que pasa. Sabemos qué pasa en Oriente Próximo. Lo que pasa con el cambio climático, con la OMC y con el nuevo proteccionismo. Lo sabemos. Intelectualmente podemos llegar a un diagnóstico y de allí a la terapia. Lo que cuestiono, o lo que me hace ser pesimista, es si existe esa voluntad para hacerlo, aparte de jugar con los tuits..."(González, 2019).

La pregunta inmediata es la de cual puede ser la razón de que se esté produciendo esa anomia, ese "conjunto de situaciones que derivan de la carencia de normas sociales o de su degradación", esa falta de voluntad de los dirigentes y esa ausencia de liderazgo. Una pregunta que no tiene una respuesta fácil; y que, por ello, constituye un *testimonio adicional'* de la sensación generalizada de *desconocimiento*, *ignorancia* e *incertidumbre* sobre el futuro, que se desprende tanto de las teorías sociales analizadas como de las percepciones de la gente ,incluidas las de este expresidente, un caso muy concreto de *la gente* que nos ofrece el argumento de primera mano de un buen conocedor de la vida internacional.

La nación, como el ser humano, -Ortega dixit- se encuentra orientada hacia el futuro, pero esto no deja de ser sino una "bonita frase" como lo es que solo nuestra esperanza y nuestra libertad pueden contribuir a hacer un futuro mejor, o cualquier expresión de la *lírica liberadora* de Marcuse. "Una sociedad autónoma, una sociedad verdaderamente democrática - escribe Bauman (2003, pág. 222) es una sociedad que cuestiona todo lo predeterminado y que, en el mismo acto, libera la creación de nuevos significados. En una sociedad así, todos los individuos son libres de crear para sus vidas los significados que quieran (y puedan). La sociedad es verdaderamente autónoma cuando "sabe que no hay significados '*seguros*', que vive en la superficie del caos, que ella misma es un caos en busca de forma, pero una forma que nunca es definitiva ni eterna". La cuestión es que esa *libertad* se encuentra por definición *indeterminada*, aunque tal vez pueda ser precisamente, como parece sugerir Bauman, la conciencia de esa *indeterminación* ,de esa *ignorancia*, la que pueda contribuir a incrementar, paradójicamente ,los niveles de responsabilidad en el uso de nuestra libertad.

Giddens se da cuenta también de que con su planteamiento de *realismo utópico* nos está proponiendo, como Gramsci (pesimista con la razón, optimista con el corazón), o como Berman(ser revolucionario y conservador), una conducta paradójica, una nueva antinomia, una *utopía realista*; pero aduce en su favor que frente a la teoría crítica de Marx, que pretendía que la historia tiene una dirección general y que existía un agente revolucionario, el proletariado, que como *clase universal* nos conduciría hacia el futuro, la nueva esperanza se sustenta en la idea de lo imprevisible y de la libertad. "La libertad - como ha señalado Bauman - en otro tiempo un riesgo y un problema (probablemente, el problema) para todos los constructores del orden, se ha convertido en el principal valor y recurso de la autocreación continua del universo humano" (Bauman Z. , 1997).

En opinión de Giddens, la nueva teoría social crítica "debe ser sociológicamente sensible y estar alerta ante las transformaciones institucionales inmanentes en las que la modernidad se abre constantemente hacia el futuro; debe ser políticamente, y aún más, geopolíticamente, táctica, en el sentido de reconocer que los compromisos morales y de *buena fe* pueden ellos mismos ser potencialmente peligrosos en un mundo de riesgos y tener graves consecuencias; debe crear modelos de buena sociedad, que no se limiten ni a la esfera del Estado-Nación, ni a una sola de las dimensiones institucionales de la modernidad; y debe reconocer que la política emancipatoria tiene que estar vinculada con la política de la vida, o con una política de la autorrealización". Todo un plan de buenas intenciones.

Repasemos lo que realmente ha sucedido. La idea de construcción del socialismo desde un Estado Central como producción rigurosamente planificada, se ha desvanecido con el muro de Berlín, conforme avanzaba la complejidad de las sociedades modernas, cuya pluralidad no es susceptible de dirección central. La variedad de *fines* y de *proyectos* de los nuevos movimientos sociales, como el feminismo y el ecologismo, y también de las organizaciones no gubernamentales en el ámbito de la cultura, de la salud, de la comunicación, de las relaciones internacionales, son ejemplos de las nuevas tendencias que tratan de adentrarse en lo que podemos encontrar más allá de la alternativa capitalismo-socialismo de Estado de principios del siglo XX.

Bauman (2003, pág. 142) ha puesto el énfasis, en este sentido, en que la *modernidad líquida* que se confronta con esos márgenes de flexibilidad, pluralidad y libertad, más que orientada hacia el futuro, se encuentra replegada sobre sí misma, sobre su presente. En su opinión el *progreso* no representa ninguna cualidad de la historia, sino la confianza del presente en sí mismo. El más profundo y quizás único significado de progreso está construido a partir de la conjunción de dos creencias íntimamente ligadas -que "el tiempo está de nuestra parte" y que "somos nosotros quienes hacemos que las cosas sucedan".

La modernidad líquida estaría, por tanto, instalada en ese presente continuo, en el instante, en el hoy, en la *libertad* y *responsabilidad* de los ciudadanos y de los líderes mundiales, de cuya ausencia actual de voluntad política, de liderazgo, se lamentaba precisamente el expresidente Felipe González en sus declaraciones al diario *El País*. Ya no serían posibles las viejas utopías, los planes quinquenales de la época soviética, el diseño finalista de los movimientos sociales o de las ideologías de los siglos XIX y XX. Hemos perdido también los supuestos sujetos históricos, que como el proletariado debían conducirnos al paraíso. Estaríamos viviendo la *época de la instantaneidad* donde todo, y, por tanto, nuestro futuro, es liviano, flexible, maleable, ignorado, como lo son las razones que se encuentran tras la inactividad o la falta de voluntad de nuestros líderes. La voluntad de los ciudadanos y de los dirigentes de cumplir las normas, que racionalmente nos damos y de construir con ello un futuro mejor es la clave, pero la misma no está garantizada.

¿Cómo podemos enfrentarnos entonces a todas estas incertidumbres y riesgos potenciales? ¿Cómo se pueden gestionar las dosis de ignorancia sobre nuestro entorno y nuestro futuro que comporta vivir en el siglo XXI? Jasanoff, citado por Innerarity (2009, pág. 44), ha llamado *tecnologías de la humildad* a una manera institucionalizada de pensar los márgenes del conocimiento humano - lo desconocido, lo incierto, lo ambiguo y lo incontrolable- reconociendo los límites de la predicción y del control.

Estas tecnologías de la humildad se hayan cada vez más presentes en los marcos de toma de decisiones tanto de carácter político, como cultural o tecnológico. "Las bases de todas estas tecnologías son en gran medida los análisis probabilísticos. Las apuestas continuas que nos vemos obligados a hacer entre lo que consideramos seguro y probable en distintos grados "(Smithson, 1989, pág. 216). La realidad es que si algo ha de ser probable entonces algo debe ser cierto, por lo que en el juego seguridad-inseguridad podemos llegar siempre a un equilibrio productivo. Ignorancia e incertidumbre, como vemos, vuelven a ser conceptos difícilmente segregables.

En cualquier caso una sabia combinación de *realismo utópico* y *tecnologías de la humildad* tal vez sean el único remedio para la modernidad ignorante; dicho de otra manera, *voluntad* y *buenas estadísticas* . Pero siempre será necesario también un buen análisis sociológico, "no describir el mundo – escribe Lamo de Espinosa ( 2018, pág. 392)- sino hacer lo que de verdad hacemos: llevar luz a los actores, hacer algo más transparente nuestro orden social para que los actores (es decir, nosotros mismos) podamos actuar con menor ignorancia", porque ,efectivamente, los sociólogos no describen el mundo, sino que ,como mucho, "hacen mapas para ayudar, modestamente, a que la gente no se pierda".

LO QUE DICE LA GENTE

*Hay un valor falso, pero que funciona, qué es la ganancia*

¿Qué dicen los relatos de la gente sobre los valores que prevalecen en la red y en las sociedades de la globalización? ¿Nos hace más egoístas la incertidumbre y la ignorancia? ¿ Cual es el sistema de creencias del *homo ignorans*? ¿ comparte el optimismo de la voluntad o el pesimismo de la razón? Antes de comenzar a intentar responder , conviene reflexionar sobre lo que subrayaba uno de los entrevistados: *Yo creo que la gente no se levanta pensando en valores, y se pasa los días y las semanas sin pensar mucho en valores…..Si te lo preguntan, evidentemente, todos pensamos en no hacer el mal, en ser solidarios, más o menos, en ser cívicos; los valores, cuando lo piensas son positivos, porque no pueden ser de otra manera, nadie hace mal a sabiendas, y nadie dice, no, yo tengo valores contrarios a esto"* . Habría que distinguir, por tanto, los *valores que se reconocen como realizados* en la situación actual, los *valores que se propugnan* y *los que se practican*. Otra posible clasificación relevante es la que se refiere al *contenido materialista* o *postmaterialistas* de los mismos.

En los estudios EVS (European Values Study, 1981-2008)se les solicitó a los encuestados que indicaran su primera y su segunda preferencia respecto a cuatro diferentes objetivos para la sociedad en los próximos diez años. Dos de los temas planteados eran indicativos de puntos de vista materialistas y dos de puntos de vista postmaterialistas. Los objetivos materialistas eran mantener el orden en la nación y luchar contra el incremento de los precios. Las dos alternativas postmaterialistas eran darle a la gente una mayor participación en las decisiones gubernamentales importantes y proteger la libertad de expresión. Dependiendo de la primera y la segunda respuestas que daban los encuestados, estos fueron clasificados en cuatro categorías que iban de las del puro materialismo (cuando ambas opciones materialistas eran preferidas) a puros postmaterialistas (las dos opciones postmaterialistas eran preferidas). Los grupos que se encontraban entre estos dos eran los que correspondían a la gente que prefería un objetivo materialista junto a otro postmaterialista. Sobre esta base se construyó un índice mediante la substracción del porcentaje de materialistas del de postmaterialistas en cada país en los que se hizo el estudio.

La conclusión a la que se llegaba en los estudios EVS (European Values Study, 1981-2008)era que parecía necesario reflexionar sobre la teoría del cambio de valores desde el materialismo hacia el postmaterialismo, pues los datos no reflejaban ninguna tendencia nítida. En la mayoría de los países estudiados ni el grupo postmatrialista ni el materialista formaban una clara mayoría. El grupo de gente con pautas de respuestas mixtas, combinando preferencias materialistas y postmaterialistas, era mucho más amplio que el grupo de puros materialistas o de puros postmaterialistas juntos. En algunos países como Dinamarca o Suecia más del 70% se encontraban en este grupo mixto. Los mayores porcentajes de materialistas se encontraban en los países postcomunistas (curiosa coincidencia que da que pensar), pero, en general, se llegaba a la conclusión de que de los datos no emergía ningún patrón claro de carácter nacional o regional (Arts & Halman , 2004). Hay de todo, por tanto, en *la viña del señor*, habría que concluir de estos estudios; o sea que hay gente materialista y otra que no lo es; diferentes grados de materialismo y de idealismo tanto en las personas como en los grupos sociales.

A la vista de los datos que he manejado (Eurobarómetros, 2014 y 2016; estudio cualitativo del CIS 2005, encuesta CIS 2005 , Barómetro BRIE 2016 y Estudios EVS 1981-2008) se podría afirmar - sin entrar a realizar un análisis más específico de los mismos- que ambos aspectos -*materialistas y postmaterialistas*- merecen la atención y el interés de considerables sectores de población, que señalan, a juzgar por los relatos que he analizado, su preocupación sobre ambos, poniendo de relieve la importancia de temas como la democratización y la toma de decisiones, la libertad de opinión, la pérdida de identidad, la diversidad cultural, la paz y la seguridad, la protección del medio ambiente y la generalización de los derechos humanos.

*Cada uno va a lo suyo*

Se puede decir, no obstante, que en los integrantes en los grupos de discusión del CIS (Centro de Investigaciones Sociológicas, 2005 b)se coincide mayoritariamente en manifestar una percepción de la tendencia a consumir, del individualismo y el materialismo, que se sumaría al *estereotipo*, ya comentado, de que *individualismo* y *materialismo* están en alza.

Referencias al consumismo, el individualismo y el materialismo aparecían en casi todos los comentarios: *"Todos nos hemos vuelto más individuales, mas individualistas", "el egoísmo", "cada uno va a lo suyo", "somos de la generación de tanto tienes tanto vales", "tengo un DVD, tengo un no sé qué...tengo de todo, vivo muy bien, pero a qué precio...en cuanto a familia se ve un distanciamiento, cada uno está a lo suyo", "satisfacer la cuestión material no tiene fin", "hemos perdido valores y hemos ganado nivel de vida, el cambio es saber si nos compensa", "las relaciones personales se están quedando a un lado y están primando las relaciones profesionales", "pues la diversión, yo creo que el primer valor que tiene ahora la gente joven es divertirse", "pues que nos estamos deshumanizando", "no nos importa que el vecino esté pasándolo mal si nosotros estamos pasándolo bien".*

En general, los comentarios eran abrumadores en este sentido y tocaban todos los aspectos de la vida cotidiana. Se señalaba también, en las entrevistas a diplomáticos, periodistas y altos funcionarios, que un indicador de conductas *materialistas* (que se desentienden de los otros, sin buscar su mal) estaban representadas por la práctica de actividades *individualistas* que llevan a actuaciones orientadas siempre hacia un consumo del ocio como el cultivo del propio cuerpo o a actividades lúdicas poco sociales". *Yo creo que los valores que predominan no son muy positivos, pero mira el valor del enriquecimiento, por ejemplo, el interés personal por tener más bienes, más dinero más riqueza y o intereses, por ejemplo, por deportes, intereses que suponen poca cultura, que suponen poca generosidad y suponen poca mejora social"* (Entrevistado n2);*"cada uno se ocupa de sus funciones vitales y de sus trabajos, y poco más o menos de las aficiones que tenga"* (Entrevistado n4). Una opinión en la que coincidía una integrante del grupo 6 de amas de casa (CIS), respondiendo a una pregunta sobre los valores comentaba: *"Pues la diversión, yo creo que el primer valor que tiene ahora la gente joven es divertirse. Yo, por ejemplo, pienso y me da pena decirlo porque es mi hijo, pero para mi hijo el valor número uno el fútbol ".*

Ya sea desde una óptica positiva, para valorar el crecimiento, la competitividad, el progreso, el desarrollo, el libre comercio o la economía de mercado (*"las relaciones personales se están quedando a un lado y están primando las relaciones profesionales" ;" hay un, un valor, un valor falso, pero qué, pero que, bueno, que funciona, qué es la ganancia";" el más grande es cada vez más grande" ; "creo que vas a comprar (*risa*). Es como una cosa que* *gusta"*, como desde puntos de vista que se fijan en sus aspectos negativos, en la desigualdad, la pobreza o el desempleo *("cada vez nos estrujan más y cobramos menos" ;" somos bastante individualistas y nos movemos por intereses bastante personales" ;"unos más ricos y otros más pobres")'*, cierto materialismo subyace también, consistentemente, en las percepciones expresadas en los relatos de la gente.

La opinión de que la globalización es creadora de desigualdad, tanto en el interior de los países como entre los mismos países *("unos más ricos y otros más pobres"; "para que haya países ricos tiene que haber países pobres")*estaba también presente en gran parte de los testimonios recogidos. No creo, sin embargo, a pesar de estas opiniones, que la perspectiva moral predominante con la que se perciben aspectos *económicos* de la vida social y de la globalización sea necesariamente una estrictamente *materialista* sino más bien *ambivalente*.

### Un valor falso

A pesar del *chorro* de coincidencias sobre nuestro supuesto egoísmo, materialismo y consumismo, de los testimonios de la gente con la que he hablado no se puede deducir la existencia de una concepción estrictamente *materialista* de la vida y de la sociedad. A pesar de que es evidente que todos los relatos subrayan la importancia de los aspectos *económicos* y de los *valores materialistas* *("la gente es muy materialista"; "que la gente cada día es más falsa"; "la gente no está feliz con sus vidas"; "la gente vive de apariencias y es lo que vale"; "la gente está como más a la defensiva, como más agresiva"; "el que tenga mejor coche"; el que tenga mejor estatus, y no importa como lo consigas")*, y se habla invariablemente de un incremento de la tendencia a consumir, del individualismo en todos los ámbitos, de un cierto desapego a lo común, a lo político; lo que se escuchaba también, invariablemente, es que se trata de *valores falsos* - así los definió uno de los entrevistados *("hay un, un valor, un valor falso, pero qué, pero que, bueno, que funciona, qué es la ganancia")*- . Las preguntas que debemos hacernos son entonces las de ¿quien es esa *gente* de la que habla toda la *gente*? , y también si están hablando de *lo que se hace* o más bien de lo que *debe hacerse y no hacerse*.

La respuesta a estos interrogantes me lleva a pensar que, independientemente de que se practiquen o no los denostados *vicios* por quienes los denuncian, estos valores *falsos* no se consideran, *interiorizados*. La gente habla de la *gente,* pero no de ellos mismos al referirse al egoísmo y al materialismo. Otro aspecto a tener en cuenta es que mencionan, al mismo tiempo, la importancia de aspectos no materialistas relacionados con los modos de vida y con la participación, con la búsqueda del placer, con el deseo de perpetuarse, con el instinto de conservación, con la pulsión a imitar a los demás y de no molestar al prójimo, que van más allá del eje materialismo-postmaterialismo(*"buscando el placer, buscando el bienestar suyo, en fin"; "pues lo que quieren es perpetuarse"; "mueve el mundo el instinto de conservación"; "mueve el mundo también el instinto de imitación"; "yo creo que la gente valora mucho menos la política y a los políticos"; "todos pensamos en no hacer el mal, en ser solidarios, más o menos; sin molestar mucho a los demás"*).

La visión *negativa* de la condición humana se da junto con respuestas que apuntan a una cierta noción idealizada de que antes existía más solidaridad en la sociedad; y que la mercantilización de la vida es un fenómeno que ha crecido con la globalización y el desarrollo del capitalismo financiero, pero al que *se debe* poner fin: *"la idea que me preocupa mucho, qué es que tiene que haber ética en la economía; pero muchos opinan que no tiene que haber ética en la economía, la economía responde a la oferta y la demanda y punto"* (Entrevistado n 6); *"yo creo que los valores así, en fin, yo creo que están bastante cuestionados los valores, que podríamos decir de solidaridad, de tal; yo creo que todo eso está bastante cuestionado hoy en día,* (Entrevistado n5); *"pues yo creo que, no sé, en general, hay más materialismo. Yo creo ...el valor del ser humano sino cómo ser humano, yo creo que se ha reducido frente a otros valores* (Entrevistado n3).

Por otra parte, la idea no sería tanto que *la gente* se mueva para *perjudicar al prójimo* como para *beneficiarse* personalmente en la búsqueda de la *felicidad*, lo que no es lo mismo (*"Yo creo que a la gente lo que nos mueve es el egoísmo, pero no implica "hijoputez", ni ir machacando a la gente; pero yo creo que, como primera instancia, pensamos en nosotros, lo cual no quiere decir que vayamos pisando cabezas, ni nada parecido, pero yo creo que pensamos en nosotros.... El egoísmo razonable y moderado o no moderado, casi diría que es lo primero. ¿no? La gente se mueve...aparte que nos movemos un poco por instinto, como decía el Arcipreste de Hita, perdón por la cita, "el tener el sustento y el ayuntamiento con hembra placentera" (se ríe), .... el egoísmo de cada uno acaba haciendo que las cosas funcionen"* (Entrevistado n1).

También se señalaba un creciente individualismo en todos los ámbitos, coincidente con un cierto desapego a lo común, a lo político. *"Hay todo tipo de valores, no lo sé,....yo creo que la gente valora mucho menos la política y a los políticos"* (Entrevistado n8), unido a una menor capacidad de reflexión, a una mayor agresividad y a la pérdida de un cierto *respeto al otro*, lo que era explícitamente señalado por alguna entrevistada: *"creo que hay mucho menos respeto ahora a todos los niveles en relación con los padres; hay más agresividad eventualmente por las calles* (Entrevistado n8).

Pero no todos son valores negativos, alguno de los entrevistados señalaba, específicamente, la emergencia también de valores positivos -postmaterialistas en la terminología de los EVS (European Values Study, 1981-2008)- como el humanismo que se relaciona con la consideración de la mujer —el feminismo- o el respeto a la naturaleza —el ecologismo*: "Yo creo que, habido cambios enormes, en costumbres, y en puntos de vista, y en enfoques. ..ha habido un salto de gigante en sociedades occidentales en cuanto, por ejemplo, al papel de la mujer; pero hemos visto también otras, en cuanto a la educación, en cuanto a la educación medioambiental, en cuanto a la conciencia de los riesgos medioambientales, en cuanto los problemas de las instituciones; y si sirven o no a los ciudadanos y con qué eficacia sirven, en cuanto a la representación de los gobiernos, en cuanto a la corrupción"*(Entrevistado n9).

En cualquier caso, más allá de si somos materialistas o postmaterialistas, con todo este material, dejo aquí una reflexión final de carácter optimista. Las menciones que hace la gente a los factores negativos de la globalización, como la desigualdad, el empobrecimiento, o el crecimiento del materialismo, han sido seguidas de otras que se referían a la necesidad de que los dirigentes tuvieran el coraje, el carisma, la voluntad para cambiar las cosas o como diría Giddens, la suficiente dosis de *'realismo utópico'* (*"se tiene que tener el coraje de defenderlo" "Yo creo que es una cuestión de voluntad, de carácter"; "tener valentía, de los que están al frente de estas instituciones"* afirmaba convencida una entrevistada*)*. Y, además, el egoísmo está mal visto. Gobernar al *Juggernaut* puede ser, después de todo, una cuestión de voluntad (Schopenhauer 2005, a y b).

X

# EL HOMO IGNORANS, LA IDEA DE PROGRESO Y LA LEGITIMIDAD DE LA IGNORANCIA

La nueva *Epistemología* de la *ignorancia* ,que viene a consagrar su legitimidad, acompaña las transformaciones que se están produciendo en las creencias y en la idea de progreso en las sociedades actuales; y es el marco en el que nace la Agnotología o Sociología de la Ignorancia. Lamo de Espinosa (2018, pág. 60) ha señalado como, paradójicamente, tanto el funcionalismo como el marxismo, tan diferentes entre sí en sus presupuestos epistemológicos o en sus marcos teóricos, compartían, "la creencia en que una ciencia social es posible y deseable" y, en segundo lugar, "una fe, igualmente ingenua, en la racionalidad occidental como motor del pensamiento y de la historia; es decir, eran ilustrados y optimistas sin merma alguna y creían a pies juntillas en el universalismo de la razón". Esto es lo que ha cambiado.

Frente a los sistemas explicativos, pretendidamente científicos y *totales* de la primera Sociología de la modernidad, y frente a las pretensiones de explicaciones también holísticas del todo social basadas en parámetros culturales o simbólicos, las teorías sociales aspiran hoy más bien a señalar tendencias basadas en *prismas analíticos* concretos. La historia no tiene trama, la sociedad es tan inexplicable como el propio Universo, esa parece ser la conclusión de la Sociología y de la historiografía actuales. Ignoramos el futuro, y si hay una explicación de la historia, lo que tampoco se puede afirmar rotundamente, *ignoramos* cuál pueda ser. En la conciencia de las sociedades desarrolladas han desaparecido *los hilos de la historia* y las *explicaciones holísticas de la identidad humana.* La idea de progreso se ha transformado; en su lugar hay una *incógnita,* una interrogación, una *ignorancia*, que se considera legítima.

La Sociología del conocimiento se basa "en el hecho de que el pensamiento científico y, en particular, el pensamiento referente a asuntos sociales y políticos, no se desarrolla en un vacío absoluto, sino dentro de una atmósfera socialmente condicionada" (E. Curtis & John W., 1970). Recibe, así, la influencia considerable de elementos inconscientes o subconscientes que permanecen ocultos al sujeto pensante, puesto que forman, por así decirlo, el lugar mismo que habitan, su hábitat social. De esta perspectiva racional y productiva para el análisis social, se han desprendido, sin embargo, desde la primera modernidad, intentos de explicación totalizadores, que ahora se tienden a abandonar en su pretensión holística.

En este contexto es en el que aparece la perspectiva agnotológica de la Sociología, (la Sociología de la Ignorancia). En un momento en que se tienden a abandonar las viejas creencias en un destino prefijado de la humanidad o del hombre; intentos de adivinación que fueron en su momento un producto de la degeneración de la Sociología del Conocimiento en una vana tentativa de explicación teleológica de la propia historia, así como de la propia identidad humana.

La crítica a la *falsa conciencia del yo* o a la *alienación* de la sociedad propia de los llamados *filósofos de la sospecha* ha sido sometida hoy, a su vez, a una fuerte crítica por representar falsos sistemas de explicación sin la suficiente *fundamentación*. Si repasamos los objetivos de los pensadores que resumen el pensamiento de los siglos XIX y XX, veremos que esta débil base ha sido bastante frecuente tanto en la filosofía como en la psicología o la sociología.

Lo que quería Marx era alcanzar la liberación de la humanidad por una praxis que desenmascara a la ideología burguesa y superara la alienación en la que el ser humano no trabaja para sus propios fines sino para el beneficio del capitalista, en la que el capital era quien dictaba los fines, es decir, superar la ignorancia sobre *los fines propios* que el sistema nos enmascara. Nietzsche buscaba al superhombre; pretendía la restauración de la fuerza del hombre por la superación del resentimiento y de la compasión, que hacían del hombre un ser de espaldas a su destino manifiesto, un ser que ignoraba su propia naturaleza. Freud pretendía una curación de la personalidad por la conciencia y la aceptación del principio de realidad, que supuestamente se ignoraba.

Pero podemos preguntarnos con Torralba (2013, pág. 1) : ¿De dónde procedían esos fines que justificaban las alegaciones de ignorancia respecto a los sujetos que los desconocían? ¿qué tipo de conocimiento sobre el yo mismo y sobre la humanidad encontraríamos una vez superadas estas presuntas ignorancias? Si la ignorancia es un concepto *referencial*, ¿Quién y porqué dice que ignoramos nuestro *verdadero destino*, sea este el de *superhombre* o el del *hombre nuevo* en una sociedad comunista? La búsqueda del *problema* del ser humano de nuestro tiempo conduce a la constatación de los interrogantes sobre su identidad más profunda. La sospecha más absoluta se vuelca sobre sí misma y encuentra que no hay *ningún lugar* seguro desde el que sospechar.

La escuela de la sospecha es una conocida expresión del filósofo francés Paul Ricoeur (1913-2005) quien la uso por primera vez en su libro Freud: una interpretación de la cultura. Los maestros de la sospecha (Karl Marx 1818-1883, Friedrich Nietzsche 1844-1900 y Sigmund Freud 1856-1939), aunque con teorías excluyentes entre sí y, desde diferentes presupuestos, consideraron que la conciencia en su conjunto era una conciencia falsa, es decir ignorante. El yo se forja ilusiones sobre sí mismo y sobre la sociedad en la que vive e incluso su visión del Cosmos y de la existencia se derivan de esas realidades ocultas y de esas pulsiones inconscientes. Así, según Marx, la conciencia se falsea o se enmascara por intereses económicos, en Freud por la represión del inconsciente y en Nietzsche por el resentimiento del débil. "El hombre -señala Francesc Torralba (2013, pág. 15)- ya no es el centro de la historia, sino el resultado puramente mecánico de la dialéctica de la materia. El hombre ya no es el soberano de su vida, sino una bestia impulsiva que ha sido reprimida por la cultura. El hombre ya no es la cima de la creación, la culminación de todas las entidades creadas, sino una transición, ein Übergang, una cuerda colgando sobre el abismo, un ser que ha de superarse y convertirse en superhombre Übermensch".

Todas esas *ignorancias* se imponen sobre el *verdadero yo*, cuya identidad prístina se quiere recuperar. Pero si no somos libres de pensar como pensamos, si estamos condicionados por realidades ocultas ¿tiene sentido plantearse, en primer lugar, una trascendencia de ese yo? ¿Desde qué parámetros y fundamentos se puede hablar, por otra parte, de un *verdadero yo*? ¿De dónde viene esa identidad? ¿No queda así destruida? ¿Cuál es el fundamento último de estas teorías de la sospecha? Paul Ricoeur (1965) utiliza la expresión *maestros de la sospecha* para referirse especialmente a los recelos que introducen estos tres pensadores, Marx, Nietzsche y Freud, en el terreno antropológico. Los tres alteran de manera significativa la visión moderna del ser humano defendida por Descartes, Kant y Hegel.

"Llevan a cabo -escribe Torralba (2013, pág. 12)-una crítica del sujeto, de la idea de hombre. Como consecuencia de su crítica, el hombre se convierte en un ser esencialmente problemático, un enigma para sí mismo, que ya no tiene referentes sólidos para definirse ni para marcar su singularidad en el mundo". Sin embargo, curiosamente, los tres filósofos de la sospecha construyen ,a su vez ,sistemas de ideas que, al liberar presuntamente al yo de sus determinaciones y condicionamientos, apuntan ,paradójicamente, a una nueva metafísica del *yo*, a nuevos fines de ese mismo *yo*. ¿De dónde han venido esos fines? Volvemos así a las primeras preguntas de la Filosofía, a la necesidad de una legitimación última de la ciencia si no reducimos su objeto a *enunciar regularidades* útiles sino a *buscar lo verdadero*.

El hecho de que el *yo* esté condicionado por entornos no nos ayuda a desvelar el misterio de la propia formulación de las preguntas que pueden plantearse; pues, una vez despejadas esas determinaciones, siempre nos queda la incógnita sobre el sujeto de las mismas y sus finalidades, la cuestión de la legitimación. Si vamos retirando, como en una cebolla, las capas de condicionantes del *yo*, al final o bien nos encontramos con una sonora nada; y seríamos nada más que nuestras circunstancias -en lugar del orteguiano yo *soy yo y mi circunstancia* (Ortega,1967)- o nos encontraríamos con un misterioso núcleo enigmático e incomprensible de lo que constituye la apercepción kantiana del *yo,* que supuestamente sintetizaría todas nuestras percepciones y conceptos, pero estaría ya desnudo de cualquier carácter propio. La conclusión es que tanto la vida humana como la historia de la humanidad parecen ser para el ser humano de nuestro tiempo, como lo es el propio Universo, *entes* incognoscibles. La *modernidad ignorante* sería, por tanto, una época de reivindicación de esa legitima incertidumbre

Si, como se sostiene por la teoría sociológica actual, la ignorancia es un concepto *referencial* ¿Quién y por qué dice que ignoramos nuestro *verdadero destino* o *nuestro verdadero yo* sea este el que sea ¿Desde qué parámetros y fundamentos se puede hablar de un *verdadero yo*? Estas teorías de la sospecha constituían la puesta en escena de una metafísica del *yo* propia de relatos de la modernidad como la dialéctica del Espíritu, la hermenéutica del sentido, la emancipación del sujeto razonante o del trabajador (Lyotard, 1987),pero ya no pertenecen a la conciencia de las sociedades actuales.

Tanto las "teorías conspiracionales de la sociedad y de la historia (Hegel, Marx) como las de que hay algo oculto tras el *yo* (Freud) no serían sino variantes del teísmo, de una creencia antigua en dioses cuyos caprichos y deseos lo gobiernan todo, herederas del *inconsecuente* intento de *guillotinar al príncipe y sustituirle por el principio* "(Popper, 2010). Como ha señalado Lamo de Espinosa (2018, pág. 64) un teórico social como Marx era heredero "de los «maestros de la sospecha», como llamó Stuart Hughes a los viejos maestros Nietzsche, Pareto o Freud, buscadores de la realidad latente y oculta por detrás de sus representaciones, meros síntomas a descifrar".

"Cuando ese meta discurso – escribe Lyotard (1987, pág. 9) recurre explícitamente a tal o tal otro gran relato, como la dialéctica del Espíritu, la hermenéutica del sentido, la emancipación del sujeto razonante o trabajador, se decide llamar «moderna» a la ciencia que se refiere a ellos para legitimarse". Giddens (1995, pág. 282) ha señalado que esa búsqueda de la identidad del *yo*, en la forma de la aparición de lo que él llama *la aparición de la política de la vida*, ha regresado a las llamadas sociedades posmodernas, porque en realidad nunca se fue, siempre estuvo ahí; pero su regreso se produce en un contexto bien diferente, el del realismo utópico, un despliegue de la voluntad que es consciente de no tener asegurada su realización; en un contexto de legitimidad de la ignorancia sobre el futuro.

Al contrario de lo que plantean las teorías de la sospecha, lo que sostengo aquí es que las sociedades actuales, *la modernidad ignorante* parece haber abandonado las teorías conspirativas, los *juicios de intenciones* sobre el *yo* y sobre la propia sociedad. Como ha escrito Lamo de Espinosa ( 2018, pág. 39) "frente a modelos conspirativos que creen que cuanto ocurre es resultado de algunas minorías hiperinteligentes que manipulan el mundo, la sociología nos enseña que es más bien resultado de la ignorancia, las pasiones, el apresuramiento y la torpeza humana, resultado, pues, de la hipointeligencia, más que de la hiperinteligencia conspirativa".

La teoría social ha renunciado a cualquier *metafísica de la historia*, y ya no buscan entelequias como *un hombre nuevo*, que amanecería sobre la faz de la tierra tras la superación de las *alienaciones*. Desde este punto de vista el hombre nuevo sería ya el ser humano de hoy, abierto a la duda, orgulloso de la dignidad de su ignorancia y del misterio de su propia identidad, el *homo ignorans*.

Durante casi dos siglos ,XIX y XX, un extenso corpus de libros ha reflejado el proceso tanto de la *relativización* como de la *secularización* de la ignorancia como concepto e, implícitamente, la desaparición gradual de una deidad que todo lo sabe y la eventual realización de una de las implicaciones más profundas de la Ilustración: que puede haber asuntos desconocidos e incognoscibles para cualquier ser en el universo, es decir, la ignorancia universal irreducible (Smithson M. , 2015, pág. 388). El *homo ignorans* se habría descubierto a sí mismo al comprender la medida en que, precisamente, se desconoce; la medida en la que ignora quién es, y en la que comprende que una de las capacidades más fascinantes de su propio cerebro es, precisamente, "la capacidad de tomar decisiones incluso cuando no está disponible toda la información objetivamente necesaria -esto podría decirse que distingue al cerebro de la computadora-" (Smithson & Pushkarskaya, 2015, pág. 114).

Esta actitud, que me parece a mí que predomina en las ideas sociológicas sobre las sociedades desarrolladas actuales, pavimenta el camino para el desarrollo de un humanismo basado en la crítica de la propia razón humana; y, al mismo tiempo, sienta las bases de un relativismo que, de nuevo, paradójicamente, fundamenta su dignidad en la propia duda y en la vivencia personal de esa incertidumbre.

La Ética y la Filosofía de la *modernidad ignorante* se fundamentaría también, por tanto, en esta reivindicación de la dignidad de la incertidumbre. Un camino no exento de peligros para la *nueva razón postmoderna* , pues, al otro lado del precipicio de la teleología y de las teorías conspiracionales se encuentra otro pozo sin fondo en el que la teoría social puede precipitarse, el de la interpretación subjetiva de la historia y de la realidad, en la que *el discurso* de los agentes sociales lo es todo, en el que las cosas *no son como son* sino *como se las ve* .

"Frente a los intentos de captar la realidad tal y como es y sin adherencias ideológicas, las nuevas corrientes constructivistas- escribe Lamo de Espinosa ( 2018, pág. 63) descubren que lo importante no es cómo son las cosas (si es que son de algún modo), sino cómo son interpretadas, entendidas o construidas por los actores; lo importante no es, pues, «la situación» objetiva, sino la «definición (subjetiva) de la situación», pues, como señala el dictum de Thomas, si los hombres definen las situaciones como reales, estas son reales en sus consecuencias, aun cuando la definición de la situación pueda ser irreal. Con ellos se exagera hasta el extremo la afirmación de Mead de que si algo no es reconocido como verdad, entonces no funciona como verdad en la comunidad , pasando así de los modos de producir la realidad a los modos de interpretar y construir la realidad". "Si para los anteriores – argumenta Lamo de Espinosa- el individuo no era sino el soporte o la interiorización de relaciones sociales objetivas (el capitalista es capital personificado , dice Marx; el hombre es social, dice Durkheim), aquí la dinámica se invierte: la sociedad no es sino la exteriorización del sentido".

Entre estos dos vacíos en los que puede precipitarse nuestro conocimiento, el *homo ignorans* vendría a ser un *ignorante consciente* que reclama la dignidad de la duda. Las sociedades desarrolladas actuales se caracterizarían, precisamente, por dejar abiertas estas interrogaciones de las *metafísicas sociológicas* sobre la naturaleza última *del yo* o sobre el *hilo de la historia*, pero también del valor absoluto de las opiniones de los seres humanos- aunque estos lleguen a ser la mayoría- sobre su propia sociedad. "Simplificando al máximo, - escribe Lyotard (1987, pág. 10) se tiene por «postmoderna» la incredulidad con respecto a los metarrelatos", pero también, habría que añadir, la incredulidad respecto a los *relatos* de los otros, de los agentes sociales; lo que nos lleva a la preeminencia de los criterios de tolerancia y de respeto por los que no opinan como nosotros.

Lamo de Espinosa (2018) ha señalado que "marxistas y funcionalistas compartían una visión decimonónica y evolutiva del hombre y la sociedad, eran, de un modo u otro, darwinianos"; un pensamiento que regresa de nuevo al discurso más actual sobre lo social. En la misma estela explicativa del desarrollo humano de los maestros de la sospecha o del propio Marx, y en relación con los mecanismos de progreso y adaptación social, han reaparecido así la Biología Evolucionista y las teorías de la llamada *EEE* (Estrategia Evolutivamente Estable).

El saber humano sería, de acuerdo con ellas, un *saber social* que podríamos descomponer en *memes* (Dawkins,1993), igual que nuestra herencia genética se descompone en *genes;* y en un camino de *prueba-error-prueba- éxito*, entre individuos y sociedad, estaría configurando socialmente nuestros actuales usos sociales generalmente aceptados, el sistema nervioso del *mágico software* del progreso, desde los sistemas políticos democráticos a internet, la red de telecomunicaciones o la red de transportes terrestres, aéreos y marítimos que entrecruzan el planeta en la globalización-(Dawkins,1993, Ridley,2010).

Se trata de una nueva versión del progreso humano en el que solo las conductas de progreso son premiadas socialmente y aceptadas como usos sociales en la terminología de Ortega y Gasset. Algo similar, respecto a la organización social, a la idea que nos plantea Popper (1980) sobre el método científico para la construcción de la verdad científica, un método fundamentado en la búsqueda de verdades provisionales en un proceso probablemente infinito de comprobación y refutación intersubjetiva de nuestras teorías. De la misma manera que en Popper la *validación social* de lo verdadero, científicamente hablando, se produce mediante procesos de falsación que descansan siempre en las personas y no en los colectivos, los memes de Dawkins, consolidados tras la dialéctica de prueba-error-prueba-éxito se encontrarían en una fundamentación de carácter *biologista* de la evolución de las sociedades actuales.

A este respecto hay que señalar, no obstante, que las teorías de la falsación de Popper (1980) han sido puestas en cuestión por muchos filósofos de la ciencia. "Una crítica que a menudo se hace al criterio de falsificación de Popper – escribe, por ejemplo, Shterna (2015, pág. 47)- es que la asimetría lógica convincente entre falsedad y verificabilidad es generalmente inaplicable en el mundo real", ya que "los científicos tienden a proponer adendas ad hoc a sus teorías para que las teorías se ajusten a los hechos, en lugar de rechazar las teorías". "El problema con la falsificación del mundo real no es simplemente que los científicos puedan estar en desacuerdo sobre el significado de un hecho (por ejemplo, ¿un cisne negro falsifica la teoría de que los cisnes son blancos?), sino que pueden interpretar ese hecho de diferentes maneras (por ejemplo, ¿Es eso un cisne negro o está embarrado?)".Shterna (2015, pág. 50) ha señalado también que alguna forma de esta visión popperiana de que la ciencia funciona por acuerdo metodológico, comúnmente llamada convencionalismo, "se vuelve necesaria una vez que uno rechaza, como lo hizo Popper, la visión de que la ciencia tiene bases firmes en la experiencia o en alguna otra fuente de verdad manifiesta", pero que "el convencionalismo de Popper no escapa completamente a la arbitrariedad, simplemente la transfiere al nivel de la comunidad científica que adopta las convenciones".

En cualquier caso, lo que nos interesa aquí , al margen del debate sobre la teoría de la falsación, es que hay siempre una cierta idea *evolucionista* , tanto en las ideas de Dawkins como en todos los sistemas sociológicos de la primera modernidad, desde Marx a Comte o Weber, en los que los diferentes principios axiales sirven para explicar de manera *completa* el devenir social. Siguiendo ciertas interpretaciones de las nuevas conjeturas de la Socio-Biología (Dawkins, 2008), las democracias modernas y los propios sistemas económicos, por ejemplo, serían formas institucionalizadas de *estrategias evolutivamente estables* de las sociedades humanas. Estas concepciones dan paso así, expresado de otra forma, a la misma idea de un *progreso ineluctable*, a un nuevo tipo de historicismo, ahora de matriz biológica y etológica, del que, al parecer, le cuesta desprenderse al ser humano.

Pero ¿es el desarrollo social una realidad inmanente al todo social, a ese ámbito intersubjetivo que son las sociedades postmodernas o está sujeto al imperio de la libertad, al misterio de la identidad última del ser ;y, por lo tanto, al azar o al sentido oculto del Universo? -si es que se puede hablar con propiedad de *sentido*-. No es esta una pregunta a la que pueda responder la Sociología -tampoco, por cierto, la Filosofía, aunque sea, precisamente, su *campo* de juego-. La pregunta podría formularse de esta otra manera: ¿Hay una mano invisible que esté gobernando por nosotros, nuestro desarrollo social, la globalización, la intersubjetividad global?

Giddens (2007) ha intentado contestar esta pregunta con su idea de que vivimos en el interior de un artefacto social desbocado, un Juggernaut, construido por normas y circuitos que tratamos de desvelar y que podríamos guiar en un cierto sentido mediante el ejercicio de un *realismo utópico*, cuyos resultados no están de ninguna manera garantizados. Visto así el debate sobre este asunto no es, en realidad, muy distinto del que enfrentó en otro momento a las corrientes estructuralistas del marxismo (Althusser) con la escuela crítica de Frankfurt, que ponía el énfasis en los textos del joven Marx y en el papel de la *conciencia* en el desarrollo histórico y no en el determinismo de la estructura y, especialmente, de la llamada *infraestructura*. La combinación de los espacios de la voluntad, de la libertad humanas y de las estructuras sociales y materiales que condicionan su carácter y sus acciones, regresa, de una u otra forma, en la teoría de *lo social;* del mismo modo que la *creencia,* aunque ahora sea *débil* y de carácter *biologicista,* en el futuro.

Como se ve, no dejamos de producir teorías teleológicas sobre nuestro destino- la de los memes sería una de las últimas- ; lo que ,en cualquier caso, es evidente -y constituye un acervo científico compartido- es que en algún momento la inteligencia se convirtió en colectiva y acumulativa en una forma que no ha sucedido con ningún otro animal, que la sociedad siempre ha sido más *inteligente* que los seres humanos; o dicho de otra manera, que los seres humanos han sido inteligentes gracias a la existencia de la *sociedad* y al conocimiento almacenado socialmente. En relación con esta evidencia, lo que trato de subrayar aquí es que, aunque la especie siempre ha sido más inteligente que sus individuos, o dicho de otra forma, éstos más ignorantes que la sociedad, es en las sociedades desarrolladas actuales en las que esta diferencia se estaría profundizando exponencialmente dando lugar a desajustes que están alterando, en un sentido que desconocemos, las conductas sociales.

La dinámica de relación y de equilibrio entre el *poder individual* y el *poder social* tiene, sin duda, consecuencias en la organización política y en el desarrollo económico de las sociedades. Es en este sentido en el que se puede realizar un paralelismo de la misma con la teoría de del método científico de Popper (1980) .

Hay que señalar, no obstante, un rasgo determinante para entender la transcendencia de estas posiciones y para una posible lectura político-moral de las mismas. La teoría de la falsación en Popper tiene un carácter *intersubjetivo*, pero nunca *colectivista*. Por tanto, el paralelismo del proceso de falsación científico con el de falsación social - la presunción de que tanto la ciencia como las propias comunidades humanas sometidas a las normas del derecho y del juicio de la comunidad científica avanzan siguiendo métodos y *convenciones* paralelos-, es decir, la consolidación de usos sociales positivos para el desarrollo humano, tendría siempre su base en la libertad y la responsabilidad de los individuos. Haciendo el paralelismo completo, el pueblo, o mejor dicho los integrantes individuales del mismo, estarían en debate consigo mismos acerca de lo que es justo e injusto de la misma manera que la comunidad de ilustrados lo está sobre lo que es verdadero y falso (Lyotard, 1987), pero en ese *dialogo*, el papel de cada individuo es fundamental.

Esta tensión entre individuación y socialización del conocimiento- presente en la teoría de Popper- se estaría produciendo socialmente – siguiendo este análisis- en un mundo *en estructuración* y, al mismo tiempo, *desbocado* (Giddens) , en el que las creencias en el futuro y la propia idea de progreso se estarían transformado, dando lugar a las *sociedades abiertas* de la que habla también Popper (2010). Esta idea deja la puerta accesible, en el ámbito político, moral y filosófico, tanto para la existencia de un camino de perfección (Leibniz, 1983), una determinación de lo deseable, como para un camino sin destino, compatible siempre con la libertad, la incertidumbre y el riesgo.

Es este el campo de juego del *realismo utópico* del que habla Giddens (2007). Una idea que subyace en aquellos que tienen una visión optimista del futuro, como la que se desprende de la Biología Evolucionista de Dawkins, de acuerdo con la cual el *software* de la sociedad humana se iría escribiendo colectivamente, casi de forma automática, en una tensión continua, prueba -error —éxito; una dinámica que, a la larga, con algunos retrocesos, haría prevalecer lo mejor.

Pero para que así suceda siempre continuaría siendo necesario que lo eligiéramos en algún momento, y puede que no deseemos hacerlo y que prefiramos suicidarnos colectivamente. Esa es nuestra libertad. En cualquier caso, no me parece que sea esta reflexión sobre la ignorancia el lugar donde pronunciarse sobre este dilema político-moral, pero si el de hacer notar que en la mentalidad de nuestros días parece abundar esa nueva idea de *progreso abierto*, un camino hacia el bienestar, pero también -depende de nosotros- hacia la extinción de la especie. Tanto ayer como hoy, son nuestras acciones, nuestros ejemplos de vida y nuestras ideas las que pueden construir nuestra historia, de forma que el complejo ignorancia- racionalidad- crítica-conocimiento avanza, al mismo tiempo, que el desarrollo moral, social y democrático de los pueblos; en un contexto de libertad e incertidumbre, de conocimiento e ignorancia. Sin seguros ni garantías.

*La política* -como sujeto activo del *realismo utópico* que propone Giddens- es, sin embargo, el ámbito esencial de ejercicio de la libertad humana y, a la vez, el factor que falta en el proceso de una globalización, que hasta ahora es sobre todo económica y tecnológica o comunicacional, por lo que, como tarea de nuestro tiempo, Giddens (1990) nos propone *la democratización de la democracia*. Como ha señalado también Ulrich Beck (2000), tras la caída del muro de

Berlín y del sistema bipolar capitalismo vs comunismo, las propias bases de la convivencia tienen que reelaborarse y decidirse *en todos los ámbitos sociales*, de forma que se hace necesario *redescubrir la política*. No obstante, en un contexto en que el conocimiento se fragmenta y el cuerpo electoral y la ciudadanía carecen de las referencias comunes y necesarias para el funcionamiento de un sistema de opinión pública que controle a los gobernantes, la tarea que nos proponen ,tanto Giddens (1990) como Beck (2000), no parece fácil.

"El consenso cercano entre los teóricos políticos- ha subrayado a este respecto Marder (2015, pág. 282) es que una democracia saludable depende en gran medida de la participación de los ciudadanos con el conocimiento necesario. Sin embargo, agregar requisitos de conocimiento a la democracia, que por naturaleza presupone la igualdad, es paradójico. De hecho, si la participación en la toma de decisiones políticas se basa en el conocimiento requerido, sería más apropiado aplicar el término *epistemocracia* en lugar de *democracia*, pero la *epistemocracia* o el *gobierno de los sabios*, una nueva aristocracia del *conocimiento*, no parece tampoco constituir una solución al problema de nuestro tiempo, sino que, muy al contrario, pone en cuestión el valor de la libertad y la dignidad de cada hombre concreto, y promete la reproducción de los viejos y perversos ciclos políticos analizados ya por los griegos. La dialéctica entre la voluntad popular y la racionalidad de los expertos o de los sabios sigue siendo complicada; y lo es aún más en este mundo de *sabios ignorantes*.

Volviendo al tema que me ha traído hasta aquí –la ignorancia como resultado del cambio de paradigma en las creencias sobre el destino de la humanidad y las explicaciones holísticas y teleológicas de la modernidad- me parece razonable argumentar que el *homo ignorans* de las sociedades actuales se habría descubierto a sí mismo al comprender precisamente la medida en que se desconoce, en la que ignora quién es y en la que tiene libertad para auto crearse.

La ética y la Filosofía, las creencias de la *modernidad ignorante,* se fundamentarían entonces en esta reivindicación de la dignidad de la incertidumbre humana, de forma que el ser humano de nuestro tiempo vendría a ser un *ignorante consciente* - un ignorante racional- , que reclama la dignidad de este tipo de existencia; y, en un giro sorprendente, vendría a proclamar con Sócrates -muchos siglos después- que su ignorancia es su sabiduría; y, en cierta medida, el fundamento de su *libertad*.

Bauman (1997) , en relación con esta contraposición aparente entre la libertad individual y un progreso social –presuntamente predeterminado ya sea por la biología, por la historia o por intervenciones divinas- ha señalado que mucho después de que Freud escribiera *El malestar en la cultura*, "la libertad individual no tiene rival; constituye el valor en función del cual han acabado por evaluarse todos los demás valores y el referente con relación al que debe medirse el grado de acierto de todas las reglas y resoluciones supraindividuales". No obstante, también ha señalado que "como si hubiese salido ilesa, quizá incluso reforzada, de dos siglos de concentrados esfuerzos por mantenerla en el guante de hierro de las reglas y reglamentos dictados por la razón, la mano invisible ha recuperado confianza y vuelve a gozar de gran aceptación" (Bauman Z. , 1997, pág. 9).

Es la mano invisible que se adivina también detrás de las teorías de parte de la actual Biología evolucionista (Dawkins,1993) sobre el efecto benéfico de los memes ,a la que nos hemos referido antes, o del desarrollo de las fuerzas productivas en la terminología de Marx, que nos debería haber llevado en volandas hacia el paraíso comunista (véase como contraste lo sucedido, en realidad, en Rusia, China, Corea o Cuba ).

La verdad es que los seres humanos hemos sido siempre propicios a atribuir una inmanencia al cambio que nos libera del peso de la decisión. Ignoramos nuestro futuro, pero tendemos a creer que un Dios, una mano invisible o una conspiración imposible de desmontar, lo guía. No es extraña, por tanto -descartado el regreso a los *olimpos* de la antigüedad- esa *recuperación de confianza* en la mano invisible de la que habla Bauman (1997). Desconocemos porqué suceden las cosas, pero no dejamos de aventurar guiones para explicar nuestra propia historia. Marx, Comte, Weber y otros diseñaron sistemas explicativos pretendidamente científicos allí donde, probablemente, solo se podría aspirar a certificar tendencias basadas en los *prismas analíticos* elegidos. Lo mismo ocurre ahora con Dawkins.

Con anterioridad, los intentos de encontrar el hilo conductor de la evolución social han tenido muchos protagonistas en la historia de las ideas. Tocqueville, por ejemplo, en su obra *la Democracia en América*, trataba ya de explicar la evolución del Antiguo Régimen y la

Revolución por la evolución de *la centralización de la administración en manos del Estado*; y se planteaba a la igualdad como principio axial, que explicaría la extensión de los sentimientos democráticos en la sociedad americana. En Max Weber, el principio axial sería el proceso de racionalización para entender la transformación del mundo occidental desde una sociedad tradicional a otra moderna (cálculo racional, tecnología racional, ética económica racional y racionalización del comportamiento).

Marx encontraría, a su vez, ese principio en la producción de mercancías. La dialéctica marxista, aplicada al desarrollo social a lo largo de la historia, creyó descubrir en la contradicción entre fuerzas productivas y sistemas de relaciones sociales el motor del cambio social y de las revoluciones. Según los teóricos marxistas las estructuras sociales y políticas y las relaciones de producción que establecen los seres humanos para producir e intercambiar sus productos, se vienen abajo cuando suponen un freno al desarrollo de las fuerzas productivas potenciales de la sociedad. El mecanismo de ajuste sería la competencia entre sociedades que tendencialmente llevaría a la organización socioeconómica más eficiente permitida por unas condiciones técnicas y científicas determinadas, una especie de *mano invisible tecnológica* que, al mismo tiempo que la ciencia, haría avanzar también a la moral y a las instituciones políticas de la sociedad.

En opinión de Marx el desarrollo del capitalismo conduciría a una agudización de las contradicciones generadas por las relaciones sociales y a una lucha de clases que pondría final al sistema. Pero, como es conocido, tal polarización no se produjo en los términos previstos y -como señala Daniel Bell (1994, pág. 26) -" lo que adquirió importancia fue el énfasis en la técnica y la industrialización. La teoría de la sociedad industrial, que ha sido promovida en especial por Raymond Aron, que parte del segundo de estos dos aspectos de la teoría de Marx sobre el modo de producción".

Daniel Bell (1994) nos sugirió también que, si tomamos otra perspectiva explicativa de lo social, como la de Max Weber y su análisis de la burocracia, terminaremos creyendo en otro *hilo conductor*; pensaríamos que lo que determina los cambios sociales es la base cultural, institucional, intelectual del modo de producción. Para Weber, socialismo y capitalismo no eran dos sistemas contradictorios sino, por imperativos de la racionalidad funcional, dos variantes del mismo tipo, el burocrático. El desarrollo industrial de la Unión Soviética - subrayaba Bell (1994, pág. 26)- "ha seguido la dimensión técnica prevista por Marx, pero a través de la línea de desarrollo burocrático predicha por Weber. La confrontación con la burocracia, y la nueva clase generada por ella, fue el problema de Trotski al examinar los frutos de la revolución rusa".

De forma que, siguiendo este razonamiento, como afirma también Bell (1994), se llegaría a la conclusión de que es esta *base cultural-intelectual del modo de producción* la que debe tomarse como fundamento de la sociedad postindustrial. La emergencia de este nuevo tipo de sociedad pondría en cuestión "la distribución de la riqueza, el poder y el estatus", que son los temas centrales en cualquier sociedad, puesto que "la relación del conocimiento con el poder es esencialmente de subordinación".

El tema de la sociedad post-industrial y del papel de la ciencia y la tecnología en su transformación –analizado, entre otros, por Bell (1994, pág. 25)- ha surgido también reiteradamente en los escritos de teóricos neo marxistas como Radovan Richta (1972), Serge Mallet (1975), André Gorz (1994), o Alain Touraine (2012). Nada, sin embargo, parece estar escrito para el ser humano de hoy, que vive en una *sociedad abierta* (Popper, 2010) en la que existe una mayor conciencia sobre nuestro grado de ignorancia del futuro.

Somos tan aficionados a diagnosticar *fines*, que incluso la superación de *mundos ideológicos* como el marxista, quiso ser certificada mucho más tarde por Francis Fukuyama (1992) con el polémico y presuntuoso título del *final de la historia*. Pero lo que ha acabado en nuestra época no es, claro está, la historia, ni la evolución social del actual sistema de capitalismo mundial constituido en *fase final* de la humanidad, como lo quiso en su día ser *el comunismo*, sino, precisamente, la búsqueda permanente de *un hilo de la historia*; un hilo del que se podría tirar hacia atrás y hacia adelante para desenredar la *trama*. No hay trama. Esa parece ser la conclusión de la Sociología y de la historiografía de la *postmodernidad* en la que se ha estrenado la nueva perspectiva de la Agnotología. Y si la hay, lo que tampoco podemos afirmar rotundamente, nosotros *ignoramos* cuál pueda ser.

En las sociedades actuales desarrolladas no hay manos invisibles que lo determinen; y tampoco la utopía del control racional ha resistido el paso del tiempo. La ignorancia reconocida se ha convertido en el fundamento de esa libertad postmoderna. Han desaparecido *los hilos de la historia*. La idea central de la *modernidad ignorante* es la que parece presidir el conjunto de las teorías sociales analizadas; la de que no hay leyes ineluctables, o al menos nosotros las desconocemos, y que debemos abandonar la infructuosa búsqueda de metafísicas explicativas de lo social como *un todo*; lo que no significa que abandonemos perspectivas analíticas como la Sociología de la Ignorancia para tratar de explicar, en parte, lo que nos sucede. El crecimiento de un conocimiento social almacenado y de una tecnología de transformación de la naturaleza que está cambiándonos a nosotros también, sin que sepamos decir cual será exactamente el rumbo hacia el que lo está haciendo.

El *homo ignorans* como *tipo ideal* sería, en este sentido, *un ignorante creativo que duda, carece de un sistema total, y que ejerce su libertad y reclama la dignidad de este tipo de existencia*. El ser humano y su ser social estarían abiertos hacia el futuro con mayor intensidad que en etapas anteriores. Viviría en la *sociedad abierta* de Popper (2010), quien ha criticado "los principios metafísicos en los que se basa tanto el historicismo hegeliano como el marxista que parte de la sospecha de que hay algo oculto, la idea judía del pueblo elegido según la cual la historia tiene una trama cuyo autor es Yahvé, y esta trama puede ser desentrañada en parte por los profetas" (Popper, 1991).

"Es la idea - escribe Popper (1991, pág. 409)- de que todo lo que sucede en la sociedad -inclusive los fenómenos que disgustan a las personas, por lo común, como la guerra, la desocupación, la miseria, la escasez, etc.- es el resultado del plan directo de algunos individuos o grupos poderosos. Esta idea está muy difundida, aunque se trata, no cabe duda, de una especie de superstición un tanto primitiva. Es más antigua que el historicismo del cual podría decirse que deriva de la teoría conspiracional; y en su forma moderna, es el resultado típico de la secularización de las supersticiones religiosas. El lugar de los dioses del Olimpo homérico ha sido ocupado ahora por los Sabios Ancianos de Sion, o por los monopolistas, o los capitalistas, o los imperialistas".

De acuerdo con Popper (1991, pág. 160) la "teoría conspiracional de la sociedad no es algo moderno sino más bien antiguo, ya que desde Homero se creía que lo que ocurría en Troya se debía al reflejo de ocultas conspiraciones entre los dioses del Olimpo. La teoría conspiracional de la sociedad es justamente una variante de este teísmo, de una creencia en dioses cuyos caprichos y deseos gobiernan todo. Proviene, según Popper, de la supresión de Dios, para luego preguntar: "¿Quién está en su lugar?". Su lugar lo ocupan entonces diversos hombres y grupos poderosos, grupos de presión siniestros que son los responsables de haber planeado la gran depresión y todos los males que sufrimos". Se trataría de una variante del imaginario *ellos* que ha salido a relucir con frecuencia en los relatos de los grupos de discusión del CIS (Centro de Investigaciones Sociológicas, 2005 b)para referirse a los que presuntamente *controlan* la globalización.

Serían esos dioses a los que se refiere Popper (1991) los que no mantendrían en la ignorancia. Ortega y Gasset (1966 b) ha puesto de relieve, en este mismo sentido, que lo que diferencia claramente la modernidad ilustrada, que surge tras la Revolución francesa, de los tiempos actuales es, precisamente, la desaparición de esa pretensión teleológica de intentar controlar el futuro o pensar que hay otros hombres o grupos que pueden hacerlo; el alejamiento, que ya hemos comentado, del *inconsecuente* intento de *guillotinar al príncipe y sustituirle por el principio*.

"Empezamos a sospechar – escribe Ortega y Gasset (1966 b, pág. 162) que la historia, la vida, ni puede ni «debe» ser regida por principios, como los libros matemáticos. Es inconsecuente guillotinar al príncipe y sustituirle por el principio. Bajo éste, no menos que con aquél, queda la vida supeditada a un régimen absoluto. Y esto es, precisamente, lo que no puede ser: ni el absolutismo racionalista -que salva la razón y nulifica la vida-, ni el relativismo, que salva la vida evaporando la razón. La sensibilidad de la época que ahora comienza se caracteriza por su insumisión a ese dilema. No podemos satisfactoriamente instalarnos en ninguno de sus términos".

Las ideologías que han producido sistemas de explicación total del mundo y establecido reglas fijas y universales de carácter moral no serían para el ser humano de nuestro tiempo racional o científicamente sostenibles; y, en cambio, como le ha mostrado la experiencia histórica, serían socialmente reprobables, pues han conducido -y muy recientemente- a sistemas sociales en los que los valores del humanismo se han resentido. "Marx reemplazó el «Espíritu» de Hegel por la materia y los intereses económicos. Del mismo modo-escribe Popper (2010, pág. 278)-, el racismo sustituye el

«Espíritu» de Hegel por algo material, el concepto casi biológico de la sangre o raza. Ya no es el «Espíritu» sino la Sangre la esencia autopropulsada; ya no es el «Espíritu», sino la sangre, el Soberano del mundo y Señor de la Escena de la historia, y ya no es el «Espíritu» de una nación, finalmente, el que determina su destino esencial, sino su Sangre. La transformación del hegelianismo en racismo, o del Espíritu en sangre, no modifica en mayor medida la principal tendencia de esta escuela. Sólo le confiere un matiz de biología y de evolucionismo moderno".

Tanto los filósofos de la sospecha como los ideólogos de las *teorías conspiraciones de la historia* han denunciado un mundo de ilusiones y de sombras; una percepción falsa de la realidad, una producción masiva de ignorancia, pero también han promovido la búsqueda de otras visiones sustitutivas e igualmente inventadas; han construido sus propios *mundos metafísicos*, tratando de *sacar a flote* al yo *más profundo* y *más real* del ser humano y de la sociedad con el fin de encontrarse con su verdadera *identidad*. Han creado con ello nuevos fantasmas. Es, precisamente, esa *identidad*, manipulada o no por fuerzas ocultas, la que constituye el problema filosófico y también sociológico de nuestro tiempo; una cuestión que nos deja de nuevo ante un gran signo de interrogación, que constituye, en realidad, la identidad de nuestros días; de la sociedad y de nuestro futuro.

La aceptación de la ignorancia sería así una fuente de liberación, y una manifestación del rechazo a rellenar los *huecos del conocimiento* con ideas falsas o supuestos principios determinantes del devenir de lo social. Sería también la característica más relevante de las *Sociologías de la ignorancia* que han venido a sustituir a las *metafísicas sociológicas,* y también de la propia Agnotología. En cierta medida, se estaría produciendo una transformación *de las creencias* en *descreencias*, en *dudas* legitimas.

Todo ello lleva a la concepción de que viviríamos cada vez más en un mundo más estructurado, con mayor nivel de institucionalización, pero abierto al futuro. El conocimiento y la inteligencia colectiva no se encontraría solo en las *bases de datos* sino en las instituciones; pero el *poder de la estructura* sería hoy, tanto como ayer, limitado, y estaría *al servicio* de los individuos y del ejercicio de su libertad. Parece evidente que el Juggernaut de Giddens se puede desbocar, *venirnos demasiado grande* como, en expresión muy acertada, comentaba uno de los entrevistados por el CIS. Desde la prosperidad se puede llegar a la pobreza, como mostró la crisis de la economía americana de principios del XX; desde la democracia a la barbarie, como demostró la democracia alemana de los años treinta con el surgimiento del nazismo; y desde la paz a la hecatombe, como temimos durante los largos años de la guerra fría. La sociedad como el agua del mar, parece tener sus reglas, pero si queremos suicidarnos, sin duda, podemos hacerlo en cualquier momento; y, además, estas *reglas*, aunque *analizables* desde un pensamiento racional, son en su totalidad *indeterminables*. Ignoramos cuales puedan ser sus consecuencias a largo plazo.

El par transparencia-opacidad y su equivalente conocimiento-ignorancia se administrarían y se configurarían institucionalmente con el fin de intentar gobernar el *Juggernaut*, la maquinaria incontrolable y desbocada del conjunto social, esa *mano invisible* que parece tener sus reglas autónomas de funcionamiento como la propia estructura de un átomo; *ese mundo en estructuración* que tendencialmente parece conducirnos a un progreso, que no está garantizado. Las sociedades actuales desarrolladas convivirían con esa nueva idea que parece adoptar en nuestro tiempo la vieja teleología marxista o hegeliana de que lo más eficiente se impone siempre, tanto en la naturaleza como en la sociedad, lo que no dejaría de ser sino una simple consecuencia del mismo funcionamiento que rige en el par epistemológico error-acierto, y que constituye la base y la esencia de nuestra conducta, de nuestro conocimiento y de nuestra ciencia; del mismo modo que el par físico-ontológico y epistemológico causa-efecto sería la esencia de toda realidad(Schopenhauer), de una materia que sería pura *causalidad* y cuyo ser en sí incognoscible sería la voluntad.

Esta actitud no representa hoy , sin embargo, el reconocimiento de una línea de progreso ineluctable, sino tan sólo *de su mera posibilidad*, un *camino* de perfección (Leibniz,1983). Si nadamos o navegamos, efectivamente, no nos hundiremos nunca; pero parece emerger cada vez más la convicción de que tenemos que hacerlo, y, además, lo mejor posible. Esa es la cuestión, una cuestión que excede claramente los propósitos de este libro, pero que era necesario reseñar, pues, en mi opinión, constituye la creencia de nuestro tiempo.

La historia-como ha señalado Giddens (1990)- "no está de nuestra parte, no tiene teleología, y no suministra garantías. La naturaleza en gran medida hipotética del pensamiento orientado hacia el futuro, un elemento esencial de la reflexividad de la modernidad, tiene consecuencias tanto positivas como negativas puesto que podemos imaginar futuros alternativos cuya misma propagación podrían ayudar a que fueran realidad. Lo que se necesita es la creación de modelos de realismo utópico".

Esta actitud de *realismo utópico* Giddens (2007), no deja de ser sino una paradójica vuelta al *socialismo utópico,* al pensamiento del joven Marx y la escuela de Frankfurt frente al determinismo estructuralista de Althusser o a otras interpretaciones rígidas del *materialismo dialéctico e histórico.* La conclusión es que vivimos en un mundo *en estructuración* y, al mismo tiempo, *desbocado,* pero sometido a las *voluntades* de los integrantes de la sociedad. Las creencias en el futuro y la propia idea de progreso se han transformado en la *sociedad abierta,* en *la modernidad ignorante* reivindicando la legitimidad de la ignorancia, para construir sobre ella espacios de libertad y de conocimiento.

### El homo ignorans

El arquetipo del *homo ignorans,* que se desprende de esta visión, posee, por tanto, una creencia, abierta a la creatividad y a lo inesperado; es un *modelo* de ignorante creativo que actúa con libertad. No hay ninguna fuente de autoridad absoluta para él. Se enfrenta al Universo y a la vida como a un juego; considera sagrada su libertad de elección y como un ejercicio determinista la pretensión de conocer por completo el universo.

Shterna Friedman (2015) ha señalado, en este sentido, que el punto de partida de la Filosofía de la ciencia de Karl Popper es, precisamente, la humildad epistemológica: "somos ignorantes y propensos al error. Puede parecer trivialmente cierto, pero Popper pensaba que con demasiada frecuencia esto se había descuidado". La conciencia que está emergiendo es la de que la ciencia produce ignorancia, y que, a la vez, la ignorancia da combustible a la ciencia en una curiosa y productiva contradicción; de forma que nuestra Epistemología habría abrazado la idea kantiana del siempre continuo *nacimiento* de nuevas preguntas y la convicción de que la mejor ciencia es la que produce más ignorancia (Firestein, 2012), "que nunca reducimos el volumen global de nuestra identificada ignorancia en términos del número de preguntas visibles que carecen de respuestas, sino que ¡lo aumentamos!" (Rescher, 2010), que incrementamos continuamente *nuestros campos de ignorancia'* y que tenemos que aprender a vivir con esta incertidumbre.

La pérdida de fe ciega en el progreso y la desaparición de una gran narrativa de una línea histórica unívoca (Fukuyama,1992), sería el otro factor definitorio de la ignorancia contemporánea y del carácter de nuestro *homo ignorans*.

Desconocemos el futuro y solo tenemos interpretaciones de nuestro pasado. La historia colectiva, como la propia memoria individual es, ha sido, y será siempre selectiva. William James propuso que el olvido es tan importante como el recuerdo y está vinculado con la selectividad en el procesamiento de la información (Smithson, 2008, pág. 214). Allison Stewart (2015, pág. 372) ha puesto de manifiesto también que el examen de Douglas de los conceptos de *'amnesia estructural'* y *'conocimiento olvidado'* ilustran que la armonía social, a menudo, se basa en 'brechas en el conocimiento histórico', que permiten construir nuevas historias que representan un pasado coherente o preferible. Cualquiera que pase de los cincuenta seguramente habrá podido comprobarlo en su propia sociedad.

La época de *modernidad ignorante*, que he tratado de describir en torno a estas ideas en las páginas que preceden a este epilogo, se correspondería, por otra parte, con una *objetivación social* del conocimiento y un crecimiento exponencial del mismo, un conocimiento que se vuelve inabarcable para cada uno de los seres humanos tomados individualmente, cuyos campos de ignorancia, junto a sus *creencias* y su *forma de pensar*, se estarían transformando debido a los factores que he señalado, y que se podrían resumir así:

- El crecimiento de *un mundo artificial* cuya complejidad lo hace cada vez más desconocido; una *segunda naturaleza* interpuesta entre el mundo natural y el hombre.

- El descontrol del gobierno de la geopolítica y de la geoeconomía y la crisis de las democracias representativas. No sabemos quienes nos gobierna ni la información que tienen sobre nosotros los que nos gobiernan.

• La multiplicación de las mercancías y de los objetos disponibles en el mercado mundial y el desarrollo de la tecnología (ciencia más industrialismo) que ha conducido a una superespecialización de la producción. Vivimos en un mundo de especialistas, *sabios ignorantes* en todo lo que no sea su campo de especialización; y en un mundo de consumidores ignorantes. Estamos rodeados de *cajas negras*, producidas casi automáticamente; y que, incluso los productores – consumidores a la vez de las *partes* que integran sus productos- se limitan a ensamblar.

• Una producción masiva de información, en gran medida superficial , emocional e icónica, y su crecimiento exponencial, que hace imposible su conocimiento por los individuos, y que dificulta la discriminación entre lo verdadero y lo falso.

• Una globalización, entendida como *remoción* de las relaciones sociales de los contextos locales de interacción y su reestructuración a través del tiempo y el espacio, que hace que las personas organicen hoy sus vidas de acuerdo con señales simbólicas, sistemas abstractos y expertos; estructuras y procesos que desconoce, que ignora, que no le son cercanas.

• El tránsito de la creencia en la bondad de la naturaleza a la necesaria confianza en la bondad de los especialistas y los sistemas expertos; en un proceso en el que se mantienen sentimientos encontrados de seguridad e inseguridad respecto a la gente común, los especialistas y el sistema.

• La extensión de una epistemología del reconocimiento de la *ignorancia* y de la *incertidumbre*, que ha profundizado en el discurso de crítica de la razón realizado por Kant y en el discurso de la *falsación* de Karl Popper (1980).

• Un cambio continúo de las formas de la vida social; el desasosiego ante la transformación y circulación de mercancías, valores, saberes y relaciones sociales fluidas con una obsolescencia programada, que ha cambiado la identidad, la intimidad y la vida personal de la gente.

• La pérdida de fe ciega en el progreso y la desaparición de una gran narrativa histórica unívoca, la sensación de ignorar el futuro; de la que el reconocimiento de los límites de la Sociología y de las prognosis social forma parte.

- La aparición de nuevos peligros creados por el propio ser humano, los riesgos que comporta su acción tecnológica sobre el medio ambiente, expresión de nuevos *campo de ignorancia.* No sabemos lo que nos puede pasar.

Ante la aparición de estos *campos de ignorancia,* que acompañan al hombre de nuestro tiempo -unos tradicionales, otros *modernos*- el *tipo ideal* del *homo ignorans* cobra vida como el *personaje central* de *nuestra historia.* Se trata de un sujeto que se encuentra, en gran medida, desconcertado -una lectura pausada de las reflexiones de los relatos de la gente es muy esclarecedora a este respecto-; en un estado del que, en plena explosión de la *sociedad del conocimiento,* solo puede escapar atreviéndose a ignorar, a convivir con la ignorancia.

Se trata de un sujeto que vive pendiente de lo imprevisible, y ,si quiere sobrevivir, tiene que atender a este nuevo imperativo: *¡ignorare aude!,* porque en nuestro mundo es más verdad que nunca que *nadie lo sabe todo,* y que es necesario *confiar* y aceptar marcos de incertidumbre.

Este arquetipo de *homo ignorans* es el de un animal meta-ignorante, que *sabe que no sabe,* y que posee un *mapa* racional de algunas de sus ignorancias – no de todas-.

En primer lugar, *el homo ignorans,* como todo ser humano, posee una ignorancia filosófico-científica (inerradicable), pero, al contrario que gran parte de sus ancestros, tiende a ser más consciente de esta carencia (a vivir sin religión). Esta mayor conciencia de la ignorancia constituiría así uno de los rasgos propios de su epistemología. La oferta de Descartes, de ofrecer todo lo que sabía a cambio solo de la mitad de lo que ignoraba, cobraría su pleno sentido para él. Conocer es hoy para este sujeto, más que nunca, *saber ignorar.*

La segunda *ignorancia del homo ignorans* (ésta más *moderna*) es la que tiene que ver con los dispositivos, que se interponen, cada vez más, entre el ser humano y la *segunda naturaleza* artificial . La tecnología se le ha escapado de las manos, lo que explica ciertos temores a que nos dominen los robots y la inteligencia artificial. Desde la red eléctrica a la producción de alimentos, todo se ha tecnificado. En ese contexto el *homo ignorans* tiene que tomar decisiones incluso cuando no está disponible toda la información objetivamente necesaria, lo que, al fin y al cabo, es lo que "distingue al cerebro de la computadora (Smithson,2015).

La tercera ignorancia de nuestro *homo ignorans* (propia también de cualquier otro tiempo) se refiere al desconocimiento de su propio pasado. Tiende a ser ,como todos, pero ahora en mayor medida, -debido al volumen del espacio y del tiempo de las sociedades desarrolladas actuales- un ser olvidadizo de su propia historia. Y como esta siempre se alarga; y más aún en nuestra *época global* -con el *alargamiento del espacio y del tiempo*- esto tiene como consecuencia que el desconocimiento sea también mayor.

La cuarta es lo que podríamos llamar la ignorancia *sociológica* -los límites de las ciencias sociales-; vivimos en un mundo desbocado Giddens (2007), en el que, por poner solo dos ejemplos, no controlamos los mercados mundiales, ni los factores que están contribuyendo al calentamiento global del planeta. Se desconocen también las claves de las decisiones políticas, influenciadas aparentemente por fuerzas invisibles, lo que está conduciendo a una crisis de la democracia parlamentaria y representativa.

La quinta ignorancia es la que se tiene sobre las reglas de funcionamiento de la compleja estructura financiera de la globalización. Los productores y consumidores de mercancías desconocen hoy, en gran medida, los mecanismos del mercado y están expuestos a sus crisis periódicas. La *digitalización* de la economía no ha impedido estas turbulencias ni tampoco las *guerras* económicas.

En resumen, nuestro arquetipo del *homo ignorans* no solo sería consciente de no saber quién es y hacia dónde se dirige; no solo desconocería, como todas las generaciones anteriores, gran parte de las experiencias de su propio pasado, sino que se encontraría instalado -en una proporción muy superior a la de otras generaciones- en una segunda naturaleza en la que descansa su vida, pero que no acierta a comprender en su complejidad, ni sería capaz de reproducir por sí mismo en condiciones de aislamiento.

Sería también un ser que ha perdido el control de muchas de las decisiones que le afectan, tanto en su vida política como en la producción y consumo de mercancías. La estructura en la que vive se estaría automatizando progresivamente mediante la robótica, la informática, la inteligencia artificial y el crecimiento exponencial del conocimiento humano almacenado, y estaría volviéndose más incomprensible. Los desconocimientos del *homo ignorans* (el filosófico-científico, el tecnológico, el histórico, el político-sociológico y económico) estarían creando un entorno problemático para la democracia representativa y para la gestión de la *globalización*; de forma que en el debate político es frecuente que las confrontaciones más importantes sean hoy valoraciones distintas del no-saber, de la inseguridad del saber, y de las consecuencias desconocidas de nuestro conocimiento, es decir, estimaciones de nuestra *ignorancia*.

La ignorancia propia del arquetipo del *homo ignorans* estaría, no obstante, creciendo al mismo ritmo que el *conocimiento almacenado* socialmente; y lo estaría haciendo con la misma cadencia que la necesaria y obligatoria *confianza* en la estructura social, en la *sociedad inteligente,* y en esos propios conocimientos almacenados. La búsqueda de *conocimiento* estaría siendo reemplazada por la persecución de las *destrezas* para conseguirlo y por una confianza racional en la sabiduría de la sociedad y de los artefactos construidos por otros hombres, una *confianza inteligente* , la otra cara del incremento del *no saber* en nuestra *modernidad ignorante.*

Post scriptum

## LA *MODERNIDAD IGNORANTE* ANTE EL VIRUS GLOBAL

1/ ¿ Desglobalización?

2/ ¿Cambio en nuestros sistemas políticos y en nuestra formas de vivir?

3/ ¿ Cambio de mentalidad y de paradigmas ideológicos?

Ortega y Gasset nos alertaba que basamos nuestra existencia en creencias *infra intelectuales*, como que la calle estará ahí cuando salgamos por la puerta como siempre sucedió antes. "La máxima eficacia sobre nuestro comportamiento- escribía Ortega- reside en las implicaciones latentes de nuestra actividad intelectual, en todo aquello con que contamos y en que, de puro contar con ello, no pensamos... De forma que si de pronto despareciera la calle cualquier persona se llevaría una sorpresa mayúscula. Esta sorpresa -subraya Ortega- pone de manifiesto hasta qué punto la existencia de la calle actuaba en su estado anterior, es decir, hasta qué punto el lector contaba con la calle aunque no pensaba en ella y precisamente porque no pensaba en ella" (Ortega y Gasset, 1959).

Con la pandemia global del coronavirus el uso de la calle, algo tan natural que, por supuesto, todos dábamos por descontado, al igual que muchos otros usos sociales, de repente ha dejado de ser posible, al menos, por un tiempo. Un desarrollo sorprendente de las consecuencias de nuestras acciones, un CAD (Consequential Amazing Devolpment) en la terminología de Devjani Roy y Richard Zeckhause, -esta vez de proporciones gigantescas- nos ha golpeado (Kuhlicke, 2015, pág. 239). "La mayor sorpresa puede suceder exactamente cuando sucede lo que nos dijeron que iba a suceder"- escribe Slavoj Zizek(2020). La cuestión obvia -se plantea este filosofo eslovaco- es la siguiente : "¿ por qué no creíamos, en realidad, que sucedería?" cuando virólogos y epidemiólogos lo habían anunciado, cuando personajes tan influyentes como Bill Gates lo habían situado como el mayor peligro al que nos enfrentaríamos en el futuro, mayor aún que el que representan las armas nucleares. En el momento de escribir estas líneas la imprevista expansión global del nuevo coronavirus avanza de forma inexorable. Casi tres millones de personas de más de 180 países del mundo han sido ya diagnosticadas de covid-19 y más de 200.000 han perdido la vida. La pandemia constituye un fenómeno global, que puede tener consecuencias transcendentes en el modelo de globalización y en diferentes características de la civilización *moderna*, cuyos aspectos cognitivos he venido analizando en este libro.

La sociedad del riesgo (Beck, 1988) o sociedad de la ignorancia se enfrenta con esta crisis a la emergencia de una *inseguridad global* que ,aunque guarda paralelismos con efectos ya citados de fenómenos anteriores del mismo tipo, como la emergencia del terrorismo internacional (especialmente a partir del atentando de las Torres Gemelas o la crisis del euro, que siguió a la caída de Lehman Brothers), puede tener una relevancia aún mayor y llegar incluso a ser *transformativa* (Ortega, 2020), tanto para nuestras vidas cotidianas como para la gestión de los asuntos globales y de la propia democracia. La percepción del riesgo y el sentimiento de inseguridad, así como la correlativa necesidad de confianza para poder convivir con ambos, se relacionan con la conciencia de *la modernidad* de ignorar aspectos centrales de procesos que afectan a nuestra vida personal y colectiva. Esta es muy claramente una de las conclusiones fundamentales expuestas en este texto y que la actual pandemia viene a corroborar.

Como ha señalado Ivan Krastev (2020) "estamos viviendo días extraños. No sabemos cuándo terminará la pandemia de Covid-19; no sabemos cómo terminará; y, en la actualidad, solo podemos especular sobre su impacto político y económico a largo plazo"; no obstante, creo oportuno añadir (aunque sea esquemáticamente y centrándome más en las nuevas preguntas que se suscitan que en posibles respuestas de las qué aún carecemos) una última reflexión sobre nuestra *Modernidad Ignorante* para completar las conclusiones acerca de los aspectos *cognitivos* de la globalización y de la modernidad (el papel de la ignorancia en las sociedades actuales). Intento con ello, únicamente, ofrecer unos primeros trazos sobre en qué medida los efectos de esta pandemia global pueden afectar a las tendencias que he venido señalando a lo largo de estas páginas; y, basándome en los algunos de los análisis que hasta ahora se han hecho, tratar de describir los retos y las preguntas que se nos plantean, que, como se ha subrayado ya, muchas veces son más interesantes nincluso que las propias respuestas.

Al dar cuenta de su ejecutoria en la lucha contra la pandemia, -escribía Juan Luis Cebrián (2020) - " el ministro de Sanidad, filósofo de formación, bien podría recordar la máxima socrática del "solo sé que no sé nada". "En realidad casi nadie sabe nada de este coronavirus, -añadía- sobre el que quizá algún día conoceremos al menos su origen, ya que está claro que su fin no es cercano. La memoria de Sócrates sobre su propia ignorancia le ayudaría a don Salvador Illa a reconocer sus errores sin necesidad de endosárselos a los demás en nombre de la evidencia científica, concepto atribuido a Kant y que ya fue discutido por Wittgenstein". Ese es el estado de la cuestión, una ignorancia que, como el virus, parece no distinguir entre científicos, políticos, sociólogos, y gente común y corriente.

Sentada esta premisa, son tres, no obstante, las preguntas genéricas, que en relación con los procesos de globalización y modernización, y con sus consecuencias en los modelos cognitivos y en nuestra ignorancia, creo que suscita la pandemia del coronavirus y su impacto global:

1/ ¿Supondrá el fin de la globalización, la desglobalización? ¿Implicará un mayor control de nuestras vidas y de nuestros entornos, y una *desescalación* de la ignorancia desde marcos globales a entornos locales?

2/ ¿Qué tipo de cambios puede originar en nuestros sistemas socio-políticos y en nuestras formas de vida? ¿Se incrementará o aumentará el conocimiento o la ignorancia de los ciudadanos sobre la gobernanza global y estatal? ¿ qué sucederá con la información de que disponen los gobernantes acerca de las vidas privadas de los ciudadanos?

3/ ¿Alumbrará un cambio de mentalidad y el surgimiento de nuevos paradigmas ideológicos? ¿ Se reforzará el final de la idea de progreso o surgirán nuevas teleologías históricas? ¿Aumentará o disminuirá la confianza social e internacional y la sensación de riesgo?

## 1.- ¿ DESGLOBALIZACIÓN?

UN PROCESO CONTRADICTORIO DE GLOBALIZACIÓN/DESGLOBALIZACIÓN: LA DISMINUCIÓN DE LAS INTERCONEXIÓN DE LAS MERCANCÍAS Y EL CRECIMIENTO DE LA CONEXIÓN DE LAS COMUNICACIONES Y DE LAS IDEAS

En el mundo postcoronavirus es posible que se produzca, al mismo tiempo, un proceso contradictorio de globalización y desglobalización; es decir, la coexistencia, por una parte, de una disminución de la interconexión global de las mercancías y de su producción lejana; y ,en cierta medida, también de los flujos de personas (turistas, artistas, deportistas y emigrantes), propiciada, entre otras causas, por la contracción del sector aéreo y turístico, y por los efectos más generales y a medio plazo del actual cierre de fronteras, restricciones que pueden marcar una tendencia para el futuro. La gente viajará menos y es posible que las fronteras duras se conviertan "en un rasgo duradero del paisaje mundial" (Gray, 2020).

Para Ivan Krasteve (2020) "ya está claro que se trata de un virus anti-globalización, y que la catástrofe culpará a la apertura de fronteras y la mezcla de pueblos. ...la crisis del coronavirus ha justificado los temores de los antiglobalistas: los aeropuertos cerrados y los individuos autoaislados parecen ser la zona cero de la globalización". "Es irónico- subraya Krasteve- que la mejor manera de contener la crisis de las sociedades individualistas sea la de pedirle a la gente que se amurallare en su apartamento. El distanciamiento social se ha convertido en el nuevo nombre de la solidaridad".

Por otra parte, en un sentido opuesto al anterior, es posible también que se produzca un incremento (a través de la red de internet) de las comunicaciones digitales y de las ideas, de forma que nos encaminaríamos, de ser así, hacia "una globalización reducida (desglobalización), menos centrada en cadenas de suministros físicos y más digital" (Ortega, 2020). A favor de esta segunda tendencia hay que anotar que, como consecuencia de la actual crisis, estamos asistiendo a la producción y consumo de un mayor volumen de noticias y análisis internacionales; de oportunidades de ocio y cultura, de reacciones de todo tipo, transmitidas por medios digitales; lo que, es muy probable que conduzca a una demanda de mejora de la infraestructura necesaria para el uso de Internet, en un contexto en el que el actual confinamiento puede llevar a un aumento del *teletrabajo* y no solo del *teleconsumo* . Se trata de un proceso que está teniendo lugar junto a una mayor cooperación e intercambios científicos a nivel internacional, específicamente en lo que se refiere a las ciencias médicas(vacunas o tratamientos médicos, pandemias ), pero también en otros, como el relacionado con el cambio climático o con el análisis de las ciencias sociales del impacto y exploración de respuestas a esta pandemia en los ámbitos económico, político o social (Olivié & Gracia, 2020) ,incluyendo artículos tan sesudos como éste. Por otra parte, a favor de la idea de una mayor globalización *intelectual* se puede argüir que las plataformas digitales que ofrecen contenidos de todo tipo (culturales, artísticos ,técnicos, científicos, ideológicos) no serán afectadas por el cierre de fronteras y ,en cambio, se beneficiarán de este mayor consumo de *tele-trabajo, tele-información* y *tele-documentación.*

Lo que, en todo caso, habría que preguntarse, a los efectos del objeto de este libro – la ignorancia-, es como afectará este aumento de las transacciones digitales y comunicacionales al crecimiento exponencial del conocimiento y de su especialización, a la fragmentación de las audiencias y a la llamada *infoxicación* - intoxicación por exceso de información (Cornella, 2000)- ¿Se incrementará al mismo ritmo el conocimiento y la ignorancia (el descontrol y la incertidumbre) almacenadas en la red? ¿ Como puede afectar esta aceleración del crecimiento exponencial de informaciones en la red, a su superficialidad e instantaneidad, al carácter icónico y emotivo de las mismas; y, en consecuencia, al aumento o disminución de la ignorancia? La primera impresión es que el proceso actual acelerará igualmente ambas tendencias, la explosión de conocimiento y de ignorancia; pero también puede suceder que la *inmersión* en el mundo digital lleve a las sociedades a desarrollar más rápidamente las regulaciones sociales y legales necesarias, así como los *filtros* inteligentes, que separen las noticias falsas de las verdaderas, los conocimientos útiles de los inútiles, los contenidos de calidad y los que carecen de ella.

## LA DISMINUCIÓN GLOBAL DE LAS MERCANCÍAS Y DEL NIVEL DE VIDA

Entre una de las conclusiones de este libro se apuntaba, asimismo, a la existencia de importantes dosis de desasosiego ante la transformación y circulación de mercancías, valores, saberes y relaciones sociales fluidas con una obsolescencia programada, que ha cambiado la identidad, la intimidad y la vida personal de la gente. Una transformación que tiene su origen en el crecimiento de *un mundo artificial,* lleno de mercancías (cajas negras ), cuya complejidad lo hace cada vez más desconocido; una autentica *segunda naturaleza* interpuesta entre el mundo natural y el hombre. La multiplicación de las mercancías y de los objetos disponibles en el mercado mundial y el desarrollo de la tecnología (ciencia más industrialismo), que ha conducido a una superespecialización de la producción, nos ha llevado a vivir en un mundo de especialistas y de *consumidores ignorantes.* Estamos rodeados de *cajas negras,* producidas casi automáticamente; y que, incluso los productores – consumidores ,a la vez , de las *partes* que integran sus productos- se limitan a ensamblar.

La ignorancia de los agentes sociales de la modernidad sería, de acuerdo con lo expuesto hasta ahora en estas páginas, una consecuencia de ese mundo artificial, que estamos interponiendo entre la naturaleza y nosotros; un mundo, cuya complejidad lo hace cada vez más inabarcable, más difícil de controlar de forma individual por las personas concretas. La pregunta inmediata sería entonces la de si el *frenazo* impulsado por la pandemia del coronavirus en el consumo conspicuo y en el número de mercancías internacionales, podría reflejarse en una reversión de esta tendencia; y tener como consecuencia un nuevo acercamiento del consumidor al productor; una aproximación, mediada ahora por las nuevas tecnologías, por la digitalización y la automatización, pero que tendría lugar en *entornos locales* en los que puede ser más fácil el control y el conocimiento de *las cosas que nos rodean.*

Los procesos de *desglobalización* de la producción de mercancías, de las migraciones y del turismo pueden llevar (impulsados por la experiencia colectiva de la gente de vivir durante semanas y meses sin consumo compulsivo, sin compras en las grandes superficies; y sin el recurso a medios de distracción masiva -futbol y otros espectáculos de masas-) a una disminución global de la oferta y de la demanda de estos objetos y servicios; y, por tanto, del número de productos del consumo global.

La consecuencia de ello podría ser el comienzo del final de lo que se ha entendido hasta ahora como *nivel de vida* (una disminución del Producto Interior Bruto mundial). Esta disminución del numero de objetos de consumo, del numero de *cajas negras* en la terminología de Bauman (2003), puede ser muy bien compatible con un incremento de la *felicidad bruta mundial*, y del proceso de digitalización; y, al mismo tiempo, de procesos de fragmentación de la vida cotidiana en espacios acotados por grupos de intereses sociales, culturales, técnicos (grupos organizados a través de la red ); así como de la producción de nuevos objetos y servicios virtuales, intelectuales, artísticos, ideológicos, a los que ya he hecho referencia.

En el aire queda la interrogación, ya comentada anteriormente en este libro, que Marcuse nos planteaba en los años sesenta del siglo pasado sobre lo que podría suceder con la mera supresión de todo tipo de anuncios y de todos los medios adoctrinadores de información y diversión si un buen día todo el mundo se quedara sin televisión. Marcuse nos planteaba en los años sesenta del siglo pasado si una situación irreal de este tipo podría sumergir al individuo en un vacío traumático en el que tendría la oportunidad de sorprenderse y de pensar, de conocerse a sí mismo y a su sociedad. "Privado de sus falsos padres, guías, amigos y representantes, - escribía- tendría que aprender su abecedario otra vez. Pero las palabras y frases que formaría podrían resultar muy diferentes y lo mismo sucedería con sus aspiraciones y temores". (Marcuse, 1993, pág. 274). Ese imaginario *día sin televisión* que le servía a Marcuse de ejemplo en los años sesenta se ha convertido en el 2020 en un gigantesco y global ejercicio mundial de aislamiento del *ser humano* respecto al *consumo conspicuo* y a las *distracciones de masas*, que puede tener consecuencias en la conducta futura de las sociedades.

Ivan Krastev (2020) ha argumentado en este sentido que la actual pandemia "hace visibles las estructuras latentes que de otra manera no serían evidentes". Las epidemias- afirma "proporcionan un dispositivo de muestreo para el análisis social. Revelan lo que realmente le importa a una población y a quién valoran realmente. Cada epidemia conocida ha sido enmarcada y explicada no solo como una crisis de salud pública sino también como una crisis moral". Se ha señalado que parece que lo que nos sucede es que todos hemos sido enviados a nuestros cuartos para reflexionar sobre lo que estamos haciendo a nuestro planeta; "sin mencionar – escribe Matthew Stadlen (2020)- cómo nos tratamos a nosotros mismos y a las otras especies con las que lo compartimos. Estamos aprendiendo, como lo expresó un escritor, que solo somos tan saludables como nuestro vecino" ; y, por otra parte,  se ha producido un hecho nuevo, a saber, que "las generaciones que nunca han experimentado las dificultades y los horrores de la guerra, de la noche a la mañana, han quedado repentina y salvajemente conmocionadas".

Con la pandemia del coronavirus estamos en presencia de un experimento sociológico a escala global, como ha señalado Harari (2020 b)"estamos llevando a cabo inmensos experimentos sociales con centenares de millones de personas: industrias enteras han pasado a trabajar desde casa; universidades y escuelas han pasado a la enseñanza online; los gobiernos están inyectando billones en la economía y considerando aspectos como la renta básica universal".

Con esta crisis parece desvanecerse, en cualquier caso, la perspectiva de un nivel de vida que aumente sin cesar y la ilusión de que esas *cajas negras* de las que habla Bauman sigan multiplicándose a escala global, no solamente por el recorte que pueden experimentar los salarios de trabajadores y empleados públicos y  el incremento del desempleo, sino por la retracción de la demanda. "Se puede haber generado un cambio, una adaptación en el patrón hedonista. El gasto no estrictamente necesario, y desde luego el conspicuo, quedará reducido durante tiempo. Cambiarán las pautas de consumo durante un tiempo largo. Los mercados de consumo serán más nacionales", escribe Ortega (2020). Se producirán, por otra parte, menos objetos de consumo y se intercambiarán menos mercancías de manera global. Es previsible, por tanto,  que se produzca, efectivamente, una disminución en el *número de cosas* con las que la civilización moderna ha rodeado la vida del hombre.  La pregunta es si llevará este proceso a una mengua del número de *objetos* y, consiguientemente, a una disminución de nuestra ignorancia sobre sus características, su funcionamiento, su fiabilidad, su origen, su propiedad, su legitimidad, su necesidad. De nuevo aquí la impresión inicial es que una reducción del número de *objetos* implicará necesariamente un incremento del control y del conocimiento de los mismos, y una disminución de la ignorancia acerca de ellos, pero está por ver aún la extensión y las formas que puede adoptar esta transformación de la producción global de mercancías para poder evaluar su impacto.

## UN PROCESO CONTRADICTORIO DE ESTATALIZACIÓN Y COOPERACIÓN/INTERNACIONALIZACIÓN

Otra de las conclusiones que se desprenden de la hipótesis de la *Modernidad Ignorante* es la de que hoy, en mayor medida que nunca antes, *nos gobierna el sistema*; una estructura, una *dinámica*, una *sociedad inteligente* en la que la información, el conocimiento y el poder se hayan dispersos, y que solo en cierta medida se encuentra *desbocada* (Giddens,2006); un sistema que estamos creando entre todos, *un mundo en estructuración* ,uno de cuyos rasgos lo constituye su dimensión global. ¿Qué consecuencias puede tener para ese proceso de estructuración la crisis de la pandemia del covid-19?

La actual globalización, entendida como *remoción* de las relaciones sociales de los contextos locales de interacción y su reestructuración a través del tiempo y el espacio, que hace que las personas organicen hoy sus vidas de acuerdo estructuras y procesos que desconoce, que ignora, que no le son cercanas, se ha confrontado durante la crisis del coronavirus con la conciencia repentina, por parte de muchos ciudadanos de Europa, de que aspectos fundamentales de su seguridad dependen de suministros lejanos y tal vez inalcanzables; de intermediarios desconocidos; de organizaciones empresariales y financieras fuera de su control. Es posible que, como reacción a esta situación, presenciemos en el futuro tendencias compatibles, aunque contradictorias, de estatalización y de internacionalización de determinados aspectos de nuestras vidas.

En opinión de John Gray en lo sucesivo no se tolerará, por ejemplo, una situación en la que una parte tan importante de los suministros médicos mundiales más necesarios se produzca en China o en cualquier otro país exclusivamente. "La producción en este y otros sectores delicados se devolverá a los territorios de los Estados por motivos de seguridad nacional. Los Gobiernos tendrán que incrementar considerablemente su respaldo a la investigación científica y a la innovación tecnológica" (Gray, 2020).

"El proceso de desglobalización ya estaba en curso y se ha acelerado con esta crisis- escribe también Andrés Ortega -. Ya se ha producido un colapso del comercio internacional que veremos cuándo se recupera. Empiezan a abundar las demandas de políticas de mayor control (soberanía) nacional (o al menos europeo en nuestro caso) de las cadenas de suministros, no sólo en materia de productos sanitarios sino de todo tipo de productos industriales. Hay tendencias que apuntan a un mayor nacionalismo y proteccionismo económico"(Ortega, 2020).

Olivie y Gracia han puesto de relieve  también que "esta crisis incrementa la valoración del riesgo de dependencia geográfica respecto a China, lo que puede desarrollar estrategias de diversificación geográfica de proveedores, que puede no afectar negativamente al comercio en términos agregados, o puede incidir en una tendencia de relocalizaciones hacia países de origen y la consecuente reducción del volumen de intercambios comerciales" (Olivié & Gracia, 2020).

Esta renacionalización de industrias y producciones esenciales para la supervivencia  coexistirá muy probablemente con  tendencias sociales divergentes. El impacto en  el mundo  de la pandemia del coronavirus puede dar lugar a que, junto a estos procesos de *estatalización* y *renacionalización* de competencias y de producción de mercancías y servicios en los ámbitos estatales, se produzcan consistentemente y, al mismo tiempo, nuevos esfuerzos de cooperación internacional en  campos que vayan más allá del estrictamente sanitario; modificaciones, por ejemplo, que guarden relación con las consecuencias  económicas y sociales de esta crisis (reestructuración del sistema financiero internacional).

Como señala John Gray, con esta crisis "vuelven a emerger otras fuentes de autoridad y legitimidad. El Estado nacional se está reafirmando como la fuerza más poderosa para conducir la acción a gran escala. Enfrentarse al virus exige un esfuerzo colectivo que no se movilizará por el bien de la humanidad" (Gray, 2020), pues parece estar claro que los problemas mundiales – como subraya Yuval Noah Harari (2020)- "no siempre tienen soluciones mundiales".

Sin embargo, el propio Harari reconoce que las divisiones geopolíticas excluyen  por ahora "cualquier cosa que pueda guardar algún parecido con un Gobierno mundial y, si existiese, los Estados actuales competirían por controlarlo". Es verdad que  "no podemos protegernos cerrando de forma permanente nuestras fronteras" porque las epidemias "se propagaban con rapidez ya en la Edad Media, mucho antes de la era de la globalización", que "el aislacionismo a largo plazo provocará un derrumbe económico y no proporcionará ninguna protección genuina contra las enfermedades infecciosas" (Harari, 2020), y que a largo plazo necesitamos "mecanismos de gobernanza global para hacer el mundo más resistente a amenazas sistémicas", aunque no haya "ninguna garantía de ello" (Ortega, 2020). Lo que subyace, sin embargo, en todas estas propuestas son buenos propósitos y muy razonables, pero que se mueven, sin duda, en el ámbito de lo *prescriptivo* y no de lo *descriptivo,* o de una prognosis suficientemente fundamentada.

A favor de la idea de que la cooperación internacional se impondrá sobre las tendencias renacionalizadoras se puede argüir que la protección contra las pandemias no requiere el ejercicio del poder *sobre* otros estados, sino *con* otros estados. La salud pública no es un activo privado, colectivo o de club, sino un activo de red y ,como señalan Carreiras y Malamud "los bienes de red son precisamente "aquellos cuya utilidad aumenta con su difusión: cuantos más usuarios los tengan, mejor para todos" (Carreiras, Helena; Malamud, Andrés, 2020). Es probable, por tanto, que esta *tendencia objetiva* lleve a preservar la solidaridad y la internacionalización de los bienes públicos relacionados con la salud. "Las necesidades del futuro-escriben estos autores- incluyen mejores capacidades estatales, menos nacionalismo y una cooperación internacional más funcional: científica, sanitaria y financiera. Y, con suerte, más democracia", pero ellos mismos también reconocen que "esto ya es un juicio normativo" (Carreiras, Helena; Malamud, Andrés, 2020).

La ex secretario de Estado norteamericana, Madaleine Albright ha señalado ,abundando también en la expresión de estos deseos bienintencionados, que "hay algo infantil en la creencia de que, en nuestra era, uno puede estar a salvo detrás de una pared, un foso o incluso un océano. Las principales amenazas que enfrentamos, incluso más allá de las enfermedades pandémicas, no respetan los límites. Incluyen gobiernos corruptos, terroristas, guerras cibernéticas, propagación incontrolada de armas avanzadas, redes criminales multinacionales y catástrofes ambientales. Estos peligros no pueden ser derrotados por ningún país que actúe solo, y para cualquier país sería una tontería intentarlo" (Albright, 2020). El problema es que la *tontería* es un virus que la humanidad aún no ha conseguido erradicar.

Por otra parte, en las tendencias hacia la internacionalización o la renacionalización jugará un papel esencial la nueva concepción de la defensa nacional, que a partir de ahora incluirá con mayor rigor los aspectos relacionados con la seguridad sanitaria y alimentaria y la ciberseguridad. Carreiras y Malamud han distinguido a este respecto entre *la alta política* que se refiere a la supervivencia y la seguridad de los Estados y *la baja política* que se refiere a todo lo demás (como comercio o cultura) . En su opinión "la pandemia ha convertido la salud pública en un área de la alta política." (Carreiras, Helena; Malamud, Andrés, 2020). Y lo mismo puede suceder con otros sectores de la economía, como la agricultura necesaria para la supervivencia y la autosuficiencia. Los sectores básicos de la vida pasarán a ser centrales en la gestión pública.

Por otra parte, parece indudable que a nivel estatal asistiremos a un reforzamiento de los sistemas de seguridad nacional que incluirán cada vez más las tareas asociadas a la seguridad sanitaria y alimentaria y a la ciberseguridad. "Si acabamos aceptando los límites del crecimiento,-escribe John Gray- será porque los Gobiernos hagan de la protección de sus ciudadanos su objetivo más importante". "Sean democráticos o autoritarios, los Estados que no pasen esta prueba -hobbesiana fracasarán" (Gray, 2020). La renovada dependencia en la vida —económica y social— online, - escribe en este mismo sentido Andrés Ortega- va a llevar a dar una mayor importancia a la ciberseguridad en todos los países y también, debido a la posibilidad de ataques biológicos y bioterrorismo a la necesidad de defensas frente a ellos (Ortega, 2020). Olivie y Gracia han señalado en este sentido la posibilidad de expansión de las funciones internacionales de las fuerzas armadas. Aunque los datos de *presencia global* elaborados periódicamente por el Real Instituto Elcano indican que "en principio no cabe esperar un vínculo directo entre la crisis del coronavirus y la dimensión militar", "el ejército ha adquirido un importante papel en la gestión de la crisis sanitaria en la práctica totalidad de países" y "no es descartable que en un futuro se puedan llegar a poner en marcha misiones internacionales orientadas a gestionar recrudecimientos puntuales de la emergencia sanitaria en países concretos y particularmente en desarrollo" (Olivié & Gracia, 2020). La transformación de las *formas de acción estatal* está, por tanto, a la orden del día.

En cualquier caso, la cuestión es que los procesos de *renacionalización* de sectores básicos de la vida tienen que ver más con la vuelta a sociedades *estatales* que a sociedades *nacionales*; está en juego más la *eficiencia* y el *control* que la pertenencia étnica o nacional. La renacionalización de producirse será más bien una *re-estatalización* a favor de estructuras sociales cohesionadas y performativas. "Se va a plantear, de un modo general-escribe Andrés Ortega- un cuestionamiento del modo en que funcionan los Estados. En España se puede plantear una crisis del sistema autonómico que, en este caso sanitario, ha puesto de manifiesto algunos malfuncionamientos debido a un reparto de competencias en el que el gobierno central no podía saber de qué medios sanitarios disponían las Comunidades, responsables de ellos, ni imponer criterios hasta la declaración del estado de alarma" (Ortega, 2020).

"La pandemia ha fortalecido el poder de los Estados al tiempo que aumenta su interdependencia. ¿Cómo puedes ser más fuerte y más dependiente al mismo tiempo?" – se preguntan Carreiras y Malamud- El efecto paradójico de la pandemia es, en efecto, el de que, aunque superarla requiere cooperación internacional, su combate inmediato incita al aislamiento nacional, pero, como he señalado antes, el regreso del Estado no implica necesariamente el regreso del nacionalismo. "El Estado es un instrumento (de acción colectiva), la nación es un sentimiento (de pertenencia colectiva)" (Carreiras, Helena; Malamud, Andrés, 2020). Lo que si es posible que se fortalezca, junto a la idea de pertenencia a una *sociedad estatal,* son los vínculos fuertes de vecindad con los territorios que se sienten como propios." El coronavirus – escribe en este sentido Ivan Krastev (2020) fortalecerá el nacionalismo, aunque no el nacionalismo étnico, sino un tipo de nacionalismo territorial. En los informes de televisión y en los anuncios de los gobiernos se puede ver que los co-nacionales que viajan desde áreas infectadas por el corona-virus son tan poco bienvenidos como cualquier extranjero".

No volveremos, por tanto, ni a las tribus ni a las naciones pre-modernas, pero en estas tendencias contradictorias entre estatalización e internacionalización ¿cuál de ellas se impondrá?, y, sobre todo, ¿cómo afectará a la percepción de los ciudadanos sobre el control político de las instituciones; sobre el conocimiento de los *mecanismos del poder* y sobre la información que las instituciones estatales o internacionales tendrán sobre los individuos? ¿Cómo afectará la militarización de la salud pública a la disponibilidad y control de datos esenciales de carácter biométrico sobre los ciudadanos? ¿Se incrementará de nuevo el control de los ciudadanos y su conocimiento o el de las instituciones y los nuevos poderes? Se trata, sin duda, de interrogaciones a las que es difícil responder en este momento, pero nuevamente aquí la impresión es que la *devolución* de competencias a entornos *eficientes* desde un punto de vista social no tiene porque ser incompatible con un modelo mejorado de globalización; y puede, en cambio, incrementar el conocimiento y el control de los ciudadanos sobre los gobernantes, más que la ignorancia y el descontrol.

LOS CAMBIOS EN LA GEOPOLÍTICA Y EL SISTEMA FINANCIERO INTERNACIONAL

Entre las conclusiones más reiteradas a lo largo de este libro se encuentra la de que "no sabemos quienes nos gobiernan ni la información que tienen sobre nosotros los que nos gobiernan"; y también la de que la ignorancia no es patrimonio exclusivo de los gobernados sino de los gobernantes en contextos de complejidad creciente y de una explosión de los datos y de la información. "El mensaje de nosotros, los súbditos, para el poder del Estado- escribe a propósito de esta idea y de lo sucedido con el coronavirus, Slavoj Zizek (2020) - es el siguiente: seguimos sus órdenes voluntariamente, pero estas son *sus* órdenes y no hay garantía de que nuestra obediencia a ellas garantice un resultado positivo. El poder del Estado está en pánico, porque sabe no solo que no controla la situación, sino que también sabe que nosotros, sus súbditos, lo sabemos: se revela la impotencia del poder", su ignorancia, lo que es decir, también la impotencia de una *modernidad ignorante* consciente del descontrol tanto en el ámbito de la geopolítica como de la geo economía, lo cual, como ya se ha señalado en estas páginas, está teniendo como consecuencia una crisis de las democracias representativas.

Junto a la existencia de esta crisis, se ha puesto de relieve también como la ignorancia generalizada sobre las reglas de funcionamiento de la compleja estructura financiera de la globalización constituye otra característica de nuestra época. Los productores y consumidores de mercancías desconocen hoy, en gran medida, los mecanismos del mercado y están expuestos a sus crisis periódicas. La digitalización de la economía no ha impedido estas turbulencias ni tampoco las guerras económicas.Esta pandemia del coronavirus – escriben Olivie y Gracia- irrumpe precisamente "en un momento en el que parte de la comunidad internacional cuestiona los pilares sobre los que se venía sosteniendo el mundo desde el fin de la II Guerra Mundial, y particularmente, su gobernanza multilateral o el sentido y la existencia misma de la UE. En definitiva, se trata de una crisis sanitaria de naturaleza irremediablemente global que estalla en un contexto de auge de identidades nacionales" (Olivié & Gracia, 2020) y de un *desconcierto geopolítico*, que hace difícil entender quién ejerce el poder y con qué objetivos.

Todo lo expuesto anteriormente lleva, por tanto, a plantear si no estaremos, con la actual crisis, ante la emergencia de un cambio geopolítico en profundidad, que puede acelerar el proceso de sustitución de EE.UU y de la UE por China y otros países de Asia como centros dirigentes del proceso de globalización y modernización; o, si, por el contrario, nos encontraríamos ante otro escenario; frente un incremento de la dispersión y de la ingobernabilidad del sistema mundial; es decir, de la *ignorancia* sobre las tendencias que finalmente prevalecerán en el nuevo orden mundial.

Parece evidente que el papel dirigente de EE.UU, que venía ya debilitándose por la acción combinada de la emergencia de China y la decadencia en el liderazgo americano (que puede observarse, entre otros síntomas, en el deterioro de su sistema político) puede acentuarse con la actual crisis. Como ha escrito Harari la confianza en el Gobierno estadounidense actual se ha venido abajo porque "¿quien seguiría a un jefe cuyo lema es "Yo el primero"?- (Harari, 2020). Paul Krugman ,nobel de economía, avisaba en este mismo sentido, desde el New York Times (2020), que "la democracia americana puede estar muriendo". En su opinión, la economía podrá finalmente recuperarse, pero la democracia una vez perdida "no volverá jamás".

Pero esta desconfianza en Occidente no es privativa de los Estados Unidos, también se puede observar en el proyecto europeo, que con el Brexit y el auge de los nacionalismos se encuentra en una fase crítica "El poner a su país first se impondrá, aunque sea sin Trump, por lo menos en el corto plazo" opina Andrés Ortega, analizando las expectativas en Norteamérica tras las elecciones presidenciales de este año, y se pregunta con razón si sucederá lo mismo en la UE: "¿Será en Europa *Europe first* y no los Estados miembros?" (Ortega, 2020). En cualquier caso, en relación con estas disyuntivas, no parece difícil coincidir con la opinión de Harari de que "el vacío dejado por Estados Unidos no lo ha llenado por ahora nadie. La xenofobia, el aislacionismo y la desconfianza son hoy las principales características del sistema internacional" (Harari, 2020).

Tampoco parecen muy halagüeñas las perspectivas del capitalismo salvaje que ve Zizek (2020) como resultado más probable de la actual epidemia. En su opinión el que prevalecerá será "un nuevo capitalismo bárbaro: muchos ancianos y débiles serán sacrificados y abandonados para morir, los trabajadores tendrán que aceptar un nivel de vida mucho más bajo, el control digital de nuestras vidas seguirá siendo una característica permanente, las distinciones de clase se convertirán (mucho más que ahora) en una cuestión de vida o muerte ..."

Otra línea de interpretación de lo que sucede ,coincidente con la anterior (la debilidad de Occidente), viene a subrayar que la preeminencia de Oriente sobre Occidente se basará ,sobre todo, en el hecho de que sus culturas priman lo *colectivo* sobre lo *individual*. "Hasta ahora - escribe Gray- los países que han dado una respuesta más eficaz a la epidemia han sido Taiwán, Corea del Sur y Singapur. Cuesta pensar que sus tradiciones culturales, que otorgan más importancia al bienestar colectivo que a la autonomía personal, no hayan desempeñado un papel en sus buenos resultados" (Gray, 2020). Esta misma idea es expresada por Andrés Ortega para quien se puede producir una aceleración del proceso de desoccidentalización que ya estaba en curso, y se pregunta "si nos volveremos más asiáticos en general, más comunitaristas, menos individualistas?" (Ortega, 2020). "Desafortunadamente- escribe Ivan Krastev, dando una razón adicional para la posible preeminencia de China- el coronavirus podría aumentar el atractivo del tipo de autoritarismo de big data empleado por el gobierno chino. Se puede culpar a los líderes chinos por la falta de transparencia que los hizo reaccionar lentamente a la propagación del virus en diciembre de

2019, pero la eficiencia de su respuesta y la capacidad del Estado chino para controlar el movimiento y el comportamiento de las personas ha sido impresionante. En la crisis actual, los ciudadanos comparan constantemente las respuestas y la efectividad de sus gobiernos con las de otros gobiernos. Y no debería sorprendernos si el día después de la crisis China aparece como un ganador y Estados Unidos como un perdedor."

Por otra parte, autores como Carreiras y Malamud han señalado otra posible derivada de la actual situación, como, en ausencia de liderazgo político, son las instituciones técnicas las que pueden llegar a imponerse, tanto a nivel nacional como internacional. "La cooperación técnica – escriben- demostró ser más útil y más efectiva que la cooperación política…la bifurcación entre las dimensiones política y técnica puede dar lugar a una globalización *desacoplada*, en la que las esferas de influencia de Estados Unidos y China no se distinguirán por alineamientos ideológicos, sino regulatorios, con estándares técnicos y desarrollos tecnológicos incompatibles. Podemos estar en camino a un mundo dividido no entre liberalismo y autoritarismo, sino entre algo como 'Mac y PC' " (Carreiras, Helena; Malamud, Andrés, 2020).

Por otra parte, relacionada con este *tecnificación* de las alternativas que se nos presentan, está la cuestión de la emergencia de *la sociedad civil organizada*. "La recuperación de la crisis del coronavirus puede generar una sociedad con organizaciones más estructuradas- escribe en este sentido Andrés Ortega-, quizá esta vez más verticales y jerarquizadas, que realmente sepan (y se les permita) canalizar realmente demandas concretas y accionables a las altas esferas públicas de decisión. Esto puede llevar a un mayor acercamiento entre el Tercer Sector (organizaciones ciudadanas, ONG, fundaciones, etc.), el Tercer Pilar, como lo llama Raghuram Rajan, y el poder público. Primero, porque el sector público se ha visto sobrepasado en sus capacidades para gestionar una crisis de tal calado (sin alternativa porque el privado no lo era). Segundo, porque las estrategias nacionales requieren de una implementación también a nivel local, acordada y coordinada para conseguir los resultados esperados de forma más rápida, y para ahorrar en costes de transacción"(Ortega, 2020). Resumiendo, tendríamos, por consiguiente, tres posibles escenarios: 1/la sustitución de Occidente y EE.UU. por Oriente y China; 2/la dispersión del poder geopolítico y

3/ la aceleración del papel de organizaciones y poderes no estatales y del sector técnico y empresarial.

Si bien durante la crisis del coronavirus esta tercera tendencia sobre el posible papel creciente de organizaciones e instituciones privadas de carácter técnico en la gestión pública puede estar fundamentada por hechos y actuaciones de algunas fundaciones y empresas privadas, no parece estarlo tanto si analizamos el comportamiento de las instituciones internacionales de carácter especializado, comenzando por la propia Organización Mundial de la Salud, cuya actuación no parece haber sido demasiado efectiva.

Andrés Ortega escribe, más como una esperanza de que así suceda que como una predicción que "no cabe descartar un nuevo internacionalismo como el que intentó, pero no consiguió, Woodrow Wilson y que Franklin D. Roosevelt sí logró poner en marcha antes incluso de que terminara la Segunda Guerra Mundial, y que parta de la salud", pero la verdad es que, como reconoce el propio Ortega, en esta crisis, la ONU ha estado completamente ausente. "Sólo una recuperación de la confianza entre las grandes potencias podrá poner en marcha la centralidad de su Consejo de Seguridad. La OMS se ha demostrado insuficiente, es necesario un Sistema Global de Salud" (Ortega, 2020). El problema es que ese *sistema* continua siendo dependiente de los poderes reales ejercidos por los Estados y las grandes potencias, por lo que la agenda de reformar las prioridades y las estructuras de las entidades multilaterales y globales puede no situarse en el orden del día de nuestros dirigentes.

Tampoco parece ejemplar el comportamiento de las instituciones de gobernanza económica internacional. "El virus- como ha señalado John Gray- ha dejado al descubierto puntos débiles fatales del sistema económico parcheado tras la crisis financiera de 2008. El capitalismo liberal está en quiebra"(Gray, 2020) y será "necesario buscar una restructuración del sistema impositivo, un nuevo *mix* más justo, dentro de cada país y entre los países (paraísos fiscales, incluidos los que se dan en la UE)" . Pero esto ,como afirma Andrés Ortega "no es posible en un contexto de movilidad del capital facilitado por las nuevas tecnologías sin fuertes instituciones transnacionales" (Ortega, 2020). En su opinión "la crisis está poniendo de relieve la necesidad de una gobernanza (nacional, internacional y global) multinivel o inductiva, es decir, más compleja, con diversos actores —Estados y organizaciones de Estados, empresas, ciudadanos, ONG, etc.–, participando en ella, pues lo público por sí solo no basta" (Ortega, 2020). Pero ello, de nuevo, no deja de ser sino una opinión normativa y prescriptiva más que una predicción o una prognosis basada en hechos objetivos. Más una pretensión que una explicación.

Como he señalado, una de las líneas de reflexión sobre nuestro futuro geopolítico apunta a que la decadencia americana puede llevar a un cierto equilibrio desordenado de potencias de grado medio, a una "aceleración del desorden global". "Aunque el poder es algo también relativo, en términos absolutos-escribe Andrés Ortega- todas las potencias o grupos de potencias, van a salir debilitadas de esta crisis. Podemos asistir a una mayor o menor competencia geopolítica, pero basada en potencias más débiles, con tentaciones, quizá, pero con menos capacidades de actuar por sí solas" (Ortega, 2020).

Todas estas posibilidades están abiertas; y, por ahora, se nos presentan como igualmente inciertas. La ignorancia sobre "quién gobierna el mundo", que se ha comentado a lo largo de estas páginas no puede estar, por tanto, más de actualidad. La dispersión del poder en la respuesta al coronavirus sería, en este sentido, una ejemplificación típica del paradigma de *una modernidad ignorante* que desconoce su futuro y lo sabe.

## 2.-¿CAMBIO EN NUESTROS SISTEMAS SOCIO-POLÍTICOS Y EN NUESTRAS FORMAS DE VIVIR?

En las conclusiones hacia referencia a esa *ignorancia del homo ignorans* que tiene que ver con los dispositivos que se interponen, cada vez más, entre el ser humano y la *segunda naturaleza* artificial . La tecnología se le ha escapado de las manos, lo que explica ciertos temores a que nos dominen los robots y la inteligencia artificial en un mundo digitalizado. Ya hemos visto que los efectos del coronavirus sobre nuestras formas de vida pueden ir precisamente en ese sentido; en el de fortalecer las relaciones digitales a distancia y la automatización. Otra consecuencia de la actual crisis podría ser, junto a la generalización de los procesos de *teletrabajo* y *tele-amistad* o incluso de *tele-amor*, la del incremento de la automatización de los procesos productivos impulsada por las medidas adoptadas ahora para evitar la estrecha interacción humana en ciertas cadenas de producción.

Todo ello tendrá un impacto en nuestra vida cotidiana, en

nuestras formas de vida. La flexibilidad y la impermanencia  presentes en nuestras vidas de la que se trataba en el capítulo IV (auspiciada por la velocidad de los cambios en las relaciones sociales y la aparición de nuevos campos de ignorancia sobre nuestro destino individual; en el trabajo, en la familia, en el ocio, en la comunidad de pertenencia) pueden verse afectadas por el nuevo escenario.

En relación con los posibles cambios en nuestros sistemas sociopolíticos y en nuestras formas de vida, hay que plantearse  la posibilidad de que el protagonismo inevitable  de los sistemas públicos de sanidad y seguridad (sistema de salud, policía, ejercito, administración pública) en la lucha contra el coronavirus lleven a una mayor socialización de la economía; y a que se produzca, asimismo, una contradictoria tendencia también en este ámbito: Por una parte, pueden darse mayores poderes estatales, pero, por otra, podemos asistir también a un incremento del papel de *organizaciones intermedias*, (empresas, fundaciones, ONGs); es decir, a una autentica *socialización* del poder (no a una simple estatalización), que ponga en cuestión la capacidad de las actuales democracias parlamentarias, tal como las conocemos, para gestionar la competencia y la discrepancia en el nuevo juego socio-político resultante.

En los capítulos I, II y III se hacía referencia al incremento del descontrol derivado de la crisis de la democracia representativa, la compleja geopolítica y geo economía mundial, la dispersión global de la propiedad de la información y de los datos;  y, en general, al crecimiento de los entornos de incertidumbre y de la ignorancia sobre nuestro futuro; un desconocimiento al que no es ajena la ignorancia *sociológica* -el reconocimiento de los límites de las ciencias sociales-, ni el hecho de que ahora en mayor medida -debido al  *alargamiento del espacio y del tiempo*- las sociedades actuales desconozcan  su  propio pasado mas que otras sociedades anteriores. Todos estos factores nos llevan a preguntarnos en qué extensión los cambios ocasionados por la  pandemia  del  covid-19  pueden  afectar  a  nuestro control/descontrol, conocimiento/ignorancia de aspectos centrales de nuestros sistemas de convivencia y de nuestra vida cotidiana.

## Un proceso de digitalización, automatización y fragmentación de la vida cotidiana

"Nuestra vida va a estar más limitada físicamente y a ser más virtual que antes -escribe John Gray- Está naciendo un mundo más fragmentado, que, en cierto modo, puede ser más resiliente. La tecnología nos ayudará a adaptarnos en nuestras presentes condiciones extremas. La movilidad física se puede reducir trasladando muchas de nuestras actividades al ciberespacio. Es posible que las oficinas, los colegios, las universidades, las consultas médicas y otros centros de trabajo cambien para siempre". En su opinión, se está produciendo un hecho sorprendente: "Las comunidades virtuales organizadas durante la epidemia han hecho posible que la gente llegue a conocerse mejor que nunca" (Gray, 2020).

Andrés Ortega coincide también con este análisis ,ya que "las políticas de confinamiento y de teletrabajo han impulsado la digitalización y la alfabetización digital en muchas personas" lo que, en consecuencia, "puede suponer cambios permanentes en los hábitos y organización del trabajo" (Ortega, 2020). La pregunta, no obstante, es si de verdad, como de manera optimista piensa Gray, nos vamos a "conocer mejor que nunca" o si, por el contrario, la digitalización contribuirá a la "despersonalización" y la "fragmentación" social en compartimentos estancos de intereses.

Otro aspecto de los nuevos comportamientos que puede generar la pandemia del coronavirus es el señalado por Ivan Krastev (2020); el Covid-19 – escribe- "tendrá un fuerte impacto en la dinámica intergeneracional. En el contexto de los debates sobre el cambio climático y el riesgo que presenta, las generaciones más jóvenes han criticado a sus mayores por no pensar seriamente en el futuro. El coronavirus revierte estas dinámicas: ahora los miembros mayores de la sociedad son mucho más vulnerables y se sienten amenazados por la renuencia visible de los millennials a cambiar su forma de vida".

En todo caso, no le faltan razones a Zizek (2020) para señalar que "no debemos emplear mucho tiempo en meditaciones espirituales sobre la nueva era, sobre cómo "la crisis del virus nos permitirá comprender como son realmente nuestras vidas ", etc. La verdadera pregunta será: ¿qué forma social reemplazará al orden liberal-capitalista del Nuevo Mundo?

## Un proceso de socialización

Si bien, como ya he mencionado, podemos asistir a la desestatalización de la gestión publica (mediante la participación de organizaciones no gubernamentales, ONGs, fundaciones y grandes empresas privadas) en la producción de bienes y servicios públicos, al mismo tiempo parece existir coincidencia entre los analistas en el hecho de que si la situación de paralización e hibernación de las economías, debida al confinamiento sanitario, se prolonga muchos meses "el cierre exigirá una socialización de la economía aún mayor. Para salir del agujero vamos a necesitar más intervención estatal, no menos, y además muy creativa" (Gray, 2020).

"Estamos viendo ya- escribe en este sentido Andrés Ortega- una acción de los Estados para salvar empresas. En algunos casos estratégicos, podría acabar en nacionalizaciones, para salvarlas o para evitar que se hagan con ellas capitales extranjeros no deseados aprovechando su debilidad. Es algo que contemplan, entre otras, las medidas españolas. Todos están tomando medidas para flexibilizar y facilitar los créditos" (Ortega, 2020). En su opinión hay ya "un regreso del Estado, de lo público, del Estado de bienestar como colchón y de las políticas públicas. Tanto para luchar sanitariamente contra la enfermedad, como para ofrecer un colchón para los que pierden actividad e ingresos, como para salvar la viabilidad de empresas y del sistema económico" (Ortega, 2020). La paradoja de la Gran Recesión de 2008 -escribe a este respecto Ivan Krastev- "es que la desconfianza en el mercado no condujo a la demanda de una mayor intervención del gobierno. Ahora, el coronavirus traerá el Estado de vuelta a lo grande. El Covid-19 hizo que las personas confiaran en el gobierno para organizar su defensa colectiva contra la pandemia, y confiaran en el gobierno para salvar una economía en decadencia".

La forma en que estos procesos afecten al incremento de la ignorancia o del conocimiento social sobre aspectos básicos de nuestras vidas dependerá del grado de transparencia y competencia *de y entre* estas organizaciones sociales; y de la adaptación de los sistemas de las democracias liberales para controlar los *nuevos poderes estatales* y dar juego a los *nuevos poderes sociales*.

## Cambios en la democracia, la libertad y la privacidad

Con ocasión de la pandemia del Covid-19 pueden tener lugar cambios en los sistemas democráticos, que no solo afecten a la estatalización o socialización de aspectos básicos de nuestras vidas, sino también a la libertad de expresión y a la privacidad, derivados de los nuevos poderes otorgados a los gobiernos para el control de la pandemia mediante la cibervigilancia de los ciudadanos, las aplicaciones informáticas de supervisión de la red de internet y los teléfonos móviles. "Qué parte de su libertad querrá la gente que se le devuelva pasado el pico de la pandemia, es un interrogante aún sin respuesta" – escribe John Gray-, pero bien podría ser que la respuesta fuera la de elegir "un régimen de biovigilancia en aras de una mejor protección de su salud" (Gray, 2020). Andrés Ortega se refiere a esta tendencia como el posible desplazamiento hacia un "reforzamiento del tecno autoritarismo". Un proceso que podría tener lugar "al amparo de unas medidas de control personal para el seguimiento del virus, con pérdidas de privacidad e instrumentos de control no temporales, sino más definitivos" (Ortega, 2020).

Carreiras y Malamud concuerdan con esta idea de que "la pandemia fomentará el fortalecimiento del poder estatal". Estos autores subrayan que hay dos tipos de poder que pueden verse incrementados: el despótico y el infraestructural. "El poder despótico es la capacidad del Estado de actuar coercitivamente sin restricciones legales o constitucionales. El poder infraestructural es su capacidad de penetrar en la sociedad y organizar las relaciones sociales. Una vez más, se trata de la distinción entre el poder sobre los demás y el poder con los demás". Los estados que serán más efectivos serán en su opinión "aquellos que antes operen con una apertura inteligente, y no aquellos que mantengan el cierre de manera más marcial" (Carreiras, Helena; Malamud, Andrés, 2020). Las sociedades *más efectivas* también serán las que acierten en encontrar formulas de *socialización* competente, no necesariamente *estatal*, en la gestión de los bienes públicos esenciales.

La otra cara del fortalecimiento del *poder* es la que tiene que ver con el debilitamiento del *contra-poder*, es decir, con la crisis de la prensa y de los medios de comunicación independientes, otra de las terribles consecuencias de la actual pandemia . Andrés Ortega escribe a este respecto que se puede producir un "debilitamiento de la prensa independiente (el Cuarto Poder, esencial en democracia), que ya venía de antes (crisis del 2008 y competencia de Internet) debido a la brusca caída de la publicidad a favor de los Estados/gobiernos y del Quinto Poder, las redes sociales y plataformas asemejadas, en las que se puede reforzar la desinformación" (Ortega, 2020). De que estas tendencias sean contrarrestadas o no dependerá en gran medida la evolución del *factor ignorancia* en las sociedades post-coronavirus.

## 3.- ¿ CAMBIO DE MENTALIDAD Y DE PARADIGMAS IDEOLOGICOS?

Las cuestiones formuladas hasta ahora nos llevan a plantear una última interrogante sobre los cambios que estos procesos pueden tener en la mentalidad y en los paradigmas ideológicos de las sociedades actuales. En síntesis, habría dos ideas (dos cuestiones abiertas) , expuestas ya en este libro y que parecen salir reforzadas con las posibles consecuencias de la crisis representada por la pandemia del coronavirus. Por un lado, la que se refiere a una conciencia generalizada sobre el final de la idea de progreso (la pandemia del coronavirus ha dejado claro que la civilización puede enfrentarse, efectivamente,  a peligros desconocidos que  la hagan retroceder); y , por otro, la idea derivada de la conciencia de este *riesgo*, la idea de la  necesidad  universal de la confianza no solo en los expertos (médicos, biólogos, virólogos, informáticos, etc) sino de unos países en otros; una confianza que, inevitablemente, se tiene que dar en circunstancias en que el conocimiento directo y seguro del objeto de esa confianza no puede producirse, es decir, en contextos de crecimiento de los campos de ignorancia.

En medio de la incapacidad de explicar satisfactoriamente lo que nos sucede cobran vigencia también perspectivas sociológicas como las de Bruno Latour y su teoría del actor-red ,en las que se plantea que para comprender el mundo humano hay que dar un papel  de agente activo a la materialidad a la que se enfrenta nuestra acción y, especialmente, a la naturaleza. Latour (2020) ha señalado  que la crisis del coronavirus es *un ensayo general* para el inminente cambio climático, que es "la próxima crisis, aquella en la que las condiciones cambiantes de la vida planteará desafíos para todos nosotros, así como todos los detalles de la vida cotidiana que tendremos que aprender a resolver con cuidado". En su opinión, en medio de la crisis ecológica global y duradera, el nuevo coronavirus nos impone "la comprensión repentina y dolorosa de que la definición clásica de sociedad humana entre sí, no tiene sentido". "El estado de la sociedad depende en todo momento de las asociaciones entre muchos actores, la mayoría de los cuales no tienen formas humanas. Esto es cierto para los microbios, como lo conocemos desde Pasteur, pero también para Internet, la ley, la organización de hospitales, la logística estatal y el clima". Esta es también la opinión de Slavoj Zizek (2020) para quien "la epidemia es una combinación en la cual procesos naturales, económicos y culturales se encuentran inextricablemente entremezclados". El problema es  entonces el de responder a la pregunta de cómo podremos acertar a descifrar lo inextricable, esa complejidad de interconexiones entre lo humano y lo material.

LA GLOBALIZACIÓN DEL RIESGO Y LA NECESIDAD UNIVERSAL DE LA CONFIANZA

En estas páginas he venido insistiendo también en la importancia de la aparición de nuevos peligros creados por el propio ser humano; de los riesgos que comporta su acción tecnológica sobre el medio ambiente, como expresión de nuevos *campo de ignorancia*. A este respecto he señalado que, paradójicamente, el aumento de la especialización y la multiplicación de informaciones, conocimientos y datos estaría generando simultáneamente un incremento de la percepción de ignorancia de los agentes sociales y de la necesidad de *confiar* en los sistemas expertos –los especialistas- que producen el *saber*. Vivimos cada vez más, como ha señalado Giddens (2007), en mundo de *incertidumbre manufacturada* o en palabras de Beck (1988), en una *sociedad del riesgo*, términos estrechamente asociados al de *ignorancia.*

En este sentido subrayaba como en las sociedades actuales se mantienen sentimientos encontrados de seguridad e inseguridad respecto a la gente común, los especialistas ,los *sabios ignorantes* en todo lo que no sea su campo de especialización -según la caracterización que hace Ortega y Gasset sobre el hombre de nuestro tiempo (1966)- . También he comentado, siguiendo las reflexiones de

Beck como el riesgo y los peligros de la modernidad, al contrario que las antiguas divisiones económicas de clase, son *democráticas*, afectan en principio a todos por igual. La gestión del *riesgo* se convierte en un elemento esencial de estructuración social.

La tendencia habitual de los gobiernos y de los poderes públicos ha sido tradicionalmente la de disminuir la sensación pública de preocupación y miedo frente a los peligros de las sociedades modernas, sin embargo ahora, con esta crisis del coronavirus, como ha señalado Ivan Krastev (2020, puede suceder justo lo contrario: "No entres en pánico" es el mensaje equivocado para la crisis de Covid-19. – afirma Krastev- . "Para contener la pandemia, las personas deberían entrar en pánico, y deberían cambiar drásticamente su forma de vida. Mientras que todas las crisis anteriores del siglo XXI - 9/11; la gran recesión; la crisis de los refugiados, fueron impulsadas por la ansiedad, esta es impulsada por el miedo puro. Las personas temen la infección, temen por sus vidas y por la vida de sus familias". "¿Pero por cuánto tiempo la gente podrá quedarse en casa?", se pregunta.

Otra de las conclusiones de la *Modernidad Ignorante* es la de que *el homo ignorans*, el arquetipo de nuestras sociedades actuales, como todo ser humano, posee una ignorancia filosófico-científica (inerradicable), pero, al contrario que gran parte de sus ancestros, tiende a ser más consciente de esta carencia (a vivir sin religión). Esta mayor conciencia de la ignorancia constituiría así uno de los rasgos propios de su epistemología. La oferta de Descartes (1939), de ofrecer todo lo que sabía a cambio solo de la mitad de lo que ignoraba , cobraría su pleno sentido para él. Conocer es hoy para este sujeto, más que nunca, *saber ignorar.*

El brote de coronavirus y sus consecuencias sociales y de salud asociadas, que comienza a ser considerado por los analistas como uno de los eventos sociales más importantes en la vida humana en el siglo XXI, enfrenta nuevamente a ese *homo ignorans* con un futuro desconocido y pone en cuestión sus creencias y sus descreencias. Como ha señalado Kaleteh Sadati, "lo que hizo que este brote fuera diferente es la sensación mundial de fragilidad de la vida biológica humana y su demanda de una *sociedad estéril*, a salvo de cualquier peligro. El sueño de la *sociedad estéril* se basa básicamente en la demanda humana por la eternidad" (Ahmad Kalateh Sadati, 2020), es decir, el anhelo de *permanencia* y de *seguridad*.

Matthew Stadlen (2020) nos recuerda, en relación con lo anterior, como Platón explicaba en su Protágoras que "a menudo damos un peso indebido a la perspectiva de una gratificación inmediata, en detrimento de un bien más distante pero más significativo". En su opinión, "la mayoría de nosotros estamos cegados, diría que voluntariamente, por las trampas de nuestros estilos de vida. Priorizamos los viajes, el consumo de carne, la conveniencia y el dinero sobre nuestra seguridad y protección a largo plazo. El coronavirus no trata del cambio climático, pero es una advertencia que destruye nuestra arrogancia y constituye un recordatorio para todos nosotros de nuestra fragilidad comunitaria e individual frente a los desafíos de la vida y de la muerte".

¿Se reforzará entonces con esta crisis nuestra identidad como seres que pueden convivir con la duda, la incertidumbre y la ignorancia, o volveremos a sustituir estas actitudes y sentimientos por creencias  religiosas como en la antigüedad? ¿Saldrá reforzado el conocimiento provisional e incompleto de carácter científico o el conocimiento-sentimiento metafísico y religioso? Estas son de nuevo preguntas que no tienen respuestas por ahora.

Otra de las conclusiones de la *modernidad ignorante* respecto al carácter de nuestro tiempo, relacionada con la anteriormente mencionada, es la de la pérdida de fe ciega en el progreso y la desaparición de una gran narrativa histórica unívoca; la sensación de ignorar el futuro; de la cual el reconocimiento de los límites de la Sociología y de las prognosis social forma parte. Ello habría tenido como consecuencia la extensión de una epistemología del reconocimiento de la *ignorancia* y de la *incertidumbre*, que ha profundizado en el discurso de crítica de la razón realizado por Kant y en el discurso de la *falsación* de Karl Popper (1980). En este sentido el coronavirus nos enseña  de nuevo- como apunta John Gray- "no solo que el progreso es reversible —un hecho que parece que hasta los progresistas han entendido—, sino que puede socavar sus propias bases. Por citar el ejemplo más obvio, la globalización ha traído consigo grandes avances; gracias a ella, millones de personas han salido de la pobreza. Ahora este logro está en peligro. La desglobalización en marcha es hija de la globalización" (Gray, 2020).

Por último, en relación con otras de las propuestas contenidas en el texto  de la *Modernidad Ignorante* a propósito de la relación entre riesgo, ignorancia y confianza, el asunto es que ,como plantea Harari, "la humanidad afronta hoy una grave crisis, no solo debido al coronavirus, sino también por la falta de confianza entre las personas"; una falta de confianza que ha dado paso a una necesaria y casi automática necesidad de confiar en los técnicos. ¿Cómo afectará la actual pandemia del coronavirus a estos sentimientos de confianza. ¿Se reforzará la de carácter interindividual entre personas y la confianza internacional entre Estados-nación, o, por el contrario, seguirá creciendo unicamente la que otorgamos a los técnicos y a los científicos?

En opinión de Zizek (2020) debemos resistir "la tentación de celebrar la desintegración de nuestra confianza como una oportunidad para que las personas se autoorganicen localmente fuera del aparato estatal", ya que "un Estado eficiente que *ceda* poder y que pueda ser al menos relativamente confiable es ahora más necesario que nunca". En su opinión " la autoorganización de las comunidades locales hará su trabajo solo en combinación con el aparato estatal ... y con la ciencia". Zizek afirma que "hoy nos vemos obligados a admitir que la ciencia moderna, a pesar de todos sus prejuicios ocultos, es la forma predominante de universalidad transcultural", y que "la pandemia actual ofrece una buena oportunidad para que la ciencia se afirme en este papel". Ivan Krastrev (2020)subraya también esta misma idea de la confianza creciente en los *especialistas*, en los técnicos, en los científicos: "En la crisis actual- escribe- el profesionalismo ha vuelto. La mayoría de las personas están muy abiertas a confiar en expertos y prestar atención a la ciencia cuando sus propias vidas están en juego. Ya se puede ver la creciente legitimidad que esto ha otorgado a los profesionales que lideran la lucha contra el virus. El regreso del Estado ha sido posible porque la confianza en los expertos ha regresado".

"La historia indica- escribe en este mismo sentido Harari- que la auténtica protección se obtiene con el intercambio de informaciones científicas fiables y la solidaridad mundial. Cuando un país sufre una epidemia, debe estar dispuesto a compartir las informaciones sobre el brote con sinceridad y sin miedo a la catástrofe económica, mientras que otros países deben poder fiarse de esas informaciones y no repudiar a la víctima, sino ofrecer su ayuda" (Harari, 2020).

"Para superar una epidemia,- señala en otro párrafo- la gente necesita confiar en los expertos científicos, los ciudadanos necesitan confiar en las autoridades y los países necesitan confiar unos en otros. En los últimos años, unos políticos irresponsables han socavado deliberadamente la fe en la ciencia, las autoridades públicas y la cooperación internacional. Así que ahora nos enfrentamos a esta crisis sin ningún líder mundial capaz de inspirar, organizar y financiar una respuesta global coordinada"(Harari, 2020). La misma conclusión a la que llegaba-el lector lo recordará- el expresidente del gobierno de España, Felipe González (2019), al analizar *los males* de nuestro tiempo. Pero si ese es nuestro problema ¿A que se debe entonces que *ese sea nuestro problema*? ¿Deberemos confiar más en los técnicos y en los científicos? Esta parece ser la alternativa más razonable, pero por ahora hay más preguntas que respuestas, más ignorancia que conocimiento, respecto a este interrogante, y también en relación con la mayoría de las cuestiones que nos suscita la pandemia del coronavirus; lo que no debe preocuparnos en exceso, pues, al fin y al cabo, nuestro mayor tesoro de sabiduría siguen siendo, precisamente, nuestras propias preguntas, y la forma precisa en que acertamos o no a formularlas.

Lisboa, 26 de Abril de 2020

## BIBLIOGRAFÍA

Albright, Madeleine  (20 de Abril de 2020) *Coronavirus Should Be a Wake-Up Call for World Leaders to Work Together.* Time

Ahmad Kalateh Sadati, M. H. (20 de Marzo de 2020). *Risk Society, Global Vulnerability and Fragile Resilience; Sociological View on the Coronavirus Outbreak. Shiraz E-Med J.* Ahmad Kalateh Sadati, Mohamad Hossein B Lankarani and Kamran Bagheri Lankarani; Shiraz E-Med J.

Andorno, R. (2004). The right not to know: an autonomy based aproach. *Journal of Medical Ethics, 30* (5).

Aramayo, R. R. (2013). Prologo. En I. Kant, *¿Qué es la Ilustración?Y otros escritos de ética, política y filosofía de la historia.* Madrid: Alianza Editorial.

Ariño Villarroya, A. (2010). *Prácticas culturales en España: desde los años sesenta hasta la actualidad.* Barcelona: Planeta.

Arts , W., & Halman , L. (2004). *European Values at the Turn of the Millennium.*   Boston   :   Bril   Leiden.   Obtenido   de http://es.wikipedia.org/wiki/Principio_KISS

Böschen, S., & Wehling, P. (December de 2010). Introduction: Ambiguous Progress. *Science, Technology & Innovation Studies, 6*(2).

Barañano Cid, M. (2006). Glocalization, Postmetropolises and Places: New Socioscapes. En R. Rocco, & F. J. García Selgas, *Transnationalism Issues and perspectives* (Vol. Chapter 2). Editorial Complutense.

Barañano Cid, M. (2010). Responsabilidad social y regulación estatal en el marco del transnacionalismo y la pluralización normativa. En J. Beriain, & I. Sánchez de la Yncera, *Sagrado/Profano. Nuevos desafíos al proyecto de la modernidad.* Madrid: Centro de Investigaciones Sociológicas.

Barañano Cid, M. (2016). "Cadenas globales de cuidados", "Familias transnacionales" y "global householding". La dimensión espacio-temporal de nuevas formas de agencia en la crísis transnacional. En B. Tejerina, & G. Gatti, *Pensar la agencia en la crisis.* Madrid: Centro de Investigaciones Sociológicas.

Barnes, B. (1974). *Scientific knowledge and sociological theory.* London and Boston: Routledge & Kegan Paul.

Baudrillard, J. ( 1993). *Cultura y simulacro.* (Kairós, Ed.)

Bauman, Z. (1997). *La posmodernidad y sus descontentos.* Madrid: Akal.

Bauman, Z. (1999). *En busca de la política.* México: Fondo de Cultura Económica.

Bauman, Z. (2001). *La sociedad individualizada.* Madrid: Catedra.

Bauman, Z. (2003). *Modernidad Líquida.* México: Fondo de Cultura Económica.

Bauman, Z. (2005). *Ética posmoderna.* Madrid: Siglo XXI.

Bauman, Z. (2005b). *Identidad.* Buenos Aires: Losada.

Bauman, Z. (2005c). *Modernidad y ambivalencia.* Barcelona: Anthropos.

Bauman, Z. (2006). *Comunidad. En busca de seguridad en un mundo hostil.* Madrid: Siglo XXI.

Bauman, Z. (2007). *Miedo líquido. La sociedad contemporánea y sus temores* . Barcelona: Paidos.

Bauman, Z. (2007b). *Pensando sociológicamente.* Buenos Aires: Ediciones Nueva Visión.

Bauman, Z. (2007c). *Vida de consumo.* México: Fondo de Culta Económica.

Bauman, Z. (2008). *Amor líquido. Acerca de la fragilidad de los vínculos humanos.* México: Fondo de Cultura Económica.

Bauman, Z. (2010). *La globalización. Consecuencias humanas.* México: Fondo de Cultura Económica.

Bauman, Z. (2010). *Modernidad y Holocausto.* Madrid: Sequitur.

Beck, U. (1988). *La sociedad del riesgo. Hacia una nueva modernidad.* Barcelona: Paidos.

Beck, U. (1998). *Políticas ecológicas en la edad del riesgo.* Barcelona: El Roure.

Beck, U. (2000). *La democracia y sus enemigos.* Barcelona: Paidos.

Beck, U. (2002). *Hijos de la Libertad.* México: Fondo de Cultura Económica.

Beck, U. (2003). *Un nuevo mundo feliz: la precariedad del trabajo en la era de la globalización.* Barcelona: Ediciones Paidos Ibérica.

Beck, U. (2004). *Poder y contrapoder en la era global: la nueva economía política mundial.* Barcelona: Ediciones Paidos.

Beck, U. (2008). *¿Qué es la globalización? Falacias del globalismo, respuestas a la globalización.* Barcelona: Paidos.

Beck, U. (2009). *El Dios personal: la invidualización de la religión y el "espíritu" del cosmopolitismo (Estado y Sociedad)*. Barcelona: Paidos.

Beck, U., & Beck-Gernsheim, E. (2001). *El normal caos del amor: las nuevas formas de la relación amorosa*. Barcelona: Paidos Ibérica.

Beck, U., & Beck-Gernsheim, E. (2003b). *La individualización: el individualismo institucionalizado y sus consecuencias sociales y políticas*. Barcelona: Ediciones Paidos Ibérica.

Beck, U., Giddens, A., & Lash, S. (1997). *Modernidad reflexiva. Política, tradición y estética en el orden social moderno*. Madrid: Alianza Editorial.

Bell , D. (1994). *El advenimiento de la sociedad post-industrial. Un intento de prognosis social*. Madrid: Editorial Alianza.

Berger, P., & Luckmann, T. (1991). *The Social construction of reality. A treatise in the sociology of Knowledge*. London: Penguin Books.

Berman, M. (1988). *Todo lo solido se desvanece en el aire. La experiencia de la Modernidad*. Madrid: Siglo XXI.

Bogner , A. (2015). Decision-making under the condition of uncertainty and non-knowledge: The deliberative turn in genetic counselling. En M. Gross, & L. McGoey, *Routdelge International Handbook of Ignorance Studies*. London & New York: Routdelge International Handbooks. Taylor and Francis Group. Kindle Edition. Retrieved from Amazon.com.

Boulding, K. (1985). *The world as a total system*. Thousand Oaks, California: Sage Publications,.

Bourdieu, P. (1999). *La miseria del mundo*. Madrid: Akal.

Brey, A. (2009). La sociedad de la ignorancia. Una reflexión sobre la relación del individuo con el conocimiento en el mundo hiperconectado. En A. Brey, I. Daniel, & M. Gonçal, *La Sociedad de la Ignorancia y otros ensayos*. Barcelona: Zero Factory,S.L.

Brzezinski, Z. (1998). *El gran tablero mundial. La supremacía estadounidense y sus imperativos geoestratégicos*. Barcelona: Paidos.

Bueno, G. (1990). Ignoramus, Ignorabimus! *El Basilisco, 2ª época*(4,), 69-88.

Bueno, G. M. (enero-marzo de 1959). *Revista de Filosofía Instituto Luis Vives CSIC año XVIII*(68), 103-112.

C. Elliott , K. (2015). Selective ignorance in environmental research. En M. Gross, & L. McGoey, *Routdelge International Handbook of Ignorance Studies*. London & New York: Routdelge International

Handbooks. Taylor and Francis Group. Kindle Edition. Retrieved from Amazon.com.

Callejo Gallego, J. (2001). *El grupo de discusión: introducción a una práctica de investigación.* Barcelona: Ariel Practicum.

Callejo Gallego, J., & Viedma Rojas, A. (2010). *Proyectos y estrategias de investigación social: La perspectiva de la intervención.* Mc Graw Hill.

Callejo Gallego, J., Del Val Cid, C., Gutierrez Brito, J., & Viedma Rojas, A. (2009). *Introducción a las Técnicas de Investigación social.* Editorial Universitaria Ramón Areces UNED.

Carreiras, Helena; Malamud, Andrés. (14 de Abril de 2020). Geopolítica del Coronavirus. *Público.*

Carreiras, Helena; Malamud, Andrés. (14 de Abril de 2020). Geopolítica del Coronavirus. *Público.*

Castells Olivan, M. (2005). *La era de la información: Economía, sociedad y cultura.* Madrid: Alianza Editorial.

Castells Olivan, M. (2009). *Comunicación y Poder.* Madrid: Alianza Editorial.

Castells Olivan, M. (2012). *Redes de Indignación y Esperanza. Los movimientos sociales en la era de internet.* Madrid: Alianza Editorial.

Castells, M. (2006). *La Sociedad Red.* Madrid. Alianza Editorial.

Castells, M. (2012). *Redes de Indignación y Esperanza. Los movimientos sociales en la era de internet.* Alianza Editorial.

Cebrian, Juan Luís (20 de Abril de 2020) *La humildad de los políticos.* El País.

Centro de Investigaciones Sociológicas. (2005 b). *Percepción e imagen del fenómeno de la Globalización. Estudio número 2.628.* Obtenido de Centro de Investigaciones Sociológicas: http://www.cis.es/cis/opencm/ES/1_encuestas/estudios/ver.jsp?estudio=5478

Centro de Investigaciones Sociológicas. (2005). *Globalización y Relaciones Internacionales. Estudio número 2606.* Obtenido de CIS.es: http://www.cis.es/cis/export/sites/default/-Archivos/Marginales/2600_2619/2606/es2606mar.pdf

Chua, L. (2015). Anthropological perspectives on ritual and religious ignorance. En M. Gross, & L. McGoey, *Routdlege International Handbook of Ignorance Studies.* London & New York: Routdlege International Handbooks. Taylor and Francis Group. Kindle Edition. Retrieved form Amazon.com.

Conde Gutierrez del Alamo, F. (2009). *Análisis Sociológico del sistema de discursos* (Vols. Colección Cuadernos metodológicos ,n° 43). CIS.

Conde Gutierrez del Alamo, F. (2009). *Análisis Sociológico del sistema de discursos* (Vols. Colección Cuadernos metodológicos ,n° 43). Madrid: Centro de Investigaciones Sociológicas.

Cornella, A. (2000). *Cómo sobrevivir a la infoxicación.* Obtenido de http://www.infonomia.com/: http://www.infonomia.com/img/pdf/sobrevivir_infoxicacion.pdf

Crozier, M. (2017). *The bureaucratic phenomenon.* London and New York: Routledge Taylor &Francis Group.

Cunniff Gilson, E. (2015). Intersubjetive vulnerability, ignorance, and sexual violence. En M. Gross, & L. McGoey, *Routledge International Handbook of Ignorance.* London & New York: Routledge International Handbooks. Taylor and Francis Group. Kindle Edition. Retrieved from Amazon.com.

Dawkins, R. (1993). *El gen egoísta.* Barcelona: Salvat Ciencia.

Dawkins, R. (2008). *The God Delusion.* (C. t. autor., Trad.) New York: Edición digital. New York: A Mariner Book Houghton Mifflin Company.

de Beauvoir, S. (1972 ). *¿Para qué la acción?* . (J. J. Sebreli, Trad.) Buenos Aires: La Pléyade.

De Cusa, N. (1968). *La Docta Ignorancia.* Madrid: Aguilar.

DeNicola, D. (2017). *Understanding Ignorance. The surprising impact of What Whe Don't Know.* London: MIT press (Kindle version. Retrieved from Amazon.com).

Descartes, R. (1939). *Discurso del Método* (3° ed.). (M. G. Morente, Trad.) Madrid: Espasa Calpe.

Devjani , R., & Richard , Z. (2015). The anatomy of ignorance: Diagnoses from literature. En M. Gross, & L. McGoey, *Routledge International Handbook of Ignorance.* London & New York: Routledge International Handbooks. Taylor and Francis Group. Edición de Kindle. Retrieved from Amazon.com.

Du Sautoy, M. (2016). *What we Can not Know . From consciousness to the Cosmos. The cutting edge of science explained.* Harper Collins Publishers. (Kindle edition. Retrieved from Amazon.com).

E. Curtis, J., & John W., P. (1970). *The sociology of Knowledge.* London: Gerald Duckworth& Co Ltd.

Einstein, A. (2010). *Mi Credo Humanista.* Leviatan iBooks.

Elliott, K. (2015). Selective ignorance in environmental research. En M. Gross, & L. McGoey, *Routdlege International Handbook of Ignorance Studies.* London & New York: Routdlege International Handbooks. Taylor and Francis Group. Kindle Edition. Retrieved from Amazon.com.

European Union.EU Open Data Portal. (2016). *Special Eurobarometer 451:Future of Europe.* Obtenido de http://data.europa.eu/euodp/data/dataset/S2131_86_1_451_ENG

European Values Study. (1981-2008). Obtenido de European Values Study: https://europeanvaluesstudy.eu/

Fernández Rodríguez, C. J., & Serrano Pascual, A. (2014). *El paradigma de la flexiguridad en las políticas de empleo españolas: un análisis cualitativo.* Madrid: Centro de Investigaciones Sociológicas.

Feynman, R. (1998). *The Meaning Of It All Thoughts of a citizen-scientist.* Perseus Book Group (Scribd).

Firestein, S. ( 2012). *Ignorance How it drives Science .* Oxford: Oxford University Press.

Firestein, S. (2015). Sharing the resources of ignorance. En M. Gross, & L. McGoey, *Routledge International Handbook of Ignorance Studies.* London & New York: Routledge International Handbooks, Taylor and Francis Group. Kindle version. Retrieved from Amazon.com.

Foucault, M. (2002). *Vigilar y castigar. Nacimiento de la prisión.* Buenos Aires: Siglo XXI.

Frickel , S., & Kinchy , A. (2015). Lost in space: Geographies of ignorance in science and technology studies. En M. Gross, & L. McGoey, *Routdledge International Handbook of Ignorance Studies.* London & New York: Routdledge International Handbooks. Taylor and Francis Group. Kindle Edition. Retrieved from Amazon.com.

Fukuyama, F. (1992). *El fin de la historia y el último hombre.* Barcelona: Planeta.

Fukuyama, F. (2018). *Identity. The demand for dignity and the politics of resentement.* New York: Farrar,Straus and Giroux.

Galán Machío, A. (2014). *El discurso de la última pieza del Universo: La metafísica en la física moderna.* Madrid: Createspace Independent Pub.

Galán Machío, A. (2015). *Universo impensable: La ignorancia en Kant,Schopenhauer,Ortega y Popper.* Madrid: Createspace Independent Pub.

Galán Machío, A. (2016). *La Agnotología: Sociología.* Obtenido de XII Congreso Español de Sociología de los campos de ignorancia y de los sujetos de su producción social: https://www.fes-sociologia.com/la-agnotologia-sociologia-de-los-campos-de-ignorancia-y-de-los-s/congress-papers/3445/

Galán Machío, A. (2020). *Agnotología. Sociología de la Ignorancia, ignorancia de la Sociología.* Madrid: Amazon.com.

Galán Machío, Agustín. (2016 b). *El hombre masa, el hombre unidimensional y la ignorancia en red.* Obtenido de XII Congreso Español de Sociología. Federación Española de Sociología.: https://www.fes-sociologia.com/el-hombre-masa-el-hombre-unidimensional-y-la-ignorancia-en-red/congress-papers/3594/

Galison, P. (2008). Removing Knowledge. En R. Proctor, *Agnotology. The making and unmaking of ignorance.* Standford, California: Standford University Press.

García Morente, M. (2004). *La filosofía de Kant: una introducción a la filosofía Ediciones* . Madrid : Cristiandad.

García Selgas, F. (1994). *Teoría social y metateoría hoy: el caso de Anthony Giddens.* Madrid: Centro de Investigaciones Sociológicas.

García Selgas, F. (2007). *Sobre la fluidez social: elementos para una cartografía.* Madrid: Centro de Investigaciones Sociológicas.

Gaudet, J. (2015). Unfolding the map: Making knowledge and ignorance mobilization dynamics visible in science evaluation and policymaking. En M. Gross, & L. McGoey, *Routledge International Handbook of Ignorance Studies.* London & New York: Routledge International Handbooks. Taylor and Francis Group. Kindle Edition. Retrieved from Amazon.com .

Giddens, A. (1990). *The Consequences of Modernity* . Polity Press Amazon.com Kindle Digital Edition.

Giddens, A. (1995). *Modernidad e identidad del yo. El yo y la sociedad en la época contemporánea.* Barcelona: Península.

Giddens, A. (2006). *La constitución de la sociedad. Bases para la teoría de la estructuración.* Madrid: Amorrurtu Editores.

Giddens, A. (2007). *Un mundo desbocado, los efectos de la globalización en nuestras vidas.* México: Taurus.

Giner, S., Lamo de Espinosa, E., & Torres Albero, C. (2006). *Diccionario de sociología.* Madrid: Alianza Editorial.

Goethe, J. W. (2007). Maxtor .

Goffman, E. (2005). *Interaction ritual. Essays in face-to-face behavior.* London and New York: Aldinetrasaction.

González, F. (8 de Septiembre de 2019). Entrevista con el expresidente del Gobierno Felipe González. *El País.*

Gorz, A. (1994). *Capitalism, Socialism, Ecology.* London,New York: Verso.

Gray, J. (12 de Abril de 2020). Adiós globalización,empieza un mundo nuevo. O por que esta crisis es un punto de inflexión en la historia. *El País.*

Gross, M., & McGoey, L. (2015). *Routledge International Handbook of Ignorance Studies.* London and New York: Routdledge International Handbooks. Taylor and Francis Group. Kindle version. Retrieved from Amazon.com.

Haas, J., & Vogt, K. (2015). Ignorance and investigation. En *Routledge International Handbook of Ignorance Studies.* London& New York: Routdledge International Handbooks. Taylor and Francis Group. Edición de Kindle. Retrieved from Amazon.com.

Harari, Y. N. (13 de Abril de 2020). El antídoto contra la epidemia no es la segregación, sino la cooperación. *El País.*

Harari, Y. N. (19 de Abril de 2020 b) *Hay que controlar qué hacen los políticos en este preciso momento .La Vanguardia*

Held , D., & McGrew, A. (2003). *The Global Transformations Reader An Introduction to the Globalization Debate.* Malden, MA: Polity Press in association with Blackwell Publishing Ltd.

Heráclito. (1985). *La sabiduría presocrática Heráclito.* Madrid: Sarpe.

High, C., Kelly, A., & Mair, J. (2012). *The antropology of Ignorance. An Ethnographic Approach.* New York: Palgrave Macmillan US.

Horgan, J. (2015). *The end of Science. Facing the limits of knowledge in the twilight of the scientific age.* New York: Perseus Books Group.

Ingelhart, R. (1990). *Culture Shift in advances industrial society.* NJ: Princeton University Press.

Innerarity, D. (2009). La sociedad del desconocimiento en. En ,. A. Brey, D. Innerarity, & M. Gonçal, *La Sociedad de la Ignorancia y otros ensayos.* Creative Commons .

Innerarity, D. (2009). La sociedad del desconocimiento en. En ,. A. Brey, D. Innerarity, & M. Gonçal, *La Sociedad de la Ignorancia y otros ensayos.* Barcelona: Zero Factory, S. L.

J. Hess , D. (2015). Undone science and social movements: A review and typology. En M. Gross, & L. McGoey, *Routledge*

*International Handbook of Ignorance Studies*. London & New York: Routdelge International Handbooks. Taylor and Francis Group. Kindle version. Retrieved from Amazon.com.

K.Merton, R. (1987). Three fragments from a sociologist´s notebooks: Establishing the Phenomenon, specified ignorance, and strategic research materials. *Annual Review of Sociology.*

Kant, I. (1959). *Prolegómenos a toda metafísica del porvenir que haya de poder presentarse como una ciencia.* (J. Besteiro, Trad.) Madrid - Buenos Aires - México: Editorial Aguilar.

Kant, I. (2007). *Crítica de la razón pura* (1a ed.). (P. Ribas, Trad.) México, D. F: Taurus.

Kant, I. (2013). *¿Qué es la Ilustración? Y otros escritos de ética, política y filosofía de la historia.* (R. R. Aramayo, Ed.) Alianza Editorial.

Katzner, D. (1998). *Time, Ignorance, and Uncertainty in Economic Models.* The University of Michigan Press.

Kempner, J. (2015). The production of forbidden knowledge. En M. Gross, & L. McGoey, *Routledge International Handbook of Ignorance Studies.* London & New York: Routledge Interrnational Handbooks . Taylor and Francis Group. Edición de Kindle. Retrieved from Amazon.com.

Kessler , O. (2015). Ignorance and the sociology of economics. En *Routledge International Handbook of Ignorance Studies.* London & New York: Routledge International Handbooks. Taylor and Francis Group. Kindle Edition. Retrieved from Amazon.com .

Knorr-Cetina, K. (1981). *The Manufacture of Knowledge.* Oxford: Oxford.

Kourany, J. (2015). Science: For better or worse, a source of ignorance as well as knowledge. En M. Gross, & L. McGoey, *Routdlege International Handbook of Ignorance Studies.* London & New York: Routdelge International Handbooks. Taylor and Francis Group. Kindle Edition. Retrieved from Amazon.com.

Krastev, Ivan ( 20 de Marzo de 2020) *The seven early lessons of the global coronavirus crisis. The new anti-globalist moment could weaken populist political actors who, even when they have a point, do not have a solution.* NewStatesman

Krugman, Paul (10 de Abril de 2020) *American Democracy may be dying* .The New York Times.

Kuhlicke, C. (2015). Vulnerability, ignorance and the experience of radical surprises. En M. Gross, & L. McGoey, *Routdedge International Handbook of Ignorance Studies.* London & New York: Routdedge International Handbooks. Taylor and Francis Group. Kindle Edition. Retrieved from Amazon.com.

Lamo de Espinosa, E. (1990). *La sociedad reflexiva: sujeto y objeto del conocimiento sociológico* (Vol. 114 del Centro de Investigaciones Sociológicas Madrid: Colección Monografías). Madrid: Centro de Investigaciones Sociológicas.

Lamo de Espinosa, E. (2018). *De nuevo sobre la sociedad reflexiva.* Madrid: Centro de Investigaciones Sociológicas.

Lamo de Espinosa, E., González García, J. M., & Torres Albero, C. (2010). *La sociología del conocimiento y de la ciencia.* Alianza Universidad Textos.

Larrion, J. (2008). El orden de la desmemoria. La condición social de la memoria fragmentada, las memorias combativas y la ignorancia de nuestro tiempo pasado". *Antrhopos* (218), 68-84.

Latour,Bruno (2020) Is this a dress rehearsal? CriticalInquiry https://critinq.wordpress.com/2020/03/26/is-this-a-dress-rehearsal/

Leach, Melissa; Scoones, Ian; Wynne, Brian;. (2005). *Globalization and the challenge of engagement.* London: Zed Books.

Lee Kleinman , D., & Suryanarayanan , S. (2015). Ignorance and industry: Agrichemicals and honey bee deaths. En M. Gross, & L. McGoey, *Routdelge International Handbook of Ignorance Studies.* London & NewYork: Routdelge International Handbooks. Taylor and Francis Group. Kindle Edition. Retrieved from Amazon.com.

Leibniz, G. W. (1983). *Monadología/Discurso de Metafísica/Profesión de fe del filósofo.* México: Orbis S.A..

Lorentz, ,. H. (2012). *(2012). The Einstein´s Theory of Relativity.* (C. t. autor., Trad.) Edición Digital. A public Domain Book.

López Ruiz, J. A. (11 de Abril de 2018). *Evaluación de la Semana de la Ciencia: Resultados de la encuesta a asistentes.* Obtenido de Repositorio Comillas: https://repositorio.comillas.edu/xmlui/handle/11531/35523

Lyotard , J.-F. (1987 ). *La condición postmoderna Informe sobre el saber.* Ediciones Cátedra S.A. .

Magnus, D. (2008). Risk Management versus the Precautionary Principle: Agnotology as a strategy in the debate over genetically engineered organisms. En R. Proctor, *Agnotology. The making and unmaking fo ignorance.* Standford, California: Standford University Press.

Malewski, E., & Jaramillo, N. (2011). *Epistemologies of Ignorance in Education (Hc).* Charlotte, NC: Information Age Publishing Inc.

Mallet, S. (1975). *Essays on the New Working Class.* Telos Press Ltd.

Marcuse, H. (1993). *El hombre unidemensional .* Barcelona: Planeta Agostini .

Marder, L. (2015). Democracy and practices of ignorance. En M. Gross, & L. McGoey, *Routledge International Handbook of Ignorance Studies.* London & New York: Routledge International Handbooks.Taylor and Francis Group. Kindle Edition. Retrieved from Amazon.com.

Mayos, G. (2009). La Sociedad de la Incultura. En A. Brey, D. Innerarity, & G. Mayos, *La Sociedad de la Ignorancia y otros ensayos.* Barcelona: Zero Factory, S. L.

McGoey, L. (Febrero de 2012). Strategic unknowns: toward a sociology of ignorance. *Economy and Society, 41*(1), 1-16.

McGoey, L., Heimer, C., Rappert, B., Davies, W., & Best, J. (2014). *An introduction to the Sociology of Ignorance Essays on the limits of knowing.* London and New York: Routledge.

McLuhan, H. M., & Fiore, Q. (1988). *El medio es el mensaje. Un inventario de efectos.* Paidos Ibérica.

Michael, M. (2015). Ignorance and the epistemic choreography of method. En M. Gross, & L. McGoey, *Routledge International Handbook of Ignorance Studies.* London & New York: Routledge International Handbooks, Taylor and Francis Group. Kindle version. Retrieved from Amazon.com.

Moore, W., & Tumin, M. (Dec de 1949). Some Social Functions of Ignorance. *American Sociological Review, 14*(6), 787-795.

Morris, E. (25 de Marzo de 2014). The certainty of Donald Rumsfeld. *The New York Times.* Obtenido de The New York Times: https://opinionator.blogs.nytimes.com/2014/03/25/the-certainty-of-donald-rumsfeld-part-1/

Oakes, M. (1986). *Statistical Inference: A Commentary for the Social and Behavioural Sciences.* London: Wiley.

Ogien, A. (2015). Doubt, ignorance and trust: On the unwarranted fears raised by the doubt-mongers. En M. Gross, & L. McGoey, *Routdlege International Handbook of Ignorance Studies.* London & New York: Routdlege International Handbooks. Taylor and Francis Group. Kindle Edition. Retrieved from Amazon.com.

Olimpo Suarez Molando, J. (2006). *Crítica a la razón en la filosofía del siglo XX.* Colombia: Universidad de Antioquia.

Olivié, I., & Gracia, M. (14 de 4 de 2020). ¿El finb de la globalización? Una reflexión sobre la crisis del COVID-19 desde el Índice Elcano Global. *ARI (Real Instituto Elcano)*(43).

Ortega, A. (8 de Abril de 2020). Coronavirus: tendencias y paisajes para el día después. *ARI . Real Instituto Elcano.*

Ortega y Gasset, J. (1959). *Ideas y Creencias.* (8ª ed.). Madrid: Revista de Occidente.

Ortega y Gasset, J. (1964 a). La historia como sistema. En J. O. Gasset, *Obras Completas (1941-1946).* (6ª ed., Vol. VI). Revista de Occidente.

Ortega y Gasset, J. (1964 a). La historia como sistema. En J.

Ortega y Gasset, J. (1964 b). El hombre y la Gente. En J. O. Gasset, *Obras completas. Tomo VII(1948-1958 )* (2ª ed.). Madrid, Madrid: Revista de Occidente.

Ortega y Gasset, J. (1964 c). Qué es Filosofía. En J. Ortega y Gasset, *Obras completas* (2ª ed., Vol. VII). Madrid: Revista de Occidente.

Ortega y Gasset, J. (1966 ). *La Rebelión de las masas. Obras Completas Tomo IV (1929- 1933)* ( Sexta ed.). Madrid: Revista de Occidente.

Ortega y Gasset, J. (1966 a). Meditaciones del Quijote. En J. O. Gasset, *Obras completas (1902-1916)* (7ª ed., Vol. I). Revista de Occidente.

Ortega y Gasset, J. (1966 b). El tema de nuestro tiempo. En J. O. Gasset, *Obras completas T* (6ª ed., Vol. III). Madrid: Revista de Occidente.

Ortega y Gasset, J. (1966 c). Kant. Filosofía pura (Anejo a mi folleto «Kant»). En J. O. Gasset, *Obras Completas Tomo (1929-1933 )* (6ª ed., Vol. IV). Madrid: Revista de Occidente.

Ortega y Gasset, J. (1967). España Invertebrada. Bosquejos de algunos pensamientos históricos. En J. Ortega y Gasset, *Obras Completas* (6ª ed., Vol. III). Madrid: Revista de Occidente.

Ortega y Gasset, J. (1967). La idea de principio en Leibniz y la evolución de la teoría deductiva. En *Obras Completas* (Vol. VIII). Madrid: Revista de Occidente.

Ortega y Gasset, J. (s.f.). Obras completas TOMO III (1917-1928). En J. O. Gasset, & R. d. Occidente (Ed.), *España Invertebrada. Bosquejos de algunos pensamientos históricos* (6ª ed., Vol. III).

País, E. (8 de Marzo de 2018). *El País*. Obtenido de https:;;elpais.com;elpais;2018;03;08;ciencia;1520470465_910496.html

Peirce, C. S. (2005). *El icono el índice y el símbolo. (c. 1893-1903)* . (S. Barrena, Trad.) http://www.unav.es/gep/IconoIndiceSimbolo.html.

Peirce, C. S., & Buchler, J. (1955). *Philosophical Writings of Peirce Kindle Edition.* New York: Dover Publication Inc.

Polanyi, K. (1957). *The great transformation. The political and economic origins of our time.* Boston: Beacon Press.

Popper, K. R. ( 2010). *La sociedad abierta y sus enemigos* . Editorial Paidos Colección, Surcos.

Popper, K. R. (1980). *La lógica de la investigación científica.* Madrid: Técnos.

Popper, K. R. (1991). *Conjeturas y refutaciones El desarrollo del conocimiento científico* . Barcelona Buenos Aires México: Ediciones Paidos.

Stadlen Matthew (12 de Abril de 2020) *Coronavirus is a moment to change our way of life.* NewStatesman.

Prentice, D. (2015). Targeting ignorance to change behavior. En M. Gross, & L. McGoey, *Routledge International Handbook of Ignorance Studies.* London & New York: Routledge International Handbooks. Taylor and Francis Group. Kidle Edition. Retrieved form Amazon.com.

Proctor, R. N. (2008). Agnotology. A Missing Term to Decribe the Cultural Production of Ignorance (and Its Study). En R. N. Proctor, & L. Schiebinger, *The Making and Unmaking of Ignorance.* (págs. 1-33). California: Stanford University Press.

Proctor, R. N. (2008 b). Preface. En R. N. Proctor, & L. Schiebinger, *Agnotology. The Making and Unmaking of Ignorance.* Stanford: Stanford University Press.

Proops, J. L., & Faber, M. (1993). *Evolution, Time, Production and the Environment*. Springer-Verlag Berlin Heidelberg GmbH.

Ramos Torre, R. (2014). Opacidad y complejidad. En M. Albergamo, *La transparencia engaña* (págs. 17-36). Madrid: Biblioteca Nueva.

Ramos Torre, R., & Callejo Gallego, J. (2018). Semántica social del riesgo :una aproximación cualitativa. *Política y Sociedad*, 235-256.

Rappert, B., & Balmer, B. (2015). Ignorance is strenght? Intelligence, security and national secrets. En M. Gross, & L. McGoey, *Routledge International Handbook of Ignorance Studies*. London & New York: Routledge International Handbooks. Taylor and Francis Group. Kindle Edition. Retrieved from Amazon.com.

Ravetz, J. (1993). The sin of Science: Ignorance of Ignorance. *Science, Communication*, 157-165.

Real Instituto Elcano. (2016). *Barómetro del Real Instituto Elcano (BRIE) 38 oleada*. Obtenido de Real Instituto Elcano: http://www.realinstitutoelcano.org

Rescher, N. (2009). *Ignorance (On the wider implications of Deficient Knowledge) University of Pittsburgh Press*. Pittsburgh: University of Pittsburgh Press.

Rescher, N. (2010). *Unknowability: An Inquiry into the limits of Knowledge*. Lanham, MD: Rowman&Littlefield.

Richta, R. (1972). *La civilización en la encrucijada*. Madrid: Artiach.

Ricoeur, P. (1965). *De l'interprétation. Essai sur Sigmund Freud*. Paris: Seuil.

Ricoeur, P. (1965). *Freud: una interpretación de la cultura (De l'interprétation. Essai sur Sigmund Freud*.

Ridley, M. (2010). En *The Rational Optimist How Prosperity Evolves*. (C. t. autor, Trad.). London: Harper Collins E-books. Kindle Edition. Retrieved from Amazon.Com.

Roberts , J. (2015). Organizational ignorance. En M. Gross, & L. McGoey, *Routledge International Handbook of Ignorance Studies*. London & New York: Routledge International Handbooks. Taylor and Francis. Kindle Edition. Retrieved from Amazon.com .

Russell, B. (1987). En *Misticismo y Lógica*. Barcelona: Edhasa.

Russell, B. (1997). *Problems of Philosophy*. New York: Oxford University Press.

Sánchez de la Yncera, I. (1994). *La mirada reflexiva de G.H. Mead: Sobre la socialidad y la comunicacion (monografías)*. Madrid: Centro de Investigaciones Sociológicas.

Santamaría López, E., & Serrano Pascual, A. (2016). *Precarización e individualización del trabajo. Claves para entender y transformar la realidad laboral*. Barcelona: Editorial UOC.

Santoro, P. (2003). El momento etnográfico: Giddens, Garfinkel y los problemas de la etnosociología. *REIS*, 239-255.

Sartori, G. (2002). *Homo videns. La sociedad teledirigida*. Taurus.

Savater, F. (1995). *Panfleto contra el Todo*. Madrid: Alianza Editorial.

Schopenhauer, A. (1911). *La cuádruple raíz del principio de razón suficiente*. Librería General de Victoriano Suarez. Texto completo en español obtenido en www.schopenhauer-web.org.

Schopenhauer, A. (2005 a). *El Mundo como Voluntad Y Representación Volumen II*. (P. L. Sonia, Trad.) Madrid: Ed. Trotta.

Schopenhauer, A. (2005 b). *El mundo como voluntad y representación I* (Vol. I). (P. L. María, Trad.) Madrid: Trotta.

Sennett, R. (2001). *Vida urbana e identidad personal*. Peninsula.

Shannon Sullivan and Nancy Tuana. (2007). Race and epistemologies of ignorance: State University of New York Press.

Shterna, F. (2015). Popper, ignorance, and the emptiness of fallibilism. En M. Gross, & L. McGoey, *Routledge Internactional Handbook of Ignorance Studies*. London & New York: Routdledge International Handbooks. Taylor and Francis Group. Edición de Kindle. Retrieved from Amazon.com.

Simmel , G. (1906). *The Sociology of Secrecy and of secret societies*. Simplicissimus Book Farm Scribd ( Scribdhttps://www.scribd.com/book/286692534) .

Smithson, M. (2015). Ignorance studies: Interdisciplinary, multidisciplinary, and transdisciplinary. En M. Gross, & L. McGoey, *Routledge International Handbook of Ignorance Studies*. London & New York: Routledge International Handbooks. Taylor and Francis. Kindle Edition. Retrieved from Amazon.com.

Smithson, M. J. (1989). *Ignorance and Uncertainty. Emerging Paradigms*. New York: Springer-Verlag New York Inc.

Smithson, M. J. (2008). Social Theories of Ignorance. En E. b. Schiebinger, *Agnotology. The Making and Unmaking of Ignorance* (págs. 209-230). Stanford, California: Stanford University Press.

Smithson, M., & Pushkarskaya, H. (2015). Ignorance and the brain: Are there distinct kinds of unknowns? En M. Gross, & L. McGoey, *Routledge International Handbook of Ignorance Studies*. London & New York: Routledge International Handbooks, Taylor and Francis Group. Kindle version. Retrieved from Amazon.com.

Somin, I. (2015). Rational ignorance . En M. Gross, *Routdledge International Handbook of Ignorance Studies*. London & New York: Routdledge International Handbooks. Taylor and Francis Group. Kindle Edition. Retrieved from Amazon.com.

Steiner, R. (1998). *Ensayos de ética. Editorial.* Madrid: Rudolf Steiner.

Steiner, R. (2011). *La filosofía de la libertad .Fundamentos de una concepción moderna del mundo* . Madrid: Rudolf Steiner.

Stewart, A. (2015). Managing with ignorance. The new ideal. En M. Gross, & L. McGoey, *Routledge International Handbook of Ignorance Studies*. London & New York: Routledge International Handbooks. Taylor and Francis. Kindle Edition. Retrieved from Amazon.com.

Stocking, S., & Holstein, L. (2015). Purveyors of ignorance: Journalsts as agents in the social construction of scientific ignorance. En M. Gross, & L. McGoey. London & New York: Routledge International Handbooks, Taylor and Francis Group. Kindle version. Retrieved from Amazon.com.

Sullivan, S., & Nancy, T. (2012). *Race and Epistemologies of Ignorance.* New York: SUNY press.

Svetlova , E., & van Elst , H. (2015). Decision-theoretic approaches to non-knowledge in economics. En M. Gross, & L. McGoey, *Routledge International Handbook of Ignorance Studies*. London & New York: Routledge International Handbooks. Taylor and Francis. Kindle Edition. Retrieved from Amazon.com .

Thiel, D. (2015). Criminal ignorance ignorancia criminal. En M. Gross, & L. McGoey, *Routledge International Handbook of Ignorance Studies*. London & New York: Routledge International Handbooks. Taylor and Francis Group. Kindle Edition. Retrieved form Amazon.com.

Thomas, L. (1992). *The Fragile Species, 1992.* Simon&Scuster.

Torralba, F. (2013). En *Los maestros de la sospecha. Marx, Nietzsche, Freud.* Barcelona: Fragmenta editorial.

Torralba, F. (2013 ). En *Los maestros de la sospecha. Marx, Nietzsche, Freud .* Fragmenta editorial.

Torres Albero, C. (1994). *Sociología política de la ciencia* (Vol. Volumen 135 de Monografías Series). Centro de Investigaciones Sociológicas.

Touraine, A. (2012). *Crítica de la modernidad.* México: Fondo de Cultura Económica.

Townley, C. (2011). *A defense of ignorance: Its value for knowers and roles in feminist and social epistemologies.* Lanham,Maryland: Lexington Books.

Tuana, N. (2004). Coming to Understand: Orgasm and the Epistemology of Ignorance. *Hypatia, 19*(1), 194-232.

Umberto, E. ( 2011). *Kant y el Ornitorrinco* ( Edición en formato digital para Kindle ed.). (H. L. Miralles, Trad.) Random House Mondadori S.A.

Vattimo, G., & Robatti, A. (1984). *Il Pensiero debole.* Milan: Feltrinelli.

Vitek, B., & Jackson, W. (2010). *The Virtues of Ignorance: Complexity, Sustainability, and the Liits of Knowledge (Culture of the Land).* The University Press of Kentucky.

W.Mills, C. (2008). White ignorance. En R. Proctor, *Agnotology. The making and unmaking of Ignorance.* Standford, California: Stanford University Press.

W.Mills, C. (2015). Global white ignorance. En M. Gross, & L. McGoey, *Routdlege International Handbook of Ignorance Studies.* London & New York: Routdlege International Handbooks. Taylor and Francis Group. Kindle Edition. Retrieved from Amazon.com.

Wallerstein, I. (2004). *Las incertidumbres del saber.* Barcelona: Gedisa Editorial.

Weber, M. (2005). *El político y el científico.* Madrid: Alianza.

Wehling , P. (2015). Fighting a losing battle? The right not to know and the dynamics of biomedical knowledge production. En M. Gross, & L. McGoey, *Routdlege International Handbook of Ignorance Studies.* London & New York: Routdlege International Handbooks. Taylor and Francis Group. Kindle Edition. Retrieved from Amazon.com .

Weinstein, D., & Westein, M. (1978 ). *The sociology of nonknowledge: A paradigm." In R.A. Jones (ed.) Research in the Sociology of Knowledge, Sciences, and Art*. New York:: JAI Press.

Weinstein, D., & Winstein, M. (1978). The sociology of nonknowledge. A paradigm. *Research in Sociology of Knowledge, Sciences & Art*, 151-166.

Wikipedia. (9 de 12 de 2019). *Wikipedia*. Obtenido de https://es.wikipedia.org/wiki/Modernidad

Williamson, T. (1994). *Vagueness*. London & New York: Routledge.

Wittgenstein, L. (1921). *Tractatus Logico philosophicus*. Edición Electrónica de www.philosophia/Escuela de Filosofía Universidad ARCIS.

Zizek, Slavoj (12 de Abril de 2020) *O encontro em Samarra: novos usos para velhas piadas*. Publico. Lisboa.

# ACERCA DEL AUTOR

Agustín Galán Machío es doctor en Sociología por la Universidad Complutense de Madrid, licenciado en Ciencias Políticas y Sociología (Especialidad de Relaciones Internacionales) y en Ciencias de la Información (Periodismo) por la misma universidad; y es funcionario del Cuerpo Superior de Administradores Civiles del Estado. Ha trabajado como consejero de Comunicación y prensa en las Oficinas de Comunicación de España en la Unión Europea (Bruselas), Naciones Unidas (Nueva York), México, Moscú, Roma y Lisboa; así como en diversos puestos relacionados con la información en la administración española. Fue becario Fullbright, director de la revista de los funcionarios (Muface) y Subdirector General del Centro de Información Administrativa. Ha sido Subdirector General de Información Internacional de la Presidencia del Gobierno y Subdirector de la Inspección General de Servicios del Ministerio de Industria, Comercio y Turismo. Es autor de los ensayos *"Agnotología, Sociología de la Ignorancia, Ignorancia de la Sociología, 'El discurso de la última pieza del Universo. La metafísica subyacente en la física moderna'* y *'Universo impensable. La ignorancia en Kant, Schopenhauer, Ortega y Popper.'*

www.ingramcontent.com/pod-product-compliance
Lightning Source LLC
Chambersburg PA
CBHW030420290526
45786CB00001B/72